农业部“引进国际先进农业科学技术计划(948计划)”：
自由申报项目2009-Z42：“中国农业适应气候变化关键问题的前瞻性研究”
重点项目2011-G9：“中国农业适应气候变化关键技术引进”　　　　共同资助

中国农业适应气候变化关键问题研究

Studies on Critical Issues of Agricultural Adaptation to Climate Change in China

许吟隆　郑大玮　刘晓英　赵艳霞　马春森　李　阔　等著

气象出版社
China Meteorological Press

内容简介

全球气候变化是人类共同面临的巨大挑战，适应气候变化是人类应对气候变化的必然选择。本书系统总结了气候变化对中国农业生产的影响，分析了中国农业对气候变化影响的脆弱性、风险和机遇；回顾总结已经采取的适应措施和农业适应工作中存在的问题，从农业气候资源利用、水资源、气象灾害、病虫草害、种植结构调整、草地畜牧业、农业生态系统、大农业相关产业、典型适应案例分析等方面，系统梳理了中国农业领域适应气候变化的关键问题，梳理出中国农业应从气候平均状态变化、极端气候事件发生和危害的变化、气候变化所引起的生态后果和社会经济结构与布局的改变等四个方面适应气候变化；提出中国农业适应气候变化应该加强的工作和应该加强研究的关键科学问题，以及应用系统科学方法加强适应科学机理研究、凝练适应优先事项、加强风险管理的整体思路。

本书可供从事农业相关科学、气候学、地理学、生态学等行业领域的科研工作者、高校教学人员、研究生以及管理人员参考使用。

图书在版编目(CIP)数据

中国农业适应气候变化关键问题研究 / 许吟隆等著.
—北京：气象出版社，2014.12
ISBN 978-7-5029-6072-8

Ⅰ.①中…　Ⅱ.①许…　Ⅲ.①农业气象—气候变化—影响—农业生产—策略—研究—中国　Ⅳ.①S162②F325

中国版本图书馆 CIP 数据核字(2014)第 290063 号

Zhongguo Nongye Shiying Qihou Bianhua Guanjian Wenti Yanjiu
中国农业适应气候变化关键问题研究

出版发行：气象出版社
地　　址：北京市海淀区中关村南大街 46 号　　**邮政编码**：100081
总 编 室：010-68407112　　**发 行 部**：010-68409198
网　　址：http://www.qxcbs.com　　**E-mail**：qxcbs@cma.gov.cn
责任编辑：李太宇　　**终　　审**：王祥国
封面设计：博雅思企划　　**责任技编**：吴庭芳
印　　刷：北京中新伟业印刷有限公司
开　　本：787 mm×1092 mm　1/16　　**印　　张**：13.5
字　　数：350 千字
版　　次：2014 年 12 月第 1 版　　**印　　次**：2014 年 12 月第 1 次印刷
定　　价：60.00 元

《中国农业适应气候变化关键问题研究》撰写专家组

主　　编：许吟隆　郑大玮
副主编：刘晓英　赵艳霞　马春森　李　阔

顾问和评审专家：刘春蓁　李玉娥　马世铭　居　辉　戎　兵　马　欣

主要作者（按姓名拼音排序）：
高丽锋　李　阔　刘晓英　马春森　马　罡　潘学标　潘志华
孙忠富　同延安　许吟隆　杨晓光　赵艳霞　郑大玮

贡献作者（按姓名拼音排序）：
冯　强　郭燕云　何霄嘉　李秋月　李迎春　林　文
林一骅　刘志娟　潘　婕　陶忠良　张璐阳　张晓煜

序

相比以前的报告，刚刚发布的政府间气候变化专门委员会（IPCC）第五次评估报告，以更大的篇幅论述了系统之于气候变化的脆弱性、适应和风险管理以及增加系统的恢复力（或弹性，Resilience）等。在近10年的时间内，全球有关气候变化影响、适应和脆弱性研究成果的科学文献数量成倍增加，适应方面科学文献数量增加尤甚。与此同时，国际上关于适应气候变化的机构、组织纷纷成立，各种适应气候变化的研讨会纷纷举办，有关适应气候变化的各种研究评估报告纷纷发布，反映了国际社会对适应气候变化前所未有的重视。在采取减缓措施的同时，采取切实的适应措施应对气候变化已越来越成为国际社会的共识。长期以来，各行各业在日常工作和生产实际中已经自发采取了大量适应措施，但目前还缺乏系统性的科学总结。

许吟隆研究员和郑大玮教授主编的著作《中国农业适应气候变化关键问题研究》的出版，可以说恰当其时。适应气候变化工作需要强有力的科技支撑，目前适应科学认知不足是制约适应工作全面开展的一个瓶颈。本书系统地总结气候变化对中国农业生产影响的研究成果，梳理已经采取的适应措施和农业适应工作中存在的问题；按照农业气候资源利用、农业水资源、农业气象灾害、农业病虫草害、农业种植结构调整、草地畜牧业、大农业相关产业、农业生态系统、区域典型适应案例分析等方面分别阐述中国农业适应气候变化的关键问题；综述对农业适应气候变化问题的再认识，提出中国农业适应气候变化需要加强的工作建议以及需要加强研究的科学问题与农业适应理论创新的思考。书中的内容有不少新意。我个人认为本书的创新点体现在以下几个方面：

系统梳理了农业适应气候变化的四个方面，即适应气候平均状态的变化、适应极端天气气候事件发生和危害的改变、适应气候变化的生态后果、适应气候变化引起的社会经济结构的改变等。对照这四个方面回顾已经开展的气候变化影响评估工作和已经采取的适应措施，可以看出，现在我们所做的影响评估工作还很片面，今后仍要加强农业系统之于气候变化的脆弱性评估和风险评估。IPCC第五次评估报告明确指出，气候变化加剧现有气候风险，产生新的风险，未来频发的高温、干旱、洪涝以及降水波动性和极值的增大，导致粮食不安全的风险加大，粮食价格波动会更大，农民生计会更加艰难。因此，适应气候变化不但要适应以变暖为主要特征的气候整体状态的变化——我们在这方面已经做了不少的适应工作，还要适应频发的极端天气气候事件及气候变化所造成的一系列生态后果和社会经济后果，这方面的适应工作还明显不足，需要大力加强。

本书提出要进行适应气候变化的科学机理研究，这和国际社会的科学认知是一致的。IPCC第五次评估报告的结论认为，适应气候变化的第一步首先要减小系统的脆弱性；过度追求眼前利益、对未来气候变化的后果估计不足会导致错误适应；应寻求可持续发展框架下增强气候恢复力的发展道路等。这些观点反映了国际社会对适应时间尺度的深邃考量。对适应与减缓的协同与权衡，从个体到政府不同水平上考虑多目标多因素的适应规划与实施的协调等，勾勒出复杂而有序的适应气候变化的空间结构景象。适应的决策、实施过程的监测和效果评估、适应工作的协调等等，需要我们解决适应的工作机制问题；如何识别关键脆弱性和风险因子、如何处理不确定性、如何筛选适应优先事项等等，需要我们揭示适应的内在科学本质。所有这些都是适应机理要研究的科学内容，应用系统科学方法研究农业对气候变化的适应机理，以方法学的创新引领适应理论的创新。

本书有关气候变化对大农业相关产业的影响评估及适应对策的内容，是在文献资料非常有限的情况下进行的比较系统的总结，实属难能可贵。本书也是我见到的比较系统的农业生态系统适应气候变化研究成果的综述，对农业可持续发展很有意义。过去的有关著述对农业结构调整适应气候变化已有大量的论述，但本书的梳理条理层次更加清晰全面，对今后农业种植结构调整有针对性地适应气候变化具有科学参考价值。

本书通过区域典型案例对“渐进适应（Incremental Adaptation）”与“转型适应（Transformational Adaptation）”两种适应方式进行了分析。随着气候变化程度的加剧，将会越来越多地运用转型方式适应气候变化，因此，“转型适应”方式越来越受到国际社会的关注。今年5月份在巴西福塔莱萨召开的第三届国际适应气候变化大会和10月份在马来西亚吉隆坡召开的第四届亚一太气候变化适应论坛上，都设置了专场研讨“转型适应”问题；IPCC第五次评估报告也在各个不同的章节中多次讨论“转型适应”问题。本书对于两种适应方式的分析可以帮助加强适应气候变化工作的针对性，也为今后适应科学理论的创新提供了一定的案例研究基础。

许吟隆、郑大玮等曾经提出过“边缘适应”的概念。本书通过对农业气候资源变化分析的作物种植理论界限的北移、农业种植结构调整中的冬麦北移和热带作物种植北扩、整体转型适应案例、农牧交错带农牧结合模式等的分析，进一步论证了系统边缘应成为适应的重点和突破口，大大丰富了“边缘适应”的内涵。

应该说，本书是对过去几十年中国农业适应气候变化研究工作和生产实践的一个比较系统的总结。我作为中国农业科学院农业气象学科首席专家，很高兴看到许吟隆研究员和项目组成员、中国农业科学院创新团队成员一起在适应气候变化研究上取得的阶段性进展。同时希望本书的出版作为创新团队的一个新起点，在今后的适应科学机理研究上有进一步的突破，开启适应气候变化工作的新篇章！

林而达

（林而达，研究员，中国农业科学院农业气象学科首席专家）

2014年12月6日

前　言

2009 年农业部资助我和研究团队自由申报的“引进国际先进农业科学技术计划（948 计划）”项目：“中国农业适应气候变化关键问题的前瞻性研究”。受该项目资助，2010 年 4 月 4—11 日，张燕卿研究员、赵艳霞研究员、孙忠富研究员、杨晓光教授和我一行五人赴澳大利亚进行农业适应气候变化研究的学术交流和考察。在访问澳大利亚联邦科学与工业组织（CSIRO）－ Adaptation Flagship 时，Mark Howden 博士送我一本他和 Chris Stokes 博士主编的 *Adapting Agriculture to Climate Change — Preparing Australian Agriculture, Forestry, and Fisheries for the Future* 一书。那时正值我主持“十一五”国家科技支撑计划课题“气候变化影响与适应的关键技术研究”撰写中国《适应气候变化国家战略研究》（以下简称《适应战略研究》）接近尾声的通稿阶段。《适应战略研究》涵盖了农业、林业、水资源、海岸带、人体健康、自然生态系统与生物多样性、重大工程、能源以及城市发展、二三产业、环境保护、人居设施与社会生活等领域和方面，我当时也在考虑如何在《适应战略研究》的基础上，从农业领域入手，撰写一个部门适应对策的专项研究报告，为推动适应工作的深入开展进行先遣性的尝试。这次访问成为推动我组织撰写本书《中国农业适应气候变化关键问题研究》最初的动机。

从澳大利亚访问回来后，我和郑大玮教授、项目组成员一起完善本书提纲，开始撰写工作。本书撰写期间又获得农业部“948 计划”重点项目“中国农业适应气候变化关键技术引进”（2011-G9）的资助，将本书的出版作为一项任务列入项目研究内容，这为本书的顺利完成提供了充足的经费支持和人员保障。

气候变化对中国农业的影响涉及农业生产的方方面面，涉及农业气候资源高效利用、农业水资源管理、作物品种布局和种植制度调整、农业气象灾害和病虫草害及外来生物入侵防治、草地畜牧业、农业生态治理等等。适应气候变化，就是要最大限度地减轻气候变化对中国农业生产带来的不利影响，充分利用气候变化所带来的有利因素、抓住机遇，保障中国农业的可持续发展。中国学者已经对气候变化对中国农业生产的影响评估和适应对策进行了大量的研究工作，发表了很多的研究论文，出版了相当数量的学术专著，为本书的撰写奠定了良好的基础。

本书在第 1 章概述中简要介绍已经发生的气候平均状态和极端气候事件的变化及未来的趋势，总结气候变化对中国农业生产的影响与中国农业对气候变化影响的脆弱性、所面临的风险和可能的机遇，回顾总结已经采取的农业适应措施和农业适应工作中存在的问题，为本书其后各章的分析奠定基础。

第 2 章总结气候变化背景下中国农业气候资源变化的特征、主要农作物生产潜力的变化、气候变化对种植制度界限的影响等，提出中国农业气候资源利用方面适应工作中存在的问题与需要加强研究的科学问题。

第 3 章总结气候变化对中国农业水资源的影响，中国农业水资源适应气候变化面临的挑战、管理对策和技术对策、区域对策等，提出中国农业水资源适应气候变化工作中存在的问题与需要加强研究的科学问题。

第 4 章综述已经发生的极端气候事件的变化与未来趋势，气候变化条件下农业气象灾害发生的新特征，主要农业气象灾害的防御对策，提出农业气象减灾方面适应气候变化工作中存在的问题与需要加强研究的科学问题。

第 5 章综述气候变化条件下中国农作物病虫草害的为害新特征，气候变化对中国主要病虫草害发生为害的影响，提出中国主要农业病虫草害防治方面的适应策略、适应工作中存在的问题与需要加强研究的科学问题。

第 6 章对中国农业种植结构通过种植制度调整、作物布局调整、品种布局调整等措施适应气候变化进行了系统的总结，并选取华北冬小麦一夏玉米种植套改平、长江中下游水稻种植改制、冬麦北移、东北水稻和玉米扩种、南方冬季农业开发等典型案例进行农业种植结构适应气候变化的效果分析，提出中国农业种植结构调整方面适应气候变化工作中存在的问题与需要加强研究的科学问题。

第 7 章首先综述气候变化对草地和草地牲畜的影响，总结气候变化背景下草地非生物灾害和生物灾害的发生发展趋势，总结已经采取的草地适应气候变化的保护经营对策与草地畜牧业饲养适应对策，提出草地畜牧业适应气候变化工作中存在的问题和需要加强研究的科学问题。

第 8 章首先简述大农业的系统结构、气候变化对大农业的总体影响，系统综述气候变化对大农业相关产业以及涉农二三产业的影响与适应对策，提出涉农相关产业未来适应气候变化的总体思路。

第 9 章综述气候变化对农业环境和农业生态系统分布与结构的影响，总结农业生态建设与环境治理适应气候变化所面临的问题与采取的适应措施，提出农业生态系统适应气候变化工作中存在的问题与需要加强研究的关键科学问题。

第 10 章选择黄淮海冬小麦霜冻害防御、热带作物种植界限北扩、华北节水、东北与品种布局、棉花主产区西移、宁夏压砂瓜种植、川中丘陵地区农业种植结构调整、西藏河谷农业开发、黄土高原集雨补灌等典型区域农业适应气候变化案例进行分析，并在典型案例分析基础上对“渐进适应”与“转型适应”两种适应方式进行总结。

第 11 章在前面章节分析的基础上，梳理农业适应气候变化的内涵，提出中国农业适应气候变化应该加强的工作和应该加强研究的关键综合科学问题，提出应用系统科学方法进行适应机理科学研究、凝练适应优先事项、加强风险管理的整体思路。

本书成果是集体智慧的结晶。各章作者分工如下：

前言，许吟隆

第 1 章，郑大玮、许吟隆、潘婕、冯强、李迎春、林一骅

第 2 章，杨晓光、刘志娟、陶忠良、李阔

第 3 章，刘晓英、同延安、林文

第 4 章，孙忠富、赵艳霞、郑大玮、许吟隆、李阔

第 5 章，马春森、马罡

第 6 章，李阔、郑大玮、许吟隆

第 7 章，潘学标、李秋月、郭燕云

第 8 章，郑大玮

第 9 章，潘志华、张璐阳

第 10 章，许吟隆、郑大玮、高丽锋、陶忠良、刘晓英、李阔、张晓煜、同延安

第 11 章，许吟隆、郑大玮、李阔、何霄嘉

在本书初稿完成后，由许吟隆、郑大玮、刘晓英、马春森、赵艳霞、李阔等整体统稿完成。

刘春蓁高工（教授级）评审了第 1 章："概论"和第 3 章："农业水资源"。中国农业科学院"气候变化与农业气候资源利用"创新团队成员居辉研究员评审了第 4 章："农业气象灾害"和第 6 章："农业种植结构调整"，马欣博士评审了第 9 章："农业生态系统"，提出了宝贵的修改意见；创新团队成员在成书的后期还参与了本书的撰写和修改工作。本书的撰写是凝聚团队智慧、群策群力集成创新的一次有益的尝试。

本研究得到农业部"948 计划"："中国农业适应气候变化关键问题的前瞻性研究"和"中国农业适应气候变化关键技术引进"两个项目的资助，得到农业部"948 计划"办公室、中国农业科学院科技局的大力支持；张燕卿所长一直对本书的撰写工作和项目执行给予高度关注和支持，在项目申请和执行过程中、在本书撰写过程中，得到李玉娥研究员和杨春莉女士的大力帮助和支持，在此一并表示衷心的感谢！

感谢中国科协灾害风险综合研究计划工作协调委员会（IRDR－CHINA）项目的资助！正是由于 IRDR－CHINA 项目的资助，使得我们的云南调研成行，调研期间云南社会科学院的郑晓云教授、云南省气象局的谢国清高工提供了大量的有关农业生态保护的资料，促使我们坚定信心撰写有关农业生态系统适应气候变化的第 9 章。尽管该章的内容很不成熟，但我们冀望通过本章的撰写引起对农业生态适应气候变化问题的重视。

参与本书撰写工作的研究生有：周林、姜江、苟诗薇、梁驹、胡亚南、马建勇、刘昌波、纪潇潇、张玉静、杨笛、张梦婷、佟金鹤等，科辅人员有：贺晓锋、程磊等。他们参与本书撰写的各种活动，做了大量书稿整理、文献查阅的工作，保障了本书撰写和项目研究的顺利进行。

中国地域广阔，农业生产方式、作物品种复杂多样，而气候变化又影响农业生产的方方面面，系统地总结农业适应气候变化的问题是一项艰巨的挑战。对于具有大气物理专业背景的我来说，在组织本书撰写过程中常常感觉力不从心，组织各位专家撰写的过程也是我向各位专家学习不断进步提高的过程。本书只是将一些不成熟的观点提出，难免挂一漏万，希望抛砖引玉，能为中国农业适应气候变化的工作提供一些参考、能为后来的适应气候变化理论创新研究提供一点启示，则愿足矣！不妥之处，恳请各位同仁批评指正！

许吟隆

（许吟隆，农业部 2009-Z42 和 2011-G9 项目主持人）

于 2014 年 11 月 11 日

目 录

第1章　概　论

人类活动导致以变暖为主要特征的气候变化。自工业革命以来，人类活动的加剧，石油、煤等化石燃料大规模地使用，对土地资源过度地开发利用，严重地破坏了地球的自然生态系统，导致大气中二氧化碳(CO_2)、甲烷(CH_4)、氧化亚氮(N_2O)等温室气体浓度急剧上升，造成全球气候变暖。与变暖的趋势相对应，极端天气、气候事件频繁发生，自然灾害的强度和影响范围不断扩大，经济损失日益增大。

2013年政府间气候变化专门委员会(IPCC)发布的第5次评估科学报告(IPCC，2013)对于气候变化的科学事实给出了清晰的结论，20世纪初以来的100多年间，全球几乎所有地区都经历了地表变暖；1880—2012年，全球平均陆地和海洋表面平均温度上升了0.85℃；相对于1850—1900年的基准时段，2003—2012年升温幅度为0.78℃；过去的三个十年的地表温度已连续偏高于1850年以来的任何一个十年；在北半球，1983—2012年可能是过去1400年中最暖的30年。1901年以来，北半球中纬度陆地区域平均降水的整体趋势是增多的，但在1951年之后，非洲和亚洲区域降水减少明显。IPCC第5次评估科学报告还明确指出，自1950年以来，观测事实证实极端天气和气候事件发生明显变化，在欧洲、亚洲和澳大利亚的大部分地区，热浪的发生频率增高；更多陆地区域出现强降水事件的频率增高；在北美洲和欧洲，强降水事件的频率或强度均已增高；干旱的强度增强和持续时间延长，强热带气旋活动增多，极端高海平面事件频繁发生、程度增强。

IPCC第5次评估科学报告预估，在考虑气候政策影响的四组温室气体典型浓度路径情景(RCPs)下，与1986—2005年相比，全球平均升温在21世纪中期(2046—2065)可达1.0～2.0℃，21世纪后期(2081—2100)可达1.0～3.7℃，高温事件会更加频繁，热浪发生的频率更高、持续时间更长；降水波动性增大，季节与区域分布会更加不均衡，中纬度和亚热带干旱地区平均降水将减少，高纬度地区、赤道太平洋地区、中纬度湿润地区的平均降水可能增多；随着全球平均表面温度的上升，中纬度大部分陆地地区和湿润的热带地区的极端降水事件强度增大、频率增高。

农业生产直接暴露在气候条件下，气候的任何波动和变化都会对农业生产造成严重影响。温度的升高、降水格局的变化和极端气候事件的频发与增强，导致粮食生产的不稳定性更大。与发达国家相比，发展中国家缺乏适应气候变化的技术和资金，其农业对气候变化的脆弱性更大。

中国地处东亚季风区，气候类型多样，季节与年际变化大，同时人均资源禀赋较差，经济发展水平相对较低且区域差异巨大，农业生态系统脆弱，基础设施相对落后，极易受到极端天气、气候事件的影响。IPCC第5次评估科学报告的结论明确指出，中国的北方地区是全球显著升温的区域之一，东部地区是降水明显减少的区域之一。在全球变化的大背景下加剧的极端天气、气候事件使得中国的农业生态系统脆弱性更加明显。气候变化及极端气候事件与其他因素一起将对中国粮食安全构成威胁，因此加强适应工作，增强适应能力，是当前中国农业生产面临的必然选择。

本章首先简述已经发生的气候平均状态和极端气候事件的变化和未来的趋势，总结气候变化对中国农业生产的影响与中国农业对气候变化影响的脆弱性、所面临的风险和可能的机遇，回顾总结已经采取的农业适应措施和农业适应工作中存在的问题，为后续章节的分析奠定基础。

1.1 中国气候变化概况

1.1.1 已经发生的气候平均状态的变化

总体上说，中国气候发生了明显的变化。1951—2009 年观测到的中国陆地表面平均温度上升了 1.38℃(《第二次气候变化国家评估报告》编写委员会，2011)，与全球变暖趋势一致；全国平均气温持续上升，近 50 年变暖尤其明显；从地域分布看，西北、华北和东北地区气候变暖明显；降水量自 20 世纪 70 年代以来成总体减少的趋势，区域降水变化波动较大，降水在东北、华北、黄土高原和西南部分地区明显减少。

气候的其他要素也在发生变化，一方面风速和太阳辐射减弱，另一方面平均潜在蒸发量也在变小。

1.1.2 已经发生的极端气候事件的变化

气候变化的一个显著特征是，与气候平均状态的变化相对应，气候极端事件变化显著。近 50 年来中国区域极端气候趋势 5～10 倍于平均气候态的变化趋势；北方极端最低气温普遍上升 5～10℃，是近年来暖冬盛行的一个数值化特征(严中伟等，2000)。1951 年以来，影响中国的寒潮和低温事件频率和强度总体上成下降趋势，北方地区冬、春季寒潮事件发生频次明显减少，东北地区夏季低温事件频率下降；异常冷夜和冷昼天数、霜冻日数显著减少，与异常偏暖相关的暖夜日数明显增多(《第二次气候变化国家评估报告》编写委员会，2011)。近年来，中国长江中下游及以南大部分地区、华南地区、四川东部和重庆等地陆续出现高温酷热天气，持续时间和极端高温的强度，都达到 1951 年以来的历史同期最高值(陈峪，2001，2002；祝昌汉等，2003；张强和高歌，2004；李艳兰等，2005；陈洪滨等，2005，2006)。2013 年 7 月上旬至 8 月下旬在南方发生破历史记录的持续高温，其中多个地区连续高温日数和日最高气温突破历史极值，并造成贵州、湖南、重庆等地发生严重干旱，为此中国气象局亦启动最高级别的重大气象灾害(高温)Ⅱ级响应，这是气象灾害应急预案制定以来首次启动高温应急响应。华北和东北南部高温事件增多，近年来全国范围高温有增强扩大趋势，2014 年 5 月下旬黄淮海平原出现破历史纪录的高温。

中国降水变化表现为区域分布不均，年际变化显著(翟盘茂等，2007)，与降水相关的极端气候事件变化表现出明显的区域性，淮河以南地区暴雨日数增多，淮河以北减少(陈峪等，2010)。全国范围小雨频率明显降低，强降水事件增多，与此同时，全国气象干旱面积增大。北方暖干化趋势更加严重，西北东部、华北大部分地区和东北南部干旱面积明显增大，南方地区尤其是西南地区季节性干旱加剧，西南地区冬春连旱与长江流域高温伏旱加剧。长江中下游和东南沿海地区极端强降水事件表现出明显的增多、增强趋势；长江中下游、东南地区和西北大部分地区极端强降水事件频率增大、强度增强。

极端事件也出现多发、并发趋势及新特征，旱涝急转、台风强度增强，高温、干旱常常同时出现；高温热浪、台风、低温寡照等极端天气气候事件成多发、并发趋势，但大风、冰雹、沙尘暴总体有减轻趋势。总体上，农业气象灾害损失日益增大。

1.1.3　未来气候变化趋势情景预估

多个全球气候系统模式集合预估在SRES（Nakićenović N，*et al.*，2000）B1（低排放）、A1B（中等排放）和A2（高排放）情景下相对于1980—1999年的平均值中国年均气温在21世纪近期升温1℃以上、21世纪中期升温2℃以上、21世纪末升温2.5～4.6℃，高于全球平均升温幅度；冬季升温高于夏季，在东北和青藏高原地区升温明显；全国年平均降水有所增多，夏季降水在除塔里木盆地西部等个别地区外，都表现为一致的增多趋势，而冬季青藏高原南部和华南部分地区降水减少，其他地区降水则增多。

区域气候模式模拟的升温幅度与全球气候模式相当，但模拟出更多极端气候事件发生的特点，其具体表现为：未来中国低温事件呈减少趋势，高温炎热以及极端降水事件将增多。随着大气中温室气体浓度的持续升高，中国21世纪上半期有可能呈现北方暖干化、南方夏季洪涝和冬季干旱同时加重的趋势；中国干旱区范围可能扩大，荒漠化可能性增大，青藏高原和天山冰川加速退缩（《气候变化国家评估报告》编写委员会，2007；《第二次气候变化国家评估报告》编写委员会，2011）。

1.2　气候变化对中国农业的影响及其脆弱性和风险

气候是农业生产中的重要资源之一，对农业生产有利的气候条件称之为农业气候资源。中国热量资源丰富多样，从南到北主要分布有热带、亚热带、暖温带、中温带、寒温带以及高原气候区等六类温度带，不同温度带内的积温、作物熟制、作物类型都不尽相同，作物种植从北到南分别实现一年一熟和两年三熟、一年两熟和一年三熟等多熟制。中国地处东亚季风区，降水的地理分布和时间分配明显不均，因而各地的农业发展状况也差异显著；东南半壁水资源充沛，雨热同季，农业气候资源优越，但土地资源不足；北方土地资源相对丰富，但西北干旱少雨、东北热量资源不足，制约了农业的发展；复杂的地形导致气候类型多样、农业布局和熟制复杂，加之季风气候系统本身的不稳定性，农业气象灾害种类繁多、频繁发生。气候变化改变中国农业气候资源的时空分布，升温导致温度带呈整体北移趋势，降水时空分布更加不均、频发的极端气候事件更进一步加剧农业气象灾害，进而对中国农业生产产生全面而深刻的影响。本节首先总结气候变化对中国农业生产的影响，然后分析中国农业之于气候变化的脆弱性和未来气候变化条件下中国农业生产的风险。

1.2.1　气候变化对中国农业的影响

中外学者对气候变化对中国农业生产的影响已经进行了大量研究，发表了众多的研究论文，出版了相当数量的研究专著和评估报告。本小节根据已经出版的IPCC报告、气候变化国家评估报告及相关研究成果进行凝练汇总，首先总结气候变化对农作物的影响，然后总结气候变化对草地畜牧业的影响，最后汇总气候变化对大农业的影响。

气候变化对农作物的影响从作物生态条件、生长发育与品质、种植模式、气象灾害与生物灾害等5个方面总结如表1-1。

表1-1 气候变化对农作物生产的影响

影响方式	主要影响概述
生态条件	CO_2浓度升高有利于提高光合速率和水分利用效率； 气候变暖加速土壤有机质分解和养分流失、北方冬季冻土变浅，农耕期延长； 极端降水事件增多加剧水土流失，气候暖干化加剧北方土壤退化、盐碱化、荒漠化，旱涝急转加剧西南地区的石漠化； 气候暖干化导致农业水资源减少，北方地区和西南地区尤为明显； 变暖引起适生地改变，加剧的病虫害导致农药的过量使用，与人类活动一起造成农业生物多样性降低。
作物生长发育和品质	气候变暖使春季物候期提前、秋季延后，农历二十四节气改变；作物种植期延长，有利于改用中晚熟品种和提高复种指数； 气候变暖使同一品种的生育期缩短，加快作物的正常生育进程，同比可利用的光照与水资源减少，导致作物减产；在气候暖干化地区由于温度与水分的双重胁迫，作物减产更加严重； 由于冬季变暖超过夏季，对于北方越冬作物，作物冬季休眠的缩短超过全生育期的缩短，有效生育期延长，有利于增产；在不存在水分胁迫的前提下，对于早春作物，播种期提前明显超过收获期的提前，生育期同样延长，也有利于增产； 气候变暖导致的高温导致谷物的秕谷率升高，CO_2浓度升高导致谷物蛋白质含量降低、改变农作物营养成分，影响品质。
种植模式	气候变暖、水分条件和病虫害发生规律的改变使不同区域的农业气候资源禀赋和原有作物与品种的适生性发生变化，引起作物、品种布局与种植模式的调整； 变暖使作物的可种植期延长、适宜种植区向高纬度高海拔地区扩展、有利于提高复种指数，冬季变暖有利于冬季作物安全越冬和开发冬季农业； 降水减少不利于耗水作物的种植，促使种植结构向旱作化演替。
农业气象灾害	总体趋势：气候变化导致旱涝灾害交替出现，发生频率增高、危害程度加重、影响范围扩大，呈现因灾损失增大的态势。气候变化背景下的干旱往往与高温相结合，所造成的危害与抗旱的难度也增大；灾害呈多发、并发趋势，特大农业气象灾害频发。 随着气候变暖，作物高温逼熟、早稻热害、果树蔬菜灼伤等灾害频繁发生、危害加重，长江流域夏季尤为明显； 由于气候变暖导致气候本身的波动性增大，加之变暖条件下作物抗寒能力下降，虽然气候学意义上的极端低温事件在气候变暖背景下减轻，但农业低温灾害仍频繁发生，有些低温灾害甚至加重； 虽然春季平均终霜冻提前，但由于作物发育提前、抗寒性减弱和气候波动加剧，春霜冻害反而加剧，黄淮海小麦近20多年发生9次大规模的霜冻害，大大超出历史平均值；华南在冬季变暖的背景下，20世纪90年代却发生了4次大范围的严重寒害与霜冻害，一些热带作物受到毁灭性打击，一次灾害的损失超过前40多年的总和。2008年初，南方发生严重低温雨雪冰冻灾害，农作物受灾14317.7千hm^2，成灾达到7375.3千hm^2，绝收1971.1千hm^2；2010年冬春季，在全国范围内发生历史罕见低温灾害，华北小麦区发生较重冻害，东北春播延迟半月有余，山西、陕西果树开花期受冻，大面积绝收，黄淮海冬小麦生育期也明显延迟。东北冷害总体减轻，但在使用生育期过长的品种和北扩地区仍时有发生。

续表

影响方式	主要影响概述
农业气象灾害	中国干旱灾害日益加剧。气候暖干化导致北方干旱与西南干旱常态化，气候波动加剧，长江流域伏旱频繁发生。1999—2001年发生1950年以来最严重的连年大旱，三年累计作物受旱面积10860万 hm^2，北方尤为严重；2006年的川渝特大高温伏秋旱，农作物受灾面积339万 hm^2；2009—2010年西南秋冬春连旱，农作物受灾面积501.1万 hm^2；2013年长江以南大部分地区发生历史罕见的极端高温干旱，农作物受旱面积8903万亩①（重旱2712万亩、干枯1077万亩）；2014年全国农田受旱面积6420万亩，北方高温干旱严重②。 中国洪涝灾害成灾面积成逐年增大趋势。南方洪涝加重，1998年长江、松花江、嫩江洪涝，2003年湘江，2007年淮河洪涝，2010年夏季全国28个省份遭受洪涝灾害，农作物受灾787.4万 hm^2，2013年黑龙江洪涝；气候变暖导致西北融雪性洪水频繁发生，局地危害严重。 气候变化导致复合灾害出现新特点，台风登陆次数减少但强度增强，危害加剧；气候变化有利于设施农业的发展，但初冬早春低温寡照的危害加重；小麦雨后青枯频繁发生；风速减小导致沙尘暴发生次数减少，对农业危害减轻。
农业生物灾害	气候变暖导致作物病虫越冬死亡率降低，春季冬后有效病虫源基数显著增大； 部分虫害的首现期、迁飞期及高发期提前； 气候变暖导致病虫害种类和世代数增大，危害期延长，危害范围扩大，尤其是向北扩展蔓延趋势明显；动物疫病也有向高纬度、高海拔地区蔓延的趋势； 某些次要和新发生病虫害危害加重，有些次要病虫害上升为主要病虫害，新发病虫害由于缺乏防控措施危害更加迅猛，更加严重；如台风活动增强导致稻飞虱和稻纵卷叶螟等水稻"两迁"害虫更加猖獗； 气候变暖与人类活动加剧外来物种入侵与人畜共患病的危害； 气候变化导致有害生物适生地分布的改变，由于天敌分布的改变往往滞后于病虫害的扩张，在新发区域病虫害治理难度更大。气候变暖导致病虫害加重与农药施用量增大，对天敌也造成杀伤，并使有害生物的耐药性增强，从而形成恶性循环； CO_2浓度升高使C_3类杂草的竞争力增强。

* 主要资料来源：杨永岐等，2001；刘颖杰和林而达，2007；蔡运龙，1996；杜鹃等，2006；王媛等，2005；潘华盛等，2002；潘铁夫，1998；刘布春等，2008；王丽等，2012；罗守进等，2012；叶延琼等，2013；刘建刚等，2011；霍治国等，2012；钱诚等，2011；附录1表2所列著作及本书后续章节内容）

气候变化对草地畜牧业的影响包括对牲畜的影响，从草地生态、生产力、草地畜牧业灾害三个方面总结如表1-2。

表1-2　气候变化对草地畜牧业生产的影响

影响方式	主要影响概述
草地生态	草原生物多样性降低，有害生物增多；降水分布严重不均，气候暖干化，草地土壤含水量降低，植被退化，优良牧草比例降低；局部草地沙化、盐碱化加重。
草地生产力	内蒙古气候变化主要表现为暖干化，草地生产力下降，草场负荷加重；新疆和青藏等地区主要表现为暖湿化，草地生产力有所提高。
草地畜牧业灾害	内蒙古春夏干旱明显加重，毒草、害草比例增大，草原火灾发生频繁；冬季牧区黑白灾和春季冷雨频繁发生；动物疫病与人畜共患病蔓延，草地虫鼠害增多；沙尘暴灾害明显减轻。

* 主要资料来源：附录1表2所列著作及本书第7章

① 1亩＝1/15 hm^2.

② http://www.moa.gov.cn/zwllm/zwdt/201408/t20140804_3990090.htm 中华人民共和国农业部

种植业是最基础的产业，尤其粮食安全关系到十几亿人民的生存，而草地畜牧业则是大农业中最为脆弱的产业，且对东部地区的生态安全至关重要，因此气候变化对农业影响的评估研究目前主要集中在种植业和草地畜牧业，气候变化对整个大农业系统及其他相关产业影响的研究相对薄弱。根据有限的文献和本书作者的经验积累，从农业生物、农事活动、生产要素、市场需求与贸易格局等四个方面总结气候变化对大农业系统及相关产业的影响，如表1-3。

表 1-3　气候变化对大农业系统及相关产业影响概述

影响方面		主要影响概述
农业生物	植物	CO_2浓度升高有利增强植物的光合速率和提高水分利用效率，其中C_3类植物更为敏感，但有可能增大碳氮比，使农产品的蛋白质含量下降。气温升高使植物发育加快，低温胁迫总体降低，高温胁迫趋于增大。植物病虫害向更高纬度和海拔扩展，危害期延长。
	动物	气温升高将减轻冷应激，增大热应激的风险。动物疫病与寄生虫病将向更高纬度与海拔蔓延。极端天气、气候事件增多也对动物养殖业不利，对畜舍、鱼塘等设施提出了更高的要求；水温升高增加鱼类缺氧窒息的风险。
农事活动		气候变暖使气候寒冷地区的农耕期延长，随着种植制度和作物品种的调整，春季播种期大多提前，秋季收获期大多延后。高寒地区由于冻土层变浅，早春翻浆对田间作业和运输的影响有所减轻。极端天气不利于实施灌溉、施肥、施药、播种、收割等田间作业。
生产要素		土壤温度升高加快养分循环，降低土壤有机质含量。气温升高加快化肥与农药挥发与分解，降低效果，增强有些农药的毒性。 种植期延长，生物量增大，对水分需求增大；但农田蒸散强度下降和作物水利用效率提高对干旱又有一定缓解作用。气候变暖将导致工业与生活用水量增多，降水减少的地区灌溉可利用水资源将更加紧缺。 气候变化使农用土地资源状况发生改变，高寒地区原来不能耕种或产量极不稳定的土地，农业利用价值将显著提高；海平面上升使近海平原的农田面临淹没或盐渍化的危险，极端降水事件特别是旱涝急转将增大山区水土流失的风险，气候干旱化地区的局部农田有可能面临荒漠化的风险。
农产品生产贸易格局与市场需求		气候变化对高寒地区农业生产总体有利，一些过去的不毛之地或低产地区的产量有可能大幅度提高，成为新的农产品输出地；气候过热或干旱化、盐渍化地区的产量将明显下降，粮食更加匮乏。农产品生产优势地的转移必将导致国内和全球农产品贸易格局的改变。 气温升高影响人们的食欲和饮食习惯，高热量食物摄入减少，低热量食物和冷饮需求增大，但农产品蛋白质含量的降低又迫使人们不得不增大摄入量来弥补。 气候变暖将减少纺织品需求量，从而影响到棉花等纤维作物的生产。

* 主要资料来源：本书第 8 章及附录 1 表 2 所列著作。

1.2.2　中国农业对气候变化影响的脆弱性

气候变化改变了农业生态条件与农业气候资源的时空格局，并加剧农业气象灾害与生物灾害，加大产量不稳定性和生产成本。中国人口众多，人均耕地资源与水资源相对较少，农业现代化水平不高，适应能力相对较弱，农业生产对于气候变化的影响十分敏感与脆弱，适应气候变化面临严峻的挑战。农业生产对气候变化影响的脆弱性取决于农业系统对气候变化的暴露度、敏感性和适应能力（刘文泉，2002）。本节尝试从这三个方面阐述中国农业对于气候变化的脆弱性，以增强适应工作的针对性。

(1) 气候变化增大农业的暴露度

农业系统对于气候变化的暴露度表现在直接处于气候变化胁迫下的受体数量和持续时间，以及暴露的程度。

气候变化导致农业生态条件和农业资源分布格局的改变，使中国农业系统既获得了热量增大、CO_2浓度升高和西部地区降水增多等发展机遇，同时也增大了暴露于水资源匮乏、极端事件增多等气候变化胁迫的风险。海平面上升、生物多样性降低等气候变化的生态后果，以及气候变化引起的国内外社会经济变化，也都给农业系统带来挑战。

北方和西南等气候暖干化地区的农作物经常处于水分胁迫状态；盛夏高温对长江流域的早稻开花和灌浆的威胁明显加重；黄土高原与西南岩溶地区遭遇旱涝急转会使水土流失加重；东北改用生育期更长的品种和喜温作物种植界限北扩，在生产潜力提高的同时，也使低温冷害和霜冻的风险增大；冬季变暖促使农民改用冬性减弱的小麦品种，有利于提高产量，同时也增大了冻害的发生概率。虽然气候变暖使春霜冻提前结束，但作物发育也同步提前，加上气候的波动加剧，小麦拔节、孕穗和果树开花等敏感期暴露于低温下的概率反而增大。有害生物向北扩展使得北方农作物发生病虫害的种类增多，受灾面积增大，危害加重。

发展设施农业与工厂化养殖可以有效降低农业生物的暴露程度，有利于增产，但农业成本也相应增大。

(2) 农业生产对气候变化的敏感性

由于气候变化速率加快，现有农业生物对于环境条件的急剧变化适应能力有限。如前期处于温暖条件下生长的作物，由于缺乏抗寒锻炼，对于突发的低温灾害要比前期处于冷凉条件下生长的作物更加敏感，受害更重。气候变暖导致有害生物蔓延北扩，农作物对于新出现病虫害十分敏感，受害严重。

采取适当的适应措施可以充分有效利用气候变化带来的有利因素，但对气候要素的敏感性也同时增大，如种植界限北扩，改用生育期更长品种和提高复种指数都削弱了作物对于低温灾害的抵抗力；灌溉可以有效减轻干旱缺水的胁迫，但一旦水源枯竭，灌溉作物要比旱地作物对于水分胁迫更加敏感，减产更甚。如果采取适应措施过度，敏感性会急剧增大，甚至酿成人为灾害，如种植界限过度北扩，改用特晚熟品种势必会遭受冷害和霜冻。

设施农业和工厂化养殖，由于长期处于设施内的优越生长环境，作物和动物因缺乏抗逆性，对外界胁迫更加敏感，一旦遭遇不可抗拒的气象灾害使设施遭到破坏，其受害程度更甚于大田作物或放牧牲畜。

C_3植物对于CO_2浓度的升高更为敏感，使得未来C_3类作物的增产潜力更大，但同时对于C_3类杂草的危害也更加敏感。但CO_2浓度升高有利于提高作物的水分利用效率，太阳辐射与风速的减弱降低了潜在蒸散，都将有助于降低作物对于干旱协迫的敏感性。

(3) 适应能力不足

农业适应气候变化的能力，从生产要素的角度，分为农业基础设施与工程建设能力、物质投入能力、适应资金筹措能力、由劳动者素质所决定的技术能力、政府管理和指导农业生产的决策能力等。20世纪50年代以来中国在农田基本建设与农业水利工程方面做出了巨大努力，但目前也存在不少工程年久失修和西部地区欠账较多的问题，存在很大的“适应赤字”。在物质投入方面，部分小规模兼业农户存在资金与投入不足和盲目投入的现象，中西部相对贫困地区的地方财政在适应气候变化方面的投入明显少于东部地区，农业信贷与保险也明显落后于二三产业。相对于其他领域，农业适应气候变化方面的政策还不够清晰和完善。

从适应的技术途径看，农业适应能力可分为农业生物的自适应能力和人类的主动调控适应能力，主要体现在适应的技术能力上。农业的生产对象是生物，生物体之于气候变化，自身具有自适应能力。采取人为适应措施，就要最大限度地利用农业生物的自适应能力，并改善生物的局部生境。目前由于对于农业生物对气候变化自适应机制的科学认识不够深入，由此导致农业适应的调控途径不够清晰，采取适应行动往往存在盲目性。

农业适应气候变化整体水平的提高，涉及农业适应技术的研发、公众意识的提高和市场观念的培养、农业结构的调整、农业基础设施建设、宏观政策的制定和管理水平的提高、国际贸易策略的调整和资源合理开发利用等。确保中国农业在气候变化背景下实现可持续发展，归根到底需要大力加强农业适应气候变化的能力建设。

1.2.3 中国农业对未来气候变化影响的风险与机遇

从前面的分析可以看出，中国农业生产对气候变化的高暴露度和适应能力的相对低下，决定了中国农业对气候变化敏感而脆弱。气候变暖的趋势将长期存在，降水的时空分布会更加不均，农业气象灾害还将会因极端天气、气候事件的增多而加剧，农业生物灾害的危害还会加剧，中国的农业生产面临更大的风险。前面总结的已经发生的气候变化影响还会持续发生，但由于这些风险因素可以预见，我们从现在开始就可以采取有针对性的积极的适应措施。我们需要警惕的是一些不确定的风险因素，如杂草的危害，由于 CO_2 浓度升高对 C_3 植物比对 C_4 植物的生长更为有利，从而使 C_3 杂草更具竞争力。我们还要时刻警惕外来生物物种的入侵和新的有害物种的生成，高度关注作物与有害生物配置格局的变化，警惕出现气候条件、作物营养、天敌缺失等因素叠加造成的超级不可预见的病虫害对农业生产、自然生态系统、甚至对经济社会的毁灭性的破坏。除局地的灾害之外，还要高度警惕全球或区域尺度上的气候突变的风险，未雨绸缪。一些北欧国家已经在中国内蒙古等地收集各种短生育期耐寒作物品种的种质资源，既可应用于高寒地区的农业开发，也可应对可能发生的剧烈的气候波动。面对日益加剧的气候波动与灾害，我们也应加强救灾作物种质资源与种子的储备。

另外，气候变化对农业生产可能的发展提供了机遇。变暖使农作物的适宜种植区向高纬度、高海拔地区扩展，可以充分利用变暖带来的这一机遇挖掘高纬度、高海拔地区农业生产的开垦潜力，如西藏的河谷农业开发等。气候变暖使热量资源增加，可以改用生育期更长的品种，熟制过渡地区可以适度提高复种指数，同时也为热带作物向北扩展种植提供了机遇等。新疆降水增多与融雪增多，有利于适度开垦和扩大绿洲农业生产。充分利用 CO_2 浓度升高的施肥效应和水分利用效率的提高，培育高光合作用效率作物品种和耐旱品种，可以大幅度提高作物的生产潜力。气候变化导致国内农业资源分布的改变，由此引起农产品产销格局的改变，在生产与销售布局的调整中蕴藏着大量的商机；气候变化还引起国际农业气候资源与优势产地分布及农产品贸易格局的改变，需要充分利用国际贸易与经济合作，最大限度地进行资源的优化配置。通过采取一系列的适应措施趋利避害，可以在一定程度上降低气候变化带来的风险和充分利用气候变化带来的机遇。

1.3 已经采取的适应措施综述

针对气候变化对生态系统和社会经济的严重影响，中国已经采取了一系列的政策措施。在1994年国务院通过的《中国21世纪议程——中国21世纪人口、环境与发展白皮书》，首次提出要"采取适应气候变化的措施"和要"研究确定为适应气候变化应该采取的对策"。国家发布了一系列与气候变化相关的文件与报告（见本章附录1），对适应措施及其效果进行了回顾和总结，如2007年发布的第一次《气候变化国家评估报告》（《气候变化国家评估报告》编写委员会，2007）和《中国应对气候变化国家方案》，2011年发布的《第二次气候变化国家评估报告》（《第二次气候变化国家评估报告》编写委员会，2011），农业都是一个重要的领域。2011年发布的《适应气候变化国家战略研究》报告（科学技术部社会发展科技司和中国21世纪议程管理中心，2011），作为一个重要的领域，提出了农业适应气候变化的重大问题、重点任务与行动方案等。2013年11月国家发改委联合9部委发布的《国家适应气候变化战略》，农业是一个重要的领域，同时在"区域格局"部分专列"农业发展地区"对适应任务进行重点阐述。本节综合各类资料来源信息（见附录1），尝试系统地总结农业领域已经采取的适应措施，如表1-4。

表1-4 已经采取的适应措施汇总

影响方式方面	采取的主要适应措施
改善农业生态	治理水土流失：营造水土保持林，修建各种小型水利水保工程，工程措施与生物措施相结合，提高植被覆盖率、减少土壤侵蚀。 实施"三北"防护林生态工程，累计造林育林2582万 hm^2。1999年以来在北方草原和农牧交错带实施退耕退牧还草和京津风沙源治理等生态工程。2009年中国荒漠化土地面积首次实现净减少，由20世纪末年均扩展近1万 km^2 转变为现在年均缩减7585 km^2，其中沙化土地由年均扩展3436 km^2 转变为年均缩减1717 $km^2$①。 1949—2008年，中国在水土流失地区累计建设基本农田1300万 hm^2。20世纪70年代在华北平原和21世纪初在东北平原进行了大规模的土地平整，有效提高了灌溉效益和抗旱能力。针对气候变暖加速土壤有机质分解，农业部实施了"沃土工程"，推广秸秆还田、有机肥、配方施肥和保护性耕作，对北方风沙土、盐碱地和南方贫瘠红黄壤、潜育化土壤等进行了改造。
改进作物栽培和养殖管理	为适应气候变化带来的物候改变，北方春播期和南方早稻播栽期普遍提前，冬小麦播种期普遍推迟；为减轻气候波动和低温灾害的影响，大面积推广地膜覆盖；为应对干旱威胁普遍推广节水技术和保护性耕作； 为减轻水温升高引发的泛塘死鱼，淡水养殖场普遍推广了增氧机； 为遏制气候暖干化导致的草原退化，大力推行退牧还草和围栏轮牧，提倡季节性放牧及与农区合作易地育肥，夏秋打草储存冬春舍饲，近年来草地植被明显恢复。

① 贾治邦．加强荒漠化防治，促进发展方式转变——写在第十七个"世界防治荒漠化与干旱日"．人民日报 2011-6-17．第13版

续表

影响方式方面	采取的主要适应措施
种植结构调整	调整作物品种布局与种植制度是时空规避灾害和充分利用气候资源的主要手段。 种植制度的调整：复种指数提高，多熟种植向高纬度、高海拔地区扩展，黄土高原和西南地区复种指数不断提高，长江中下游平原由双季稻改为小麦—水稻两熟制，在黄淮海平原由小麦—玉米一年两熟制灌溉粮田取代二年三熟制；一熟制与二熟制过渡地区间作套种面积扩大；严重缺水的黄土高原地区推广全膜覆盖双垄旱作小麦，降水减少的川中丘陵地区改冬水田水稻一熟为小麦—玉米—红薯旱三熟；林区发展林粮间作。 作物布局的调整：随着气候变暖，北方冬小麦和华南热带作物种植北界向北扩展 100 km 左右；东北水稻种植面积明显扩大，黑龙江省成为最大商品大米产地；充分利用华南"天然大温室"气候资源扩种冬季蔬菜；同时在北方高纬度、高海拔地区扩大夏季蔬菜生产，加上贮藏运输条件建设，极大改善了北方冬春淡季与南方夏秋淡季的蔬菜供应；在暖干化地区压缩耗水作物、扩大耐旱作物的种植；由于棉铃虫危害加重，20 世纪 90 年代中期起中国棉花主产区从黄淮海平原转到新疆，取得显著增产效果与生态效益；烟草种植向云贵高原迁移，苹果主产区向黄土高原迁移等； 品种布局的调整：为充分利用气候变暖所增加的热量资源，春播作物普遍改用生育期更长品种；随着冬季变暖，北方冬麦区普遍适当降低对品种冬性的要求，有利于增加粒数；为应对极端气候事件，加强抗逆品种选育和推广，在暖干化地区推广耐旱作物品种，灾后种植特早熟品种；由于病虫害加剧，推广抗虫棉、脱毒种薯种苗的种植等。
农业气象灾害防御	针对中国北方大部分地区和西南部分地区气候暖干化与干旱加重，"十一五"以来对大中型灌区进行了续建配套与节水改造；针对南方和北方部分地区洪涝加剧，进行了大中型和重点小型病险水库的除险加固①； 针对以往重视工程措施和灾后救济、对非工程措施重视不够的问题，国家逐步建立、健全了突发事件应急体制与机制，农业减灾重点从抗灾、救灾转移到风险防范，编制了一系列应急预案，加强了救灾物资储备，调整了作物布局。针对气候变化带来的灾害新特点，总结出一整套应变栽培技术和灾后补救技术，如四川和重庆推广灾后蓄养再生稻，农业部门建立救灾作物品种的种子储备。农业部建立了减灾专家指导组。针对气候变化带来的农业生产不稳定性增大，除国家增大对灾区生产恢复的财政扶持外，2004 年以来积极开展农业灾害保险试点，到 2013 年，中央财政已累计拨付农业保险补贴资金 360 亿元②； 为减轻气象灾害对农业生产与社会经济的冲击，加强了粮食与饲草的储备，现有 1.5 亿到 2 亿 t 的储备粮③，主要牧区也建成一批饲草储备库，牲畜越冬死亡率明显下降； 干旱缺水地区大力推广节水灌溉与农艺技术。2000—2011 年，全国节水灌溉工程面积由 1640 万 hm^2 增加到 2866.67 万 hm^2，截至 2011 年年底，在连续 30 多年灌溉用水总量保持零增长的情况下，全国有效灌溉面积增加了 1146.67 万 hm^2，粮食总产增加 2500 多亿千克，农田灌溉水有效利用系数由 0.3 提高到 0.51，单位面积灌溉用水量减少了 23.4%（高雪梅，2012）； 中国沿海已建成 1.2 余万 km 海堤，普遍修订和提高了海堤建设标准，有效地防止了对沿海农业生产的影响。
农业生物灾害防控	针对全球变化带来的有害生物入侵，农业部会同有关部委建立了分工负责、密切配合的工作机制，累计铲除（防治）外来入侵生物面积 573 万 hm^2 · 次，重点区域铲除（防治）率超过 75%。针对作物病虫害蔓延的势头，推广了高效低毒农药和生物防治技术，抗虫棉品种、寄生蜂防治玉米螟和松毛虫等生物防治技术已普遍应用（李可夫等，2012）。

① 陈雷在全国人大常委会作关于农田水利建设工作情况的报告．2012－04－26http://www.mwr.gov.cn/slzx/slyw/201204/t20120426_319595.html

② http://www.foods1.com/content/1854954/

③ http://www.chinagrain.cn/news/2008/4/18/20084188302226097.shtml

除采取上述专项的适应措施外，还采取跨部门、跨领域的综合措施，加强农业适应能力建设。已建成系统完整的气候系统监测网络，灾害性天气预报和预警取得显著进展与成效；农业气象观测、物候观测、作物生长发育和农业生产动态、农业灾情和产量的监测等与气候变化对农业生产的影响密切相关，多部门联合开展的地质灾害、森林和草原火灾及农林生物灾害的监测预警也取得了显著进展。

20 世纪 80 年代以来，投入农业生产的农机、电力、农用化学品、配方饲料等物质投入和资金迅速增加，为农业持续稳定增产提供了物质保障。针对气候变化的影响，对物质投入的数量、方式和布局进行了调整，强调科学合理施用化肥和农药，控制农业的自身污染。

通过发布一系列的气候变化国家评估报告和政策文件（见本书附录 1）、加强体制机制建设，出版与气候变化相关的出版物、影视和音像作品、科普读物，创办与适应气候变化相关的学术刊物（见书附录 1），利用大众传媒进行知识普及以及一系列的研讨、培训等活动提高公众适应气候变化的意识。通过建立适应气候变化研究的专家队伍，建立信息库与知识平台，设立专项研究评估气候变化对农业的影响等提高适应决策能力。

近年来，国家加大了对适应气候变化研究的支持，在气候变化影响评估的基础上，甄别脆弱区域和适应优先事项，评估关键脆弱区域的气候变化风险，开展适应气候变化方法学研究和适应技术体系的研发，在重点农牧区建立基地开展适应技术的综合示范研究等。这些研究为国家适应气候变化工作的全面开展及国家政策的制定提供了有力的科技支撑。

1.4 农业适应气候变化工作存在的问题

通过实施一系列适应气候变化的政策、工程措施与非工程措施，在很大程度上克服了气候变化带来的不利因素与极端天气、气候事件对农业的负面影响，尽可能利用了热量资源和 CO_2 浓度升高等所带来的有利因素，以占世界 9% 的耕地和相当于世界人均 1/4 的水资源保障了占世界人口 1/5 的中国人民基本达到小康生活水平和保持经济的快速发展。20 世纪 50 年代以来，粮食单产保持稳步增长，在耕地面积减少和以旱涝为主的气象灾害不断发生的情况下，仍然保持了人均粮食占有量的持续增长。

虽然中国已经在农业适应气候变化方面开展了大量工作并取得了一定的成效，但通过上节的总结可以看出，目前所采取的适应措施大多是自发的，适应工作的开展多是被动进行的，很多措施是在认识到气候变化的影响后才发现具有一定的适应效果。在上节总结的适应措施中，抗干旱措施、农业结构调整措施、外来生物入侵防控措施和病虫害治理措施、防灾减灾措施和气候变化的联系最为紧密，但只有在近期才意识到这些措施适应气候变化的作用，才开始有意识地主动将这些措施和适应气候变化紧密地结合起来，很多的措施都是间接的具有适应效果。对适应工作的认识不足、指向不明、理论指导欠缺、风险管理工作薄弱，在灾害发生后不得不启动应急救灾方式来应对，如此状态下进行的适应工作，很难达到理想满意的效果。进行农业适应，还需要大力提高对农业适应的认识，加强科技支撑，加强管理和规划，增强农业适应的针对性，切实提高农业适应能力。

(1)对农业适应的认识不足

减缓与适应是人类应对气候变化相辅相成的两个方面，具有同等重要的意义。对于中国农业应对气候变化，某种程度上适应的任务更重要、更紧迫、更艰巨。如果不采取强有力的适应措施，由此导致气候变化的危害危及中国的粮食安全，那将是不能承受之重。目前适应工作最大的障碍是对适应工作的重要性认识不足，采取适应行动的意愿不强。加强农业适应工作，首先需要提高公众对适应重要性的认识，加强适应气候变化的针对性，这样才能推动适应工作全面深入地开展。

(2)适应工作缺乏针对性

目前农业的减缓工作目标明确，监测考核体系完整，方法学成熟，但对适应工作认识不清晰，很多的时候将常规工作和适应气候变化工作混淆，将农业系统与原有气候系统达致的平衡关系，即农业系统的气候适应性等同于适应气候变化，将适应气候变化工作简单等同于减灾，由此导致适应气候变化的针对性不强。在农业生产中存在大量盲目适应、被动适应和过度适应的情况。如过分估计气候变暖的作用，忽视气候波动的影响，导致华南热带、亚热带作物的过度北移，导致 20 世纪 90 年代以来寒害空前严重发生，一次寒害的经济损失就超过以往 40 多年损失的总和。在东北也多次发生少数农民使用生育期过长品种而不能在秋霜冻到来前成熟的事例。揭示农业适应气候变化的机理，明晰农业适应气候变化的具体问题，是加强适应工作针对性的关键。

(3)适应气候变化的科研基础薄弱

目前中国农业适应气候变化的针对性不强，一个很重要的原因是科技支撑不足，适应气候变化的科研基础还十分薄弱。科研基础薄弱也是存在对适应工作重视不够和盲目被动适应等问题的重要原因。气候变化影响日益凸显的现实迫切要求加强适应气候变化的理论与技术研究。

农业的生产对象是生物，生物体之于气候变化，自身具有自适应能力，这包括基因水平的遗传变异适应、个体水平的锻炼适应、群体结构与功能的调整适应和农业生态系统的演替适应等。采取人为适应措施，就要最大限度地利用农业生物体的自适应能力、并改善农业生物的局部生境，这是农业生产面临的新问题。

农业适应气候变化，首先要捋清农业适应气候变化需要研究的对象及其之间的相互关系、所要达到的特定目标等，这就首先要发展系统的农业适应气候变化的方法学。适应气候变化是国际科学研究新的前沿领域，是一个全新的边缘交叉学科，因此，构建系统的适应气候变化方法学，以方法学的创新引领适应理论的创新，揭示适应的科学机理，这样适应才会有明确的针对性。例如，对于气候变化对农作物影响评估，目前主要是应用作物模型模拟产量、生育期的变化，模型中作物的生理机制还是在原有气候条件下的结果，然而气候条件变化了，作物的内部生理机制也应该随之改变。CO_2 的肥效作用系数就是一个典型的例子，模拟如果不考虑 CO_2 肥效作用显然不合理，而考虑 CO_2 肥效作用，其所应用的参数是在温室条件下获得的，简单外推到大田条件下其肥效作用系数可能偏大，这样考虑 CO_2 肥效作用就更不合理。类似地还有简单推理气候变暖后低温灾害就应该减少，而事实上低温霜冻害、寒害是增多的，这涉及到作物品种与气候条件的匹配问题；还有简单断言气温升高水分蒸发就一定会增大，作物生育期一定会缩短等，都与实际情况有较大出入。如果对气候变化条件下作物的生理机制不清晰，还基于原有的科学认识采取适应行动，则会出现很大的偏差，甚至“南辕北辙”。

由此可见，揭示适应机理是适应气候变化科学研究中最核心最重要的部分，适应机理清晰了，适应气候变化的技术原理与途径也就清晰了，采取什么样的技术，怎样系统地集成适应技术和进行示范实践，怎样采取恰当的适应行动，怎样监测和评估适应的效果等一系列的后续事项也就迎刃而解了。

(4)适应管理工作薄弱

虽然在《中国应对气候变化国家方案》中已经提出“减缓与适应并重”的原则，但在实际工作中，国家对于节能减排增汇等减缓工作建立了一整套工作机制，管理机构健全，考核目标明确，2005—2020年单位GDP二氧化碳的排放强度降低40%～45%。对于适应工作，适应的目标不具体，可操作性不强，缺乏明确的管理工作机制，相关科研工作分散进行，远未形成完整系统。在应对气候变化的资金投入中，适应行动只占很小的比重，国家与地方财政都缺乏适应资金的专项预算。适应气候变化的市场机制欠缺，缺乏融资渠道，农业灾害保险的覆盖面不够宽，尤其对于气候变化致贫地区，加强农业适应气候变化工作的管理已经是十分紧迫的任务。2013年11月国家发展与改革委员会联合9部委发布了《适应气候变化国家战略》，农业是一个重要的领域部门，这是一个新起点，下面要加强规划的制定和适应行动的实施。在科学的适应理论指导下制定完整的适应规划，明确达到什么样的适应目标、具体任务、优先适应事项与区域，克服适应的障碍因素，选择切实可行的适应技术进行适应技术集成和示范，形成适应的区域和行业技术体系，加强适应效果的监测和评估，明确融资机制，切实提高适应能力，推动适应气候变化工作全面深入地开展。

(5)农业适应能力严重不足

如果农业系统适应能力强，有足够的冗余(即最近常说的“弹性”)，则可以自如地应对干旱、洪涝等灾害，实现旱涝保收。目前中国农业生产中存在的问题是农业基础设施老化、年久失修，存在巨大的“适应赤字”，即使没有气候变化问题也应该维护更新；而单纯追求高产和经济效益而滥施农药、化肥，盲目开发，滥垦滥伐，农业生态与生物多样性受到严重破坏，农业生态问题日益严峻，导致农业系统适应气候变化的能力十分薄弱，稍有“风吹草动”，就会对农业生产带来严重影响，农业系统对于气候变化的脆弱性越来越大。虽然中国近些年的粮食总产是连续增加的，这其中农业技术进步起到了很重要的作用，同时为保粮食增产付出了巨大的代价。如果不从根本上改变这样的状况，农业适应气候变化的能力不能有效增强，则农业适应气候变化的挑战将会越来越严峻。目前对于气候系统的监测已形成比较完整的体系，但对于气候变化影响的监测仍很不完整；发展适应决策支持系统，为科学适应提供强有力的决策工具；构建区域与行业适应技术体系等，都是能力建设的内容，需要大力加强。

1.5　结　语

在全球气候变化的大背景下，中国的气候也发生了很大变化，对中国的农业生产产生了严重影响。未来气候变化的情景分析表明，气候变化的趋势还将延续，极端天气、气候事件会越来越频繁，危害越来越大。气候变化给中国社会经济的发展，既带来了严峻的挑战，同时适应气候变化也给中国产业结构调整和升级带来了重要机遇，关键是要抓住机遇，变不利因素为有利因素。中国已经在农业适应气候变化方面开展了大量工作并取得初步成效，但这还远不能满足农业可持续发展的需要，不能适应全球气候加速变化的形势。本书以下各章将从农业气候资源高效利用、农业水资源管理、农业气象灾害和病虫草害及外来生物入侵防治、农业种植结构调整、草地畜牧业、大农业相关产业、农业生态治理及典型案例分析等方面总结气候变化的影响和适应对策及关键适应问题，最后第 11 章将在全书分析的基础上，对农业适应气候变化进行系统的梳理，总结农业适应气候变化的关键综合问题和优先事项，提出中国农业适应气候变化理论创新的整体思路。

参考文献

蔡运龙. 1996. 全球气候变化下中国农业的脆弱性与适应对策. 地理学报，**51**(3)：202-212.

陈洪滨，刁丽军. 2005. 2004 年的极端天气和气候事件及其他相关事件的概要回顾. 气候与环境研究，**10**(1)：140-144.

陈洪滨，范学花，董文杰. 2006. 2005 年极端天气和气候事件及其他相关事件的概要回顾. 气候与环境研究，**11**(2)：236-244.

陈善毅. 2007. 我国耕地复种指数继续提高的瓶颈与对策. 安徽农业科学，**35**(1)：6560-6561.

陈峪. 2001. 2000 年我国天气气候特点. 气象，**26**(4)：20-24.

陈峪. 2002. 2001 年我国天气气候特点. 气象，**28**(4)：29-33.

陈峪，陈鲜艳，任国玉. 2010. 中国主要河流流域极端降水变化特征. 气候变化研究进展，**6**(4)：265-269.

崔向慧. 2007. 全球 FACE 实验的研究与展望. 世界林业研究，**20**(5)：1-6.

《第二次气候变化国家评估报告》编写委员会. 2011. 第二次气候变化国家评估报告. 北京：科学出版社.

杜鹃，何飞，史培军. 2006. 湘江流域洪水灾害综合风险评价. 自然灾害学报，**15**(6)：38-44.

高雪梅. 2012. 我国节水灌溉发展的现状、问题与对策思考. 天津农业科学，**18**(1)：54-56.

霍治国，李茂松，王丽等. 2012. 气候变暖对中国农作物病虫害的影响. 中国农业科学，**45**(10)：1926-1934.

科学技术部社会发展科技司，中国 21 世纪议程管理中心. 2011. 适应气候变化国家战略研究. 北京：科学出版社.

李可夫，何怀英，李胜平. 2012. 浅谈农作物病虫害的综合防治. 农业科技与信息，(9)：29-30.

李天来. 2005. 我国设施园艺发展的方向. 新农业，(5)：4-5.

李艳兰，罗莹，黄雪松. 2005. 广西 2004 年气候特点及其影响评价. 广西气象，**26**(1)：24-27，64.

刘布春，李茂松，霍治国等. 2008. 2008 年低温雨雪冰冻灾害对种植业的影响. 中国农业气象，**29**(2)：242-246.

刘建刚，万金红，谭徐明等. 2011. 2009 年秋至 2010 年春我国西南地区干旱及与历史场次干旱对比分析. 防灾减灾工程学报，**30**(2)：196-200.

刘文泉. 2002. 农业生产对气候变化的脆弱性研究方法初探. 南京气象学院学报，**25**(2)：214-220.

刘颖杰，林而达. 2007. 气候变暖对中国不同地区农业的影响. 气候变化研究进展，**3**(4)：229-233.

罗守进，林璐璐. 2012. 稻飞虱灾变与环境的关系. 农业灾害研究，**2**(5)：65-78.

潘华盛，张桂华，祖世亨. 2002. 气候变暖对黑龙江省水稻发展的影响及其对策的研究. 黑龙江气象，(4)：7-12，18.

潘铁夫. 1998. 吉林省气候变暖与农业生产. 吉林农业科学，(1)：86-89.

《气候变化国家评估报告》编写委员会. 2007. 气候变化国家评估报告. 北京：科学出版社.

钱诚，严中伟，符淙斌. 2011. 1960—2008 年中国二十四节气气候变化. 科学通报，**56**(35)：3011-3020

王丽，霍治国，张蕾等. 2012. 气候变化对中国农作物病害发生的影响. 生态学杂志，**31**(7)：1673-1684.

王媛，方修琦，徐锬等. 2005. 气候变暖与东北地区水稻种植的适应行为. 资源科学，**27**(1)：121-127.

严中伟，杨赤. 2000. 近几十年中国极端气候变化格局. 气候与环境研究，**5**(3)：267-272.

杨永岐,陈鹏狮,吉奇. 2001. 气候变化对我国西北地区未来农业的影响及对策. 辽宁气象,(4):12-15.

叶延琼,章家恩,李逸勉等. 2013. 1992—2010年广东省水稻主要病虫害发生动态及防控措施. 湖北农业科学,**52**(15):3544-3549.

翟盘茂,王萃萃,李威. 2007. 极端降水事件变化的观测研究. 气候变化研究进展,**3**(3):144-148.

张强,高歌. 2004. 我国近50年旱涝灾害时空变化及监测预警服务. 科技导报,(7):21-24.

祝昌汉,张强,陈峪. 2003. 2002年我国十大极端气候事件. 灾害学,**16**(2):76-80.

IPCC. 2013. Climate Change 2013: The Physical Science Basis. Contribution of Working Group I to the Fifth Assessment Report of the Intergovernmental Panel on Climate Change[Stocker T F, Qin D, Plattner G K, Tignor M, Allen S K, Boschung J, Nauels A, Xia Y, Bex V and Midgley P M (eds.)]. Cambridge University Press, Cambridge, United Kingdom and New York, NY, USA, 1535 pp.

Nakićenović N, Alcamo J, Davis G, *et al*. 2000. Special Report on Emissions Scenarios: A Special Report of Working Group III of the Intergovernmental Panel on Climate Change. Cambridge: Cambridge University Press, 599pp.

第 2 章 农业气候资源利用

农业气候资源指对农业生产有利的气候条件和大气中可被农业利用的物质与能量，包括光照、温度、降水、大气成分等气候因子的数量、强度及其组合。在全球气候变化的背景下，近50年中国农业气候资源发生了明显的变化，主要表现在随着气候的变暖，热量资源普遍有所增加；降水的时空分布改变，多数地区的水资源更加紧缺；太阳辐射有所减弱，但 CO_2 浓度不断上升；农业气候资源的季节和年际波动增大，导致农业气象灾害的危害加重。气候变化导致的农业气候资源时空分布的改变，对作物生产潜力、种植结构、复种指数、种植制度、作物与品种布局都产生了重要影响。

本章分析了气候变化背景下中国农业气候资源（热量资源、光照资源、水分资源）的变化特征、中国南北方主要作物生产潜力变化，以及气候变化对种植制度界限（多熟种植制度北界、冬小麦种植北界、双季稻种植北界、一季稻种植北界、雨养冬小麦—夏玉米稳产种植北界及热带作物种植界限）的影响，提出气候变化条件下农业气候资源利用方面工作中存在的问题与需要加强研究的科学问题。

2.1 气候变化背景下中国农业气候资源变化特征

农业气候资源具有空间分布的不均衡性，导致大范围内光、热、水等资源要素存在不同程度的区域差异，气候变化使得农业气候资源产生新的不均衡性、新的区域差异。分析评价气候变化背景下中国农业气候资源的变化特征，可以为中国农业区划和区域农业发展规划的调整以及农业应对气候变化提供科学依据。

2.1.1 热量资源变化特征

作为农业气候资源重要组成部分的热量资源是指对农业生产有利的温度条件及其持续时间的组合。表征热量资源的常用指标有年平均气温、无霜期、农耕期、作物生长期、积温、界限温度以上持续天数等，其中无霜期长度和喜温作物生长期与日平均气温稳定超过 10℃ 的持续期大体相当；农耕期长度和喜凉作物与日平均气温稳定超过 0℃ 的持续期大体相当，但夏季过高的温度不适宜喜凉作物生长。衡量喜温作物对热量条件的需求通常以≥10℃积温表征，而喜凉作物以≥0℃积温表征。

近 50 年来，中国北方、江淮流域以及云贵高原和华南部分地区霜期显著缩短，无霜期显著延长，北方尤为明显。东北地区喜温作物的生长期天数成显著增多趋势，黑龙江北部、吉林东部普遍增加 10 d 左右，辽宁中部及东部地区增加 5 d 左右。中国冬麦主产区霜期长度成减小趋势，减少速率为3.4 d/(10 a)，山东省农耕期明显延长，每10年增加4.2 d，山西省近50年无霜期延长，河南省无霜期延长的气候倾向率为2.7 d/(10 a)(许艳等，2009；刘实等，2010；李正国等，2011；曹倩等，2011；王建源等，2010；范晓辉等，2010；李彤霄等，2012；孙杨等，2010；张磊等，2013)。

1961—2007年，年均气温、≥0℃和≥10℃积温总体均成增加趋势。年均气温增幅最大的是东北地区，其次依次为西北、华北、长江中下游和华南地区，增幅最小的是西南地区。≥0℃积温增幅最大的是华北和西北地区；≥10℃积温增幅最大的是华南地区，其次依次为长江中下游、华北、东北、西北，增幅最小的是西南地区(杨晓光等，2011)，年平均气温增幅较小的华南地区≥10℃积温增幅反而最大，是由于华南无霜期长度远大于北方，全年≥0℃积温增加主要来自≥10℃积温的增加。

2.1.2 光照资源变化特征

太阳辐射资源包括日照时数和辐射强度两个方面，由于目前辐射站点较少，农业光照资源通常以日照时数为主要指标进行分析，需要计算辐射资源时使用经验公式换算，并针对气候变化带来辐射强度的变化对经验公式的系数进行适当的订正。

1961—2007年，全国的年日照时数、喜凉作物和喜温作物生长期内日照时数总体均呈减少趋势，其中，年日照时数减幅最大，其次为喜温作物生长期内的日照时数，喜凉作物生长期内日照时数减幅最小。从区域分布来看，年日照时数以华北地区的减幅最大，然后依次为长江中下游、华南、东北、西南和西北地区。喜凉作物生长期日照时数也以华北地区减幅最大，华北地区云量增加以及人为气溶胶的增加是日照时数减少的主要原因(虞海燕等，2011)，而在西北地区呈增加趋势。喜温作物生长期日照时数除西北地区和东北地区增加，其余区域均呈减少趋势，其中华南地区的减幅最大，其次为长江中下游、华北和西南地区(杨晓光等，2011)。

贺琳(2011)对1961—2010年东北地区作物生长季(5—9月)的太阳辐射进行模型估算，结果表明近50年东北大部分地区作物生长季太阳辐射有明显下降趋势。目前，关于中国各地区太阳辐射变化特征已有许多学者研究，但对于作物生长季内的太阳辐射变化特征及其对作物影响的研究较少，需要进一步加强。

2.1.3 水分资源变化特征

作为农业气候资源之一的水分资源，是指能为作物所利用的水分，包括自然降水、土壤贮存水分、可利用的地表水资源、地下水资源等。从农田水分平衡的角度，降水是土壤水分、地表水资源和地下水资源的主要来源，降水与灌溉水是农田水分的主要输入项，而蒸散是主要输出项。

(1) 降水量变化特征

1961—2007年，年降水量、喜凉和喜温作物生长期内全国降水总量均呈小幅减少趋势，相对减幅以喜凉作物生长期内降水量最大，其次为喜温作物生长期内降水量和年降水量；华南、长江中下游和西北地区年降水量有所增大，其余地区的年降水量均呈减少趋势，减幅最大的是华北地区，其次为东北和西南地区。喜凉作物生长期内华北地区降水量减少率可达18.2 mm/(10 a)，明显大于其他地区，而西北地区变化不大；由于年降水量主要集中在夏季，喜温作物生长期降水量变化与年降水量变化基本一致(杨晓光等,2011)。

(2) 参考作物蒸散量变化特征

1961—2007年,运用Penman-Monteith公式计算分析的结果,由于风速与太阳辐射减弱抑制蒸散的效应超过气温升高促进蒸散的效应,全国年参考作物蒸散总量、喜凉和喜温作物生长期内全国参考作物蒸散总量均呈减少趋势。年参考作物蒸散量在所有区域均表现为减少趋势,其中华北地区的减幅最大,然后依次为长江中下游、西北、西南和华南地区,减少率最小的是东北地区。喜凉作物生长期内参考作物蒸散量在华北和西北地区均呈减少趋势。从喜凉、喜温作物生长期内参考作物蒸散量与年参考作物蒸散量趋势基本一致,唯有喜温作物生长期内参考作物蒸散量在东北、华南、西南和西北地区呈增大趋势,其中增加率最大的是东北地区,这是由于生长期延长所增加的蒸散量超过日均蒸散强度下降所减少的蒸散量。就平均减少率而言,减少率最大的是年参考作物蒸散量,其次为喜凉作物生长期内参考作物蒸散量,而喜温作物生长期内参考作物蒸散量的总体变化很小(杨晓光等,2011)。

虽然理论上的参考作物蒸散量总体上有所下降,但由于作物生长季延长和产量的提高,需水量仍在增大,加上北方和西南降水量减少,社会用水挤占农业用水,以及频繁发生和加剧的南方季节性干旱,干旱缺水仍然是制约中国农业生产的一个重要瓶颈。

综上所述,中国气候的总体表现为暖干化,西南、华北、东北和西北东部地区暖干化趋势尤为明显,西北西部、长江中下游和华南地区虽然整体呈暖湿化趋势,但南方的季节性干旱也日益加剧(杨晓光等,2011)。

未来CO_2浓度会持续升高,气候继续变暖,多种温室气体排放情景下热量资源还会增加,无霜期、农耕期、作物种植期进一步延长;降水量的波动与区域差异更加明显;日均气温≥0℃期间光照资源也会增加(赵俊芳等,2010;郭建平等,2010),未来需要根据农业气候资源的变化采取进一步的适应措施。

2.2 气候变化背景下主要作物生产潜力变化

作物光温生产潜力是指在水分、土壤肥力、农业技术措施等条件适宜的情况下,由当地太阳辐射和温度决定的作物可能的最大产量;气候生产潜力是指土壤肥力、农业技术措施等条件适宜的情况下,由太阳辐射、温度、水分等气候因素决定的作物可能的最大产量。作物气候生产潜力估算是分析粮食综合生产能力的基础,可为作物布局、种植结构调整和保障国家粮食安全提供理论参考。

2.2.1 气候变化对北方地区作物生产潜力的影响

虽然太阳辐射有减弱趋势,东北三省玉米、水稻、大豆等三大作物的光温生产潜力均呈增大趋势,这是由于变暖气候条件下稳定通过10℃的喜温作物生长期延长所致,20世纪90年代以后光温生产潜力增加更为明显。玉米和大豆生长季的降水虽然减少,但还基本能满足作物生长的需要,气候生产潜力呈小幅增加趋势;水稻由于受自然降水的影响较小,实际仍呈明显增产趋势(张旭光,2007)。西北东部甘肃的研究结果显示1979—1996年气候生产潜力明显增加,1997年以后由于降水减少,1997—2007年气候生产潜力显著下降(罗永忠等,2011);宁夏中部干旱带温度生产潜力显著增加,降水生产潜力明显下降,气候生产潜力呈现出波动中减少的趋势(余海龙等,2011)。研究结果显示,1962—2006年黄淮海冬小麦平均光温与气候生产潜力呈上升趋势,夏玉米呈下降趋势(黄川容和刘洪,2011)。田展等(2007)的研究表明,未来气候变化情景下,无论是否考虑CO_2的直接肥效作用,黄淮海平原春玉米和夏玉米生产潜力都会出现明显下降的趋势,灌溉可以一定程度上缓解两种作物不同气候情景下的下降幅度,但从整体上来看玉米产量潜力是下降的。熊伟等(2008)的模拟结果表明,在现有品种不变的前提下,由于气温升高会使作物发育加快,全生育期缩短,即使考虑了CO_2对作物的直接肥效作用,估算未来全国玉米主产区的灌溉玉米均表现出减产趋势,只有东北北部和农牧交错带等高寒地区由于积温增加使生育期延长,有利于增产。实际生产中玉米产量是增加的,这是改良品种和调整品种布局的结果,农民也会自发地改用生育期更长的品种,这事实上就是在自发地适应,热量资源的增加对于中国多年来的玉米产量增加具有很大贡献。

2.2.2 气候变化对南方地区作物生产潜力的影响

南方的热量和降水资源相对充足,周年作物生产潜力较高。现有研究结果显示,气候变化背景下南方不同地区的光温生产潜力与作物生产潜力的变化特征因地区和作物而不同。

湖南、江西和四川的研究都表明,随着气候变暖,长江流域的水稻光温生产潜力普遍提高,但由于降水的波动加剧,季节性洪涝与干旱频繁交替,水分适宜度降低,抵消了热量增加的效应,使得各地水稻的气候生产潜力变化不大或略有下降(陆魁东等,2007;辜晓青等,2010;王素艳等,2009)。

云南省气候生产潜力总体呈弱的递增趋势。昭通北部、昆明东部、文山北部及大理西部为弱递减,其余地区为弱递增。1975—1985年和1992—2000年出现两次明显上升,但近几年的年际波动很大且由于连年干旱明显下降(李蒙等,2010)。

2.3 气候变化对种植制度界限的影响

2.3.1 对多熟种植制度北界的影响

杨晓光等(2010,2011)采用刘巽浩和韩湘玲先生1987年提出的种植制度区划指标,利用全国气象台站的实测气候数据研究结果表明:随着气温的升高,积温的增大,中国一年两熟制、一年三熟制的种植北界都较之20世纪50年代—1980年基准时段有不同程度北移,一年两熟种植北界空间位移以陕西东部、山西、河北、北京和辽宁最大,一年三熟种植北界空间位移以湖北、安徽、江苏和浙江最大;在不考虑品种变化、社会经济等因素的前提下,基于目前各作物实际产量水平,由一年一熟变成一年二熟,粮食单产平均可增加54%~106%;由一年二熟变成一年三熟,粮食单产平均可增加27%~58%。未来气候情景下随着气候不断变暖,不同熟制的北界还会继续北移。

2.3.2 对冬小麦种植北界的影响

气候变暖有利于冬小麦安全越冬。杨晓光等(2010,2011)依据崔读昌等提出的冬小麦越冬指标,即最冷月平均最低气温−15℃、极端最低气温−22～−24℃,利用全国气象台站的实测气温数据研究结果表明,中国北方冬小麦的种植北界不同程度北移西扩。与20世纪50年代—1980年基准时段相比,1981—2007年气候资料所确定的冬小麦种植北界空间在辽宁、河北、山西、陕西、内蒙古、宁夏、甘肃和青海最大。郝志新等(2001)研究表明,辽宁省1991—1999年冬小麦的种植北界较20世纪50年代确定的北界(长城沿线)北移了1～2个纬度。实际生产中,冬小麦的种植北界取决于品种选育、灌溉条件、技术水平、成本效益等,会与理论北界有所差别,部分地段的实际北界与理论北界稍有出入,但总体差别不大(邹立坤,2001;李静,2010)。未来随着气候不断变暖,冬小麦种植北界还会明显北移(金之庆等,2002;杨晓光等,2010,2011)。

2.3.3 对双季稻种植北界的影响

水稻是中国重要的粮食作物之一,2013年种植面积约3043.2万hm^2,种植面积占粮食作物的27%,稻谷产量占粮食作物的33%(粮油市场报,2014)①。双季稻主要分布在20°～32°N雨热同季的东亚地区,由于气候变暖积温增加,如果仅考虑气候资源的影响,使得双季稻的理论适种围北扩。杨晓光等(2010)采用全国农业区划委员会提出的双季稻安全种植北界指标,即≥10℃积温满足5 300℃·d,与20世纪50年代—1980年基准相比,1981—2007年双季稻理论种植北界在浙江、安徽、湖北和湖南省境内呈现不同程度北移。

2.3.4 对一季稻种植北界的影响

中国北方水稻种植受水资源的制约,华北地区水稻种植已大幅压缩,但东北地区水资源条件尚好,加之气候变暖和市场需求旺盛,种植面积大幅度增加。方修琦和盛静芬(2000)研究表明,与20世纪70年代相比,90年代的无霜期延长7 d,北部地区较南部地区无霜期延长更多,使原水稻种植的次适宜区变为适宜区、原不适宜区部分地区变为适宜区,种植北界已经移至大约52°N的呼玛等地区(云雅如等,2005)。

2.3.5 对雨养冬小麦—夏玉米稳产种植北界的影响

在热量能够满足多熟种植的地区,多熟种植能否成功,水分往往是成功的关键。已有研究表明,冬小麦—夏玉米一年两熟种植模式的需水量约为800 mm,因此雨养冬小麦—夏玉米种植模式稳产的降水量指标界限为800 mm。杨晓光等(2010)以此作为雨养冬小麦—夏玉米稳产种植北界指标,结果表明:与20世纪50年代—1980年基准相比,1981—2007年的降水量等值线在山东省、河南省和四川省变动明显,在山东省800 mm降水等值线向东南方向移动,在河南省中东部向西北方向移动,在河南省西部、陕西省西部和四川省东部向东南方向移动。

---

① 2013年中国稻米市场分析,粮油市场报2014年2月11日B04版.

2.3.6 对热带作物种植界限的影响

中国热带地区土地面积约4.8万 km^2，农业自然资源十分丰富，适宜种植多种热带作物。气候变暖一方面为热带作物种植北扩提供了机遇，同时气候波动加剧也增加了寒害发生的风险。李勇等(2010)研究表明，考虑80%气候保证率，1981—2007年相对于20世纪50年代—1980年基准热带作物种植北界大约北移了0.86个纬度，适宜种植面积增加了0.81万 km^2。北移速率呈逐年代加快趋势，其中云南瑞丽在1990年就已演变为新的热带作物种植区，但同时寒害发生风险也在增大，敏感区域发生寒害和重度以上寒害的风险分别比非敏感区域高3.0倍和3.5倍。

实际生产中，以天然橡胶为例，中国20世纪60—70年代曾在热带地区大面积种植，但在广西南部、广东东部、福建西部等地区寒害特别严重，有效割株保存率低，在农业结构调整的趋势下被逐渐淘汰。但从20世纪90年代末期开始，由于气温升高热量条件改善及天然橡胶种植经济效益提高，抗寒技术进步等因素影响，这些地区开始重新种植，尽管2008年特大寒害发生，胶园仍保存下来并很快恢复。在云南，天然橡胶种植也已突破种植高度不能超过海拔850 m的原定规范，在海拔1300～1400 m种植的胶树仍可产胶。另外，过去认为在中国由于寒害重没有商业种植价值的油棕，调查发现在24°N仍然可以正常开花结果。

2.4 关键适应问题

我们的先人在几千年的生产实践活动中逐渐地认识自然、改造自然，在经历过无数的成功和失败后，不断总结经验教训摸索出与原有气候系统相适应的农业生产系统，如农历二十四节气就是中国古代劳动人民长期经验的积累和智慧的结晶。由于近代工业进程中人为温室气体排放引起的气候变化来势迅猛，在农业生产上不得不采取自发响应行动，被动地适应农业气候资源的改变。在缺乏理论指导的情况下，采取的适应行动难免存在盲目性。如气候变暖条件下的华北冬小麦霜冻害和华南热带作物寒害加剧，就是典型的过度适应的后果，原因就在于对气候波动和作物对气候变化强迫的脆弱性估计不足。气候变暖使东北水稻的大面积扩种成为可能，但盲目开垦湿地又导致生物多样性降低，加剧水资源紧张，致使东北的干旱问题日益严重。因此，在气候变化背景下充分利用农业气候资源挖掘生产潜力，必须建立配套的技术体系，如在气候暖干化的干旱加重地区，作物种植要加强中耕保墒以利用深层土壤水分，但目前多数农民播种后外出务工，迫切需要社会化的机械中耕服务。气候变暖加快土壤有机质分解，在气候变化条件下如何用地养地是生产实践中亟须解决的问题。变暖背景下农业气候资源的改善也为农业发展带来机遇，如在东北、华北、长江中下游等主要农区利用增加的热量资源适度提高复种指数、更换适宜品种，在华南充分利用有利地形降低热带作物北扩后的寒害风险，在南方发展冬季农业，在青藏高原发展河谷农业，在高海拔地区扩大喜凉作物马铃薯的种植，在西南利用地形和农业资源的多样性发展优质高效立体农业，在新疆利用降水及融雪增加适度扩大作物种植面积等，需要我们在生产实践中把握机遇实现农业跨越式发展。

农业气候资源变化促进了种植制度调整，但种植制度同时又受到土壤、作物品种特性、生产条件、市场需求、劳动力及技术水平等因素综合影响，未来应加强各粮食主产区适宜的种植制度影响因素及经济效益的综合研究。随着 CO_2 浓度的持续升高，CO_2 的肥效和提高水分利用效率的作用更加明显，培育高光效作物品种应成为适应行动的优先选择。从图 2-1～2-4 可以看出，气候变化影响农业的一个显著特征是作物种植制度界限的变动以北移为主，种植界限变动区域的作物种植模式既不同于原有界限内种植区域，也不同于原有界限外种植区域，具有明显的过渡性，是典型的“边缘适应”（许吟隆等，2013）区域，需要研究新的种植模式和配套栽培技术。

参考文献

曹倩，姚凤梅，林而达等. 2011. 近 50 年冬小麦主产区农业气候资源变化特征分析. 中国农业气象，**32**(2)：161-166.

范晓辉，王麒翔，王孟本. 2010. 山西省近 50 年无霜期变化特征研究. 生态环境学报，**19**(10)：2393-2397.

方修琦，盛静芬. 2000. 从黑龙江省水稻种植面积的时空变化看人类对气候变化影响的适应. 自然资源学报，**15**(3)：213-217.

辜晓青，李美华，蔡哲等. 2010. 气候变化背景下江西省早稻气候生产潜力的变化特征. 中国农业气象，**31**(增1)：84-89.

郭建平. 2010. 气候变化背景下中国农业气候资源演变趋势. 北京：气象出版社.

郝志新，郑景云，陶向新. 2001. 气候增暖背景下的冬小麦种植北界研究-以辽宁省为例. 地理科学进展，**20**(3)：254-261.

黄川容，刘洪. 2011. 气候变对黄淮海冬小麦与夏玉米生产潜力的影响，中国农业气象. **32**(增 1)：118-123.

金之庆，葛道阔，石春林等. 2002. 东北平原适应全球气候变化的若干粮食生产对策的模拟研究. 作物学报，**28**(1)：24-31.

李静. 2010. 宁夏“冬麦北移”工程发展现状及趋势. 科技信息，(31)：776.

李蒙，朱勇，黄玮. 2010. 气候变化对云南气候生产潜力的影响. 中国农业气象，**31**(3)：442-446.

李彤霄，刘荣花，王君等. 2012. 河南省近 50 年气候变化分析. 河南水利与南水北调，(2)：4-7.

李勇，杨晓光，王文峰等. 2010. 全球气候变暖对中国种植制度可能影响 Ⅴ. 气候变暖对中国热带作物种植北界和寒害风险的影响分析. 中国农业科学，**43**(12)：2477-2484.

李正国，杨鹏，唐华俊等. 2011. 气候变化背景下东北三省主要作物典型物候期变化趋势分析. 中国农业科学，**44**(20)：4180-4189.

刘实，王勇，缪启龙. 2010. 近 50 年东北地区热量资源变化特征. 应用气象学报，**21**(3)：265-277.

陆魁东，屈右铭，张超等. 2007. 湖南气候变化对农作物生产潜力的响应. 湖南农业大学学报(自然科学版)，**33**(1)：9-13.

罗永忠，成自勇，郭小芹. 2011. 近 40a 甘肃省气候生产潜力时空变化特征. 生态学报，**31**(1)：221-229.

孙杨，张雪芹，郑度. 2010. 气候变暖对西北干旱区农业气候资源的影响. 自然资源学报，**25**(7)：1153-1162.

田展，许吟隆，周伟东. 2007. 气候变化对黄淮海平原作物生产潜力影响研究. 2007 年农业环境科学峰会论文集.

王建源，范里驹，张璇. 2010. 1961-2008 年山东省农耕期的动态变化. 中国农业气象，**31**(3)：358-363.

王素艳，郭海燕，邓彪. 2009. 气候变化对四川盆地作物生产潜力的影响评估. 高原山地气象研究，**29**(2)：49-53.

熊伟，杨婕，林而达等. 2008. 未来不同气候变化情景下我国玉米产量的初步预测. 地球科学进展，**23**(10)：1092-1101.

许艳，王国复，王盘兴. 2009. 近50a中国霜期的变化特征分析. 气象科学，**29**(4)：427-433.

许吟隆，郑大玮，李阔等. 2013. 边缘适应：一个适应气候变化新概念的提出. 气候变化研究进展，**9**(5)：376-378.

杨晓光，李勇，代姝玮等. 2011. 气候变化背景下中国农业气候资源变化Ⅸ：中国农业气候资源时空变化特征. 应用生态学报，**22**(12)：3177-3188.

杨晓光，刘志娟，陈阜. 2010. 全球气候变暖对中国种植制度可能影响Ⅰ：气候变暖对中国种植制度北界和粮食产量可能影响的分析. 中国农业科学，**43**(2)：329-336.

杨晓光，刘志娟，陈阜. 2011. 全球气候变暖对中国种植制度可能影响Ⅵ：未来气候变化对中国种植制度北界的可能影响. 中国农业科学，**44**(8)：1562-1570.

余海龙，黄菊莹，王亭荷. 2012 宁夏中部干旱带56年来气候生产潜力变化特征研究_以宁夏中宁县为例. 水土保持研究，**19**(6)：172-175.

虞海燕，刘树华，赵娜等. 2011. 我国近59年日照时数变化特征及其与温度、风速、降水的关系. 气候与环境研究，**16**(3)：389-398.

云雅如，方修琦，王媛等. 2005. 黑龙江省过去20年粮食作物种植格局变化及其气候背景. 自然资源学报，**20**(5)：697-705.

张磊，张晓煜，李红英等. 2013. 1961—2010年宁夏无霜期变化特征. 生态环境学报，**22**(5)：801-805.

赵俊芳，郭建平，马玉平等. 2010. 气候变化背景下我国农业热量资源的变化趋势及适应对策. 应用生态学报，**21**(11)：2922-2930.

邹立坤，张建平，姜青珍等. 2001. 冬小麦北移种植的研究进展. 中国农业气象科学，**22**(2)：53-57.

Kang Y，Khan S，Ma Y. 2009. Climate change impacts on crop yield，crop water productivity and food security：A review. *Progress in Natural Sciences*，**19**：1665-1674.

第 3 章　农业水资源

中国是一个严重干旱缺水的国家，人均水资源只有 2300 m^3，仅为世界平均水平的 1/4。中国水资源时空分布不均，南多北少，东多西少，与人口、土地、社会经济格局极不匹配。如北方地区（长江流域以北）面积占全国 63.5%、人口约占全国的 46%、耕地占 60%、GDP 占 44%，而水资源仅占 19%（张建云等，2009）。而南方虽然水资源总量较为充裕，但季节性干旱和水环境污染导致的结构性缺水也很严重。特别是大中城市附近的湖泊，目前大多数处于富营养化或严重污染状态。如云南滇池、江苏太湖和安徽的巢湖都处于比较严重的富营养化状态。再如武汉市，虽然有大面积水域，但绝大部分湖泊水体是Ⅳ或Ⅴ类，仅可作为灌溉或景观功能用水，其他功能基本丧失。西北黄土高原水土流失严重。近 10 多年来，土壤侵蚀面积比例都在 60%～70%（刘国彬等，2008）。严重的水土流失直接制约着黄土高原地区、黄河流域乃至全国的生态安全以及经济社会的可持续发展。

在全球气候变暖的背景下，气候系统的波动性增大，降水的区域分布更加不均，季节性波动增大，洪涝、干旱灾害不断加重。如发生在 2006 年的川渝夏秋干旱，持续高温少雨导致土壤快速失墒，出现 1951 年以来最严重的伏旱，造成农作物受灾面积 338.3 万 hm^2，因灾直接经济损失 192.6 亿元（邹旭恺等，2006）。又例如，2010 年中国西南发生严重冬春干旱，导致云南、广西、贵州、四川、重庆五省区市的作物受旱面积 501.07 万 hm^2，受灾率和成灾率均为 1943 年以来的最大值（刘建刚等，2011）。2007 年淮河发生的流域性大洪水，暴雨中心日降水量达 518.1 mm，流域受灾人口 1 416.3 万人，农作物受灾面积 1 333.8 $\times 10^3$ hm^2，各项直接经济损失达 85.9 亿元（夏军等，2011）。这些极端气候事件都对当地农业生产造成了严重影响。

农业是用水大户，占全国用水总量的 63%左右。但与发达国家相比，农业用水管理水平不高，水资源利用效率低下。而且由于缺乏流域统一管理调度，上中下游和地区间无序争水问题凸出，都给农业生产带来了严重影响。同时，部分地区的种植结构不合理，如华北黑龙港地区的小麦种植、东北水稻的盲目扩种，都加大了水资源短缺的局势。另外，由于工业化、城镇化进程加快和经济的迅速发展，农业用水不断被挤占，从 1949 年占全国总用水量的 97.1%下降到 2009 年的 63%（谢秀永等，2011）。由此导致一系列环境恶果，如华北城市化地区地下水超采严重，已形成了两大地下水漏斗区（夏军，2003）。地下水枯竭直接威胁华北平原地区城市的安全用水储备，同时引起严重的地面沉降、海水入侵等一系列问题。

气候变暖为水体中藻类微生物的生长发育提供了良好的热量条件，因而会加剧水质恶化。如江苏太湖、安徽巢湖以及云南滇池蓝藻的爆发，与气候变暖都有密切关系。因此，在气候变化条件下，农业生产将面临更加严峻的水资源瓶颈的约束。

本章首先综述气候变化对农业水资源的直接影响、间接影响与区域影响，总结农业水资源适应气候变化面临的挑战与所采取的对策（包括管理对策、技术对策与区域对策），提出中国农业水资源适应气候变化工作中存在的问题与关键科学问题。

3.1 气候变化对中国农业水资源的影响

中国是一个农业大国，耕地面积18.258亿亩①，其中灌溉面积9亿亩，一半以上的耕地是靠天吃饭的雨养农业。据2000年统计，在中国5633亿 m^3 的总用水量中，农业用水为3861亿 m^3，占总用水量的68.5%。其中农业灌溉用水3484亿 m^3，林牧渔业用水377亿 m^3。农业用水比例地区差异明显，其中西北和西南诸河比例最高，分别达到95%和87%。

气候变化对农业水资源既有直接影响、也有间接影响。直接影响表现在两个方面：一是由于温度、降水和蒸发时空分布的变化，影响地表径流和地下水的分布，从而影响到农业可用水资源的数量与有效性；二是由于温度升高影响作物生长发育，CO_2 浓度升高影响作物气孔行为，这些均使作物耗水发生变化。气候变化对农用水资源的间接影响表现在：气候变暖和社会经济发展导致工业用水、生活用水和城市生态用水量迅速增大，使得农业用水被挤占的局面日趋严重。

3.1.1 气候变化对农业水资源的直接影响

(1) 对降水量的影响

降水是水循环中最重要的要素之一，是水资源的唯一来源。气候变化条件下气候系统的波动性增大，降水区域不平衡加重，导致洪涝、干旱灾害频繁发生。同时由于降水的季节性波动增大，雨季的大量降水以洪水的形式入海不能加以利用，导致农用水资源的有效性降低，季节性干旱使旱季缺水问题更加凸出。

总体而言，气候变化对中国降水总量影响不大，但降水的空间变异性增大，南涝北旱加重。对中国385个观测站1951—2000年的月气象资料分析表明，从20世纪70年代开始，全国平均降水量没有明显的变化趋势，以自然变异为主，但区域平均降水量或增或减变化明显(陶涛等，2007)。其中新疆地区降水量的增加幅度在范围上和强度上都是国内最大的，而华中、华北地区降水量的减少幅度在范围上和强度上都非常明显。近20多年来北方干旱缺水与南方洪涝灾害同时出现，形成了北旱南涝的局面。青藏高原年降水量呈增大趋势(孙秀博，2012)。

从百年尺度来看，降水的年际变异性增大，极端洪涝、干旱事件增多。其中20世纪最初10年、30—40年代和80—90年代降水偏多，其他年代偏少。近50年中国年降水量呈微弱减少趋势，平均递减率为2.9 mm /(10 a)，但20世纪90年代略有增大。就降水变化趋势的区域分布而言，以年降水量较少的西北地区增大较为明显，大部分地区每10 a的年降水量增加率在5%以上；以华北为核心的中部地区，每10 a的降水减少幅度在15%以下(张建云等，2009；气候变化国家评估报告，2007)。

降水的另一个重要变化趋势是强降水增多。这虽然在一定程度上能够补充淡水资源，但也造成了洪涝灾害(姜彤，2012)②。夏军等(2011)也指出，气候变化背景下，中国部分流域极端气候、水文事件频率和强度可能增大，增大中国水旱灾害频发的风险，影响现有水利工程和

① 1亩=1/15 hm^2.

② 姜彤．2012. 气候变化对我国近50年降水时空分布影响明显．中国天气网：http://www.weather.com.cn/climate/qhbhyw/03/1618857.shtml

水灾害应急管理系统。20世纪后50年，中国南方夏季(6—8月)雨涝面积在扩大，特别是在80年代末以后，这种趋势更强。近20多年，中国洪涝灾害的高发区如淮河等流域，极端强降水事件趋于增多，洪涝灾害严重。20世纪90年代以来，中国先后发生了1991年江淮大水，1994和1996年珠江流域大洪水，1996年海河南系大水，1998年长江、松花江和闽江大水，2003年和2005年淮河和汉江大水。2007年淮河又发生了流域性大洪水，暴雨中心日降水量达518.1 mm，流域受灾人口1 416.3万人，农作物受灾面积1 333.8 $\times 10^3 hm^2$，各项直接经济损失达85.9亿元(夏军等，2011)。

张建云和王国庆(2009)研究指出，近十几年来，中国区域性暴雨频率及强度有增大趋势。刘九夫等(2008)对中国暴雨洪水的研究表明，20世纪90年代以来，中国发生了多次短历时、点雨量实测或调查的极值接近或达到世界最高记录的暴雨事件。如陕西省宽坪调查暴雨1300 mm / (6～7 h)(1998年7月)超过了以往的世界记录；广东省湛江幸福农场实测暴雨1146.8 mm / (24 h)(2007年8月)是21世纪以来大陆24 h实测最大降水量。白松竹(2009)研究发现，新疆阿勒泰地区近45年来，强降水量和强降水日数呈增加趋势。

在气候变化对中国降水影响的总体趋势下，也有一些局部地区的降水表现与总趋势不一致。例如，魏文寿等(2008)研究表明，近百年天山山区气候变化中的降水变化分为两个阶段，20世纪初到80年代，降水量逐渐变小；80年代后期至今，降水量迅速增大。另外，不少研究表明，同处西北地区的黄土高原，在过去的几十年中，降水却减少，呈现出暖干化的变化趋势(卢爱刚，2009；刘引鸽，2007；林纾，2007)，这也与西北地区降水量整体增大的趋势不一致。

(2) 对土壤水分的影响

大气降水到达陆地表面后，进一步转化为地表径流、土壤水和地下水。气候变化改变了降水分布格局，也必然影响到土壤水分状况。土壤蒸发和植物蒸腾需要的水分都来自土壤，即使在二者保持不变的情况下，仅降水的变化就足以导致土壤水分的变化。

中国华北、东北和黄土高原地区，由于降水减少和农业用水量增大，地下水位连年下降，土壤水分大多呈减少趋势，黄土高原一些地区甚至出现了深层的土壤干层，使得农业干旱明显加重。过去在华北并不明显的冬旱，近年来在暖冬年份变得更加凸出，对小麦安全越冬形成一定威胁。西南地区冬春降水明显减少，冬季明显变暖，使得冬春季土壤干旱日趋严重。春夏迅速升温、少雨与高温的结合使得东北和华北春末夏初的干旱威胁明显增大，如果没有灌溉措施，土壤水分经常下降到很低。

关于气候变化对土壤水分的影响，目前对西北东部的黄土高原地区研究较多。这主要是由于雨养农业是该区农业的主要特征，土壤水分主要靠降水补给，且调节能力差，土壤水分问题受到普遍关注。气候变化背景下，西北黄土高原区土壤水分呈降低趋势。如蒲金涌等(2006)指出，自20世纪80年代以来，甘肃黄土高原土壤水分呈降低趋势，0—2 m土层土壤总贮水量春、秋季降低了40～90 mm，夏季降低了20～36 mm，且0—1 m土壤贮水量占0—2 m的比例降低了6%～8%。土壤贮水适宜农作物生长的时段缩短了2～3个月。土壤水分匮缺的范围无论从时段及层次上都有所扩展。郭海英等(2008)发现，在甘肃陇东塬区，由于升温和降水量减少的共同影响，冬小麦春季重要生长阶段麦田土壤水分含量呈现出逐年降低，春旱逐年加重的趋势。唐红艳等(2009)和王彦平等(2009)分别就内蒙古兴安盟和呼伦贝尔土壤含水量进行研究，表明两地近25年来各季节土壤水分都呈下降趋势，并且有加速下降的趋势，土壤干旱化程度加重。

华北地区虽然灌溉条件较好,但近年来农田土壤水分也呈下降的趋势。赵秀兰和延晓冬(2006)使用华北35个台站的土壤水分实测资料,探讨了近20年华北地区土壤水储量变化趋势及时空分布特征。结果表明,全区年平均0～50 cm土壤水储量总体呈减少趋势,但区域差异较大。土壤变干最显著的两个中心分别为京津塘地区和山西西部,次显著中心为内蒙古东部。在0～50 cm深度,随深度增加,土壤水储量的减少幅度逐渐增大,且季节特征明显,即春秋季减少幅度大于夏、冬季。各分区土壤水储量的变化趋势呈现出显著的年代际变化特征,就0～50 cm土壤水储量而言,各分区存在一个共同特点:1995—2002年均呈明显的波动下降变化趋势。方文松等(2007)对河南的研究指出,受气候变暖的影响,近25年来河南省雨养农业区土壤水分呈明显下降趋势,而且土壤水分与气温、降水分别呈极显著的负相关及正相关关系。

东北地区大多也为雨养农业,现有研究表明土壤水分为下降趋势。吕佳佳等(2012)分析了黑龙江省南部1983—2009年15个农业气象观测站玉米生长季的土壤水分资料,表明近27年来该地区玉米不同生育期土壤水分均呈下降趋势,且与降水量呈极显著的正相关。

与其他地区不同,长江中下游地区由于降水量增大,冬、春季土壤水分经常处于饱和状态,土壤水分的增大使渍害加重。

总体而言,气候变化对土壤水分影响的研究是较为薄弱的环节。以往对气候变化影响农作物、牧草、森林生态和种植制度等的关注较多,而对土壤水分研究较少。这主要由于高质量的土壤水分数据缺乏。因为要研究土壤水分与气候变化之间的关系,首先必须有足够长时间的系列土壤水分数据,而且这些数据还必须在相同或类似的农业措施,特别是在相同的灌溉措施下得到,否则,很难剔除人类活动(灌溉、地下水开采)的影响。因此,在灌溉农业区要准确分离出气候变化的影响存在很大难度,但在雨养农业区土壤水分基本反映了气候变化影响。此外,土壤类型的差异、土壤水分观测方法的一致性以及土壤水分资料的连续性及完整性,都会影响到数据的质量。这无疑增加了研究土壤水分与气候变化关系的难度。土壤水分作为地表水文过程的一个综合指标,积累了地表水文过程的大部分信息,是一种重要的水资源形式,与农业生产关系密切。另外,驱动大气环流模式所需要的土壤水分的初始场(张晓影,2009),也依赖于对气候变化背景下土壤水分状况的准确了解。鉴于土壤水分在农业生产及水分循环中的重要基础作用,以及目前高质量、长系列观测资料的缺乏,建议今后加强土壤水分资料的监测,并设置专门的研究项目,以推动土壤水分与气候变化关系方面的研究。

(3) 对大气蒸发及作物蒸散量的影响

1)对大气蒸发能力/潜在蒸发的影响

目前关于气候变化对所谓蒸散量影响的研究,大多数是对蒸发皿蒸发量或参照作物蒸散量的研究。但无论是蒸发皿实际观测的蒸发量,还是使用公式估算的参照作物蒸散量,实质上都是对大气蒸发能力的一种定量化表达形式,描述的都是大气蒸发能力的变化,仍属于气候要素的范畴,只是综合性更强一些。

总体而言,气候变化背景下中国蒸发皿观测的蒸发量呈下降趋势。Xu等(2006)研究指出,长江流域的蒸发皿蒸发量为下降趋势,而且净辐射的减小是蒸发下降的主要原因。对青藏高原1966—2003年的蒸发皿蒸发量的研究表明,尽管气温显著升高,但年平均蒸发量显著下降(Zhang, *et al.*,2007)。刘波等(2008)利用新疆1960—2005年的蒸发皿观测资料,发现年蒸发量总体上都表现为明显的下降趋势。Liu等(2004)使用中国85个站点的数据分析了

1955—2000年的蒸发皿蒸发量变化趋势,发现除东北以外,蒸发存在显著下降趋势。而且西北地区的蒸发速率下降最大,西南地区下降速率最小。安月改等(2005)的研究表明,近50年来,河北省平均蒸发量呈明显下降趋势,全省及各分区平均蒸发量大部分在20世纪60年代最大,60年代至90年代逐渐下降。蒸发量的下降原因与平均风速的减小存在明显正相关。荣艳淑等(2011)对淮河流域的研究也得到了相似的结果。廖晓芳等(2010)对黄河流域的研究表明,潜在蒸散量和实测蒸发皿蒸发量的相关系数很高;从空间分布来看,年均潜在蒸散量和蒸发皿蒸发量均从东北到西南逐渐减小;从时间趋势来看,黄河流域蒸发皿蒸发量有明显的降低趋势,风速的显著减小可能是导致黄河流域年蒸发皿蒸发量显著降低的主要原因。而佟玲等(2004)的研究则表明,在气候变化背景下,甘肃石羊河流域的大部分地区近50年来大气蒸发量都呈逐年增加趋势。

与蒸发皿蒸发量下降趋势类似,气候变化背景下估算的参照作物蒸散量(ET_0)也多为下降趋势。Xu等(2006)使用Panman-Monteith(PM)公式估算了长江流域参照作物蒸散量ET_0,指出ET_0为下降趋势。Zhang等(2011)利用珠江流域的43个站点、黄河流域的65个站点的数据,使用PM公式估算并分析了ET_0的变化趋势,发现黄河流域的中上游ET_0为增大趋势,而珠江流域的ET_0为下降趋势。根据PM公式估算的青藏高原的ET_0也为下降趋势(Zhang, *et al.*, 2007)。马雪宁等(2012)利用黄河流域72个气象站点1960—2010年的气象资料,系统分析了过去51年间气温、降水以及ET_0变化趋势,表明过去51年间黄河流域内气温升高显著、ET_0呈下降趋势,总体上存在"蒸发悖论",而且风速的明显减小是导致黄河流域ET_0下降的主导因素。

一般认为,气候变化背景下气温升高将导致大气变干,大气蒸发能力也会随之增大。然而,自20世纪50年代以来至21世纪初,蒸发皿蒸发量的观测值及潜在蒸散量的计算值在全球范围内出现普遍下降的趋势,这些事实与原有的推测出现矛盾。Roderick等(2002)将全球气温升高与潜在蒸散量下降同时发生的水文气候现象称之为"蒸发悖论"(evaporation paradox),这一现象已成为潜在蒸散研究中的热点问题。"蒸发悖论"不仅在中国广泛存在(Gao, *et al.*, 2007; 马雪宁等, 2012),在意大利(Moonen, *et al.*, 2002)、印度(Chattopadhyay, *et al.*, 1997)、澳大利亚(Michael and Grahan, 2004)、以色列(Cohen and Stanhill, 2002)等国家也普遍存在。

2)对作物实际蒸散量的影响

气候变化对大气蒸发能力的影响评估相对来说较为简单,但对作物实际蒸散量(或需水量)的影响则要复杂得多。首先,气候变化不仅仅指气温的升高,还伴随着其他因素如云量(或辐射)、风速、湿度等的变化,所有这些因素的变化都会影响作物蒸散量的大小;其次,这些变化还会影响植物生长、覆盖度、根系的深浅以及植株的大小等,这些也都会影响到蒸散量。再次,降水及蒸散之间的平衡决定了植物蒸腾的大小,会影响作物蒸散。此外,气候变化下CO_2浓度的升高会影响植物生理过程,特别是影响植物生长及对水分向大气运移时的阻力。上述各种因素,有的促进作物蒸散,有的抑制作物蒸散,具体到不同地区和不同作物,还需要因地制宜具体分析,不可一概而论。

正是由于气候变化对蒸散量影响的复杂性,以往的研究结论多种多样,结果并不一致,使之成为气候变化研究的一个热点。例如,Zhang等(2011)在珠江流域及黄河流域的研究表明,实际蒸散量均为下降趋势。尽管青藏高原的蒸发量及ET_0都呈下降趋势,但陆地蒸散量却是增大的趋势(Zhang,*et al.*,2007)。刘波等(2008)对新疆的研究也指出,尽管潜在蒸发量总体上表现为下降趋势,但实际蒸发在总体上却表现为显著上升,与蒸发皿蒸发的变化趋势相反。赵玲玲等(2011)利用乌江流域1961—2007年的水文、气象资料,发现在1961—2007年该区域蒸散量减少趋势显著,变化率为1.65 mm/a。此外,目前多数研究都是指笼统的陆面蒸散量,没有与特定的具体作物挂钩,只有少数研究与具体作物相联系。刘晓英等(2005)是中国较早关注气候变化与作物蒸散量(需水量)关系的学者之一。她们利用FAO推荐的作物系数法计算了华北地区6个站点近50年来冬小麦和夏玉米的蒸散量,并分析了其变化趋势及原因。发现华北冬小麦和夏玉米两大作物蒸散量均呈下降趋势,每10年分别减少0.9～19.2 mm和8.3～24.3mm;夏玉米需水量下降幅度超过冬小麦,其中以华北南部的郑州减少最多,下降幅度在19.2～24.3 mm/(10 a)。进一步分析发现,对冬小麦需水量影响最大的因子为相对湿度和日照,其次为风速和降雨,影响最小的因子为气温。因此,尽管气温为显著上升趋势,但它引起的需水量增加不足以扭转日照和风速下降引起的需水量减少。同样,尽管夏玉米生长期间气温上升、相对湿度下降和降水减少都有使需水量增大的趋势,但三者的综合作用小于日照和风速下降导致的需水量减小作用,导致夏玉米需水量的下降。因此得出,近50年来华北日照与风速的减小是作物需水量下降的主要原因。此后其他学者也开始使用历史资料研究不同地区气候变化与作物蒸散量关系(曹红霞等,2008;李春强等,2009),并得到与刘晓英等(2005)类似的结论。

可见,尽管以往已经开展了不少关于气候变化与蒸散量关系的研究,但由于方法及手段的局限性,目前对气候变化究竟如何影响蒸散量以及具体的影响程度还很不清楚。由于实际蒸散量的观测资料缺乏,特别是在类似农业措施下长时间系列资料的缺乏,关于气候变化对实际蒸散量影响的科学问题,目前还不能做出明确的回答,今后需要加强研究。另外,气候变化对于作物蒸散的影响还表现在由于CO_2浓度升高,使得气孔的开度减小,作物叶面蒸腾减少,有利于提高作物水分利用效率。但是,CO_2浓度升高抑制气孔开放的效应能否长期保持,是否会达到饱和,还有待进一步的研究。

(4) 对河川径流的影响

气候变化背景下气温、降水、辐射、蒸散等要素的变化,都将影响河川径流量的形成及其大小。气候变暖对中国未来水资源的影响,可能表现为北方江河径流量降低、南方径流量增大,旱涝等灾害的出现频率会增大,进一步加剧水资源的不稳定性与供需矛盾(林而达等,2006;於凡等,2008)。

受气候变化影响,东北地区近年来多数流域河川径流都呈现出下降趋势。王国庆等(2011)发现,辽河流域铁岭站实测径流量较前期径流量偏少54.2%,其中,由于气候要素变化引起的径流量减少为17.7%。俞方圆(2009)指出,松花江流域1958—2008年间各站点径流量均呈下降趋势,气候变化对其贡献率达47.2%。对小兴安岭森林区的研究结果与此类似,气候变化对西南岔河流域年径流深降低的贡献为11.55%(姚月锋,2011)。

青藏高原是长江与黄河两大河流的发源地,总体河川径流量以下降为主,但春季径流增大趋势明显。曹建廷等(2005)指出,青藏高原外流区五条主要河流1956—2000年的年平均径流量总量总体没有增大,但存在明显的季节和区域差异,表现在黄河和长江(通天河)径流量呈现下降趋势,东部雅砻江呈现增大趋势,以及澜沧江和雅鲁藏布江的反相变化等方面。气候变化对青藏高原河川径流季节变化的影响比较显著,春季(3—5月)径流量存在明显增大趋势,特别是在黄河上游20世纪90年代平均增加到18%以上。王根绪等(2007)研究表明,近40年来长江源区河川径流呈持续递减趋势,年均径流量减少了15.2%,频率>20%的径流量均显著减少,而>550 m^3/s的稀遇洪水流量发生频率增大。气候变化与高寒草甸覆盖度变化对源区径流变化的影响较大,分别占5.8%和5.5%。杨芳(2011)的研究指出,近30年来,青海东部地区随着气温升高,降水量逐步增大,而地表径流量有所下降。张丁玲(2013)的最新研究也表明,对于年代际变化,青藏高原径流量总体呈下降的趋势,大多数河流都呈现出自20世纪60年代开始下降,60年代中期至70年代初下降最剧烈,于70年代初到达最低点,此后虽然各流域降水量有不同程度增大的趋势,但多数河流仍在多年平均值以下波动。

关于气候变化对青藏高原未来径流量的影响,目前还存在一种悲观的观点,认为随着气温不断上升,冰雪消融加快,冰山雪线不断后退直至完全消失,将导致径流枯竭,给本区水资源带来灾难性后果。然而,事实也许不会像想象的那么悲观。因为气候系统是极其复杂的,其中充满了复杂的非线性和反馈作用(刘晓英等,2005),多个子系统或圈层的相互作用与制约,共同影响着气候系统。而这种悲观的观点,只考虑了一种子系统的线性过程,忽略了其他子过程的相互影响与反馈。例如,气候变化对青藏高原的水圈、冰冻圈和生物圈会产生影响;反过来,各圈层要素因子的变化又会作用于青藏高原本身的气候。也就是说,气候系统本身具有一定的自适应与调节能力,是一个处于动态平衡的复杂系统。张丁玲(2013)的最新研究结果就很好的证明了这一点,其研究指出,高原上的积雪1978年10月—1987年8月呈缓慢的增长趋势,1987年7月—2008年6月呈平缓的减少趋势,从2000年3月到2012年3月没有明显的变化。可见雪线的后退也许不可能一直持续下去。

然而,对气候变化背景下青藏高原径流量所呈现出的趋势,还难以给出合理解释。因为青藏高原降水增多,气温升高导致的冰雪消融也增大,据常理推测,河川径流量也应当增大,因为促进径流补给的两大因素都是增大的,为什么研究结论是下降的呢?其中的影响机制是什么?降水及冰雪消融对该区径流量变化的贡献到底有多大?这些都是将来需要进一步研究的科学问题。

气候变化背景下,新疆径流量的变化受到格外关注,虽然研究结论有所差异,但总体上以径流量增大趋势为主。胡汝骥等(2002)的研究表明,20世纪80年代后期,新疆降水增加20%~30%,河川径流量普遍增大,湖泊水位明显升高,湖水面积不断扩大,地下水位逐渐回升。陈亚宁等(2008)根据塔里木河源流区1958—2004年的水文气象数据,分析了塔里木河流域气候变化背景下的径流量变化趋势。结果表明,自20世纪80年代中期以来气温和降水均保持较高的增长趋势。塔里木河上游源流区的年径流量除和田河表现出轻微下降趋势外,叶尔羌河和阿克苏河的年径流量均呈增大趋势,其中阿克苏河的年径流量增大了10.9%。高前兆等(2008)的研究也表明,新疆塔里木河来自天山的地表径流量在1986—2003年持续增长,以冰川融水补给为主的库玛拉克河,1994年以来年径流量增大已在前期平均值基础上提升了一个台阶。开都河以降水径流补给为主,1986—2002年出现了观测记录以来的丰水期,并使1986年后博斯腾湖水位快速上升,恢复到1958年记录的最高水位以上,在近16年升温过程中,年径流量增长幅度和快慢相近。傅丽昕等(2010)研究表明,气候变化下塔里木河三源流径流量总体呈现增大趋势,尤其在20世纪90年代以后,丰水年出现次数较多。但也有研究指出,气候变化下新疆河川径流量的变化主要取决于径流补给类型。如高建芳等(2009)对新疆哈密的研究指出,在无冰川消融水补给的河流出现洪、枯水量悬殊,年径流量出现下降趋势;有冰川消融水补给的河流年径流量为增大趋势。这主要是因为气温升高增大了冰川融化补水量。气候变化条件下新疆径流的增大趋势，增加了农业的有效供水量，对农业生产有利。但雪线上升、冰川后退是否会导致江河水源枯竭，目前学术界的认识还有分歧。

在长江中下游，气候变化对径流量的影响以增大为主。叶许春等(2012)对鄱阳湖流域五河水系干流河段主要控制水文测站的天然径流系列的研究表明，径流量序列呈长期的增大趋势，且以20世纪70年代和90年代径流量增大最为显著，1998年后增大趋势变缓，而且汛期来水是影响鄱阳湖洪水的重要因素。径流量的长期变化中，气候因素是引起鄱阳湖流域径流量变化的主导因素，水土流失和水利工程的建设等人为因素起着一定的作用。涂新军等(2011)对广东省主要江河1956—1999年的年径流量、汛期径流量、枯水期径流量和最小月径流量的年序列进行分析，表明广东省河川年径流量和汛期径流量序列的一致性较好，年均值呈明显增大的趋势，年际离散程度也增大。这些结果均表明，南方地区径流量的增大趋势，与降水的增多趋势一致。

在黄淮海地区，径流量也呈下降趋势。对黄河入海口利津水文站1963—2009年实测径流量的分析表明，近50年来入海实测径流量呈显著下降趋势(孔岩等，2012)。而且自20世纪70年代以来，人类活动对入海径流量的影响不断增强，对黄河入海实测径流量变化的贡献率为42.2%，而降水、气温对径流量变化的贡献率分别为39.2%和18.6%。对黄河中游无定河流域1956—2009年的资料分析同样表明，年径流量显著下降，气候干旱化加剧(周园园等，2012)。在海河流域，山区出现了径流量的锐减。这种锐减不仅反映在时间尺度较长的年代际变化上，也反映在短历时的暴雨洪水过程上。在平原地区出现了河流断流，入海径流锐减(刘春蓁等，2004)。

在西南地区，根据现有文献，气候变化对径流量的影响以增大为主，但区域差异较大。近10年西南诸河地表水资源量5751.9亿m^3，折合年径流深687.6 mm，比常年值仅偏少0.4%。从近10年地表水资源量变化来看，1998、2000年分别比常年偏多8.8%、6.1%，2006、1997年分别比常年偏少10.4%、7.3%，其余年变幅均在4%以内。同期平均地下水资源量比1980—2000年多年平均值偏多8.3%，其中除2003、2005和2006年较多年均值偏少外，其余年份均偏多(王政祥等，2008)。贺晋云等(2011)通过近50年西南地区极端干旱气候分析得出，该区近50年来年极端干旱事件的发生频率在四川盆地西南部、横断山区南端、广西南部沿海和贵州北部有明显增大的趋势。

西南地区气候变化对径流量的影响以增大为主，这似乎与现实中人们的感受有一定偏差。如2010年中国西南发生严重冬、春季干旱，导致云南、广西、贵州、四川、重庆五省区市的大面积干旱，受灾率和成灾率均为1943年以来的最大值(刘建刚等，2011)。这是由于西南大部分地区田高水低，加之水利工程建设滞后，水资源管理落后，农田有效灌溉面积比例小，冬春降水显著减少，干旱日益加剧。

河川径流量是一个综合性很强的要素，特别是其中既有自然因素影响的信息，也有人类活动影响的信息。径流量的变化趋势中有多少是气候变化的影响，多少是人类活动的影响，目前还无法严格区别开，也是目前气候变化研究的一个难点。因此，尽管目前对径流量的变化趋势有一定认识，但对为什么出现这样的趋势，则是更加难以回答的问题，也是未来需要加强研究的方面。

（5）对地下水的影响

地下水的形成与演化受大气圈、水圈、生物圈和岩石圈中各种物理、化学作用的制约，同时它又积极参与着上述各圈层间物质循环与能量交换。地下水是水文循环的产物，水文循环与气候之间通过一系列反馈过程相互制约，降水的变化将影响径流出现的时间及干旱频率和强度，气温的变化将影响蒸发、土壤水分和土壤入渗条件，所有这些过程都将对地下水产生影响。

中国地下水资源量约为 7600 亿 m^3，约占水资源总量的 26.8%。地下水是中国农业灌溉和农村饮用水的主要来源（高占义，2010）。中国以地下水灌溉的耕地面积约 1.68 亿亩①，占总灌溉面积的 24%。特别是对于地表水缺乏的北方来说，地下水的开发利用处于重要地位。对华北 27 个城市的统计资料显示，在 782 万 m^3 的日用水量中，地下水提供了 686 万 m^3，占 87%，有的城市则完全依靠地下水。1997—2001 年，地下水资源供水量占华北地区年均供水量的 59.6%。统计资料表明，华北地区平均地下水资源量由 1956—1979 年的 625.5 亿 m^3 减少到 1994—2001 年的 564.3 亿，下降 9.7%。

鉴于北方地下水在农业供水中的重要地位，有关气候变化对地下水的影响也主要集中在北方地区。多数研究显示，降水量的变化是影响地下水的关键因素。翟远征等（2012）对北京地区的研究表明，2001—2008 年的地下水平均补给速率（0.28 m/a）比 1981—2000 年降低 35.6%，更新能力明显减弱。降水量的多寡是影响地下水更新能力的瓶颈因素。近年来地下水开采强度连年大于其更新能力，导致地下水位埋深平均下降 19.73 m，含水层中地下水减少 101 亿 m^3。在气候变化和人类活动的双重影响下，北京市未来的地下水资源可持续供水问题十分严峻。张光辉等（2006）的研究指出，京、津以南河北平原年降水量、地下水补给量和农业开采量三者存在互逆变化规律，即降水量减小，地下水补给量变少，开采量增大；年降水量增大，补给量较多，开采量减小。也说明了降水量对地下水的重要影响。王娟等（2009）对 1985—2007 年的华北平原典型区——邢台地区的地下水埋深数据以及近 37 年的气象数据的分析表明，邢台平原区浅层地下水以 0.89 m/a 的速率下降，深层地下水以南宫为例下降速率为 0.78 m/a。华北地区地下水的开采利用程度居全国首位。例如，京、津以南的河北平原，地下水开采量占总供水量的 85%以上，其中农业开采量占总开采量的 77.6%（张光辉等，2006）。在 20 世纪 50 年代，该区人口数量和经济规模都有限，同时出山地表径流尚未被水库大规模拦蓄，所以当时的地下水开采量仅每年 20 多亿 m^3。进入 20 世纪 70 年代，在人口数量和经济规模不断扩大的影响下，同时受 1965—1968 和 1970—1972 年两个连续多年枯水期影响，农业抗旱使得机井数量由 50 年代的 2 万眼增至 70 年代的 38.5 万眼，地下水开采量近 70 亿 m^3/a。20 世纪 80 年代的改革开放再度解放农业生产力，加之经过 20 世纪 60、70 年代大兴水利，区内出山地表径流基本都被水库拦蓄，又逢 1979—1984 年连续多年的枯水期，以至 20 世纪 80 年代末的机井数量突破 50 万眼，开采量达到 98.6 亿 m^3/a。在 20 世纪 90 年代，又逢 1997—2000 年多年连续枯水期，机井数量增至近 60 万眼，开采量突破 110 亿 m^3/a。气候变化和人类活动共同影响导致地下水长期处于采补失衡状态。高占义（2010）以河北沧州为例的分析表明，近30～40 年来地下水水位主要受降水和人类活动的控制。蒸发和气温对地下水水位直接影响微弱，但对用水量影响较大，对地下水水位间接影响较大，在地下水浅埋区和河道附近区域，降雨对地下水水位的影响权重为 25%～30%，地下水深埋区降雨影响权重仅为 10%左右。

① 1 亩=1/15 hm^2.

人类活动对气候变化、对地下水的影响实际上起了一个放大器的作用。气候变化对地下水的影响权重在10%～30%，但是由于人类活动的影响放大了两三倍。降水量减少，但人类活动不能停止，需要增加地下水提取量，这对地下水造成的间接影响非常大，起着放大器的作用。

东北地区气候变化对地下水的影响更多的是由气候变化的间接影响造成的，即气候变化背景下气温显著升高，造成更适宜作物生长，引发水稻种植面积增大，导致对水资源的需求增加；但因为降水没有增大，必须依赖地下水灌溉，造成地下水开采量增大，引发地下水位下降，导致地下水资源量减少。刘正茂等(2011)等指出，气候变化对三江平原的水循环影响产生重要影响，主要表现为区域降水总量呈不显著的减少趋势；气温上升使冻土层变薄，冻土融通时间提前并缩短55～62 d，且冻土层融通后土壤水分较50年前有明显降低的趋势。这些变化均不利于地表径流的形成以及降水入渗补充地下水。同时，人类活动的影响也是巨大的。特别凸出的是，大型水利枢纽工程的修建显著减少了三江平原获得过境水资源的天然补给机会与补给量；旱田改成水稻田虽提高了降水利用效率，但减少了区域地表径流量，增大了区域蒸散量；井灌水稻田大面积发展加大了地下水开采大量，导致地下水采补平衡被打破，地下水位持续下降，地下水贮存量减少；流域源头森林植被破坏，冬季降雪量转变成地表径流量的比例在减少，森林土壤涵养水源能力下降。人类活动作用在三江平原水循环过程的结果是导致水输入项减少，而水的输出项在增大(刘正茂等，2011)。赵海卿等(2011)应用50多年的水文气象资料，分析得出东北松嫩平原的地下水资源自20世纪80年代以来呈现逐渐减少的变化趋势。2005年全区地下水补给量比1984年减少14.06亿m^3，比1994年减少8.81亿m^3。松嫩平原地下水的减少是气候变化与人类活动共同影响的结果。自1951年以来，松嫩平原年平均气温升高了2℃，降水量减少了70～90 mm。降水量减少直接导致了降水入渗补给量与河流渗漏补给量的减少。降水量减少还导致湿地补水不足，面积萎缩，减少了对地下水的补给。由于降水减少，开采量持续增大，无论是潜水还是承压水，地下水位出现普遍下降的趋势。全区平均下降3～5 m，由此引起了地下水流场变化及劣质潜水下渗补给承压水、泉水流量减少、地下水溢出带消失等一系列生态环境问题。松嫩平原的许多河流上游都修建了拦水工程，控制了河道径流量，剥减了河道洪水量，特别是洮儿河与霍林河，连续几年出现断流，河道径流量减少，河水对地下水的补给量减少。经济的迅猛发展必然增加对地下水的开采，无论是经济密集的东部高平原，还是中西部农牧业区，近20年地下水开采量都增加一倍以上。大量开发的水田，特别是利用地下水灌溉水田，加快了地下水的循环。在过去的20年里，松嫩平原水田面积增加了47.64万hm^2，利用地表水灌溉而增加的地下水补给量为6.81亿m^3(赵海卿等，2011)。

西北地区地下水变化的一般趋势是，在以降水为主要补给的地区，地下水位是下降的趋势；而在以融雪性径流为主要补给的地区，地下水有增加的趋势。西北地区地下水补给来源主要是在山区获得的大气降水和冰雪冰川融水。气候变暖将引起该区地面和水面的蒸发量及蒸腾量的增大。对于高山冰川，气候变暖将导致冰川消融速度加快，这使得地下水补给量增大(贾瑞亮等，2012)。这与气候变化背景下径流量的变化趋势基本一致。20世纪80年代后期，新疆降水量增加20%～30%，河川径流量普遍增大，湖泊水位明显升高，地下水位逐渐回升。这种趋势将持续到21世纪前20年(胡汝骥等，2002)。三工河流域近40年的研究表明，该流域空气湿度上升，蒸发力减小，干旱指数下降，冲洪积平原区由于降水增多，地下水水位呈上升趋势。但塔里木河下游地区年径流量减少，部分河流出现断流，地下水得不到补给，地下水位不断下降。阿克苏河流域绿洲在全球变暖背景下表现出向暖湿转变的态势，气温升高，降水量有所增大，但降水对地下水补给意义不大（杨余辉，2005；苏里坦等，2005；沈永平等，2008）。张光辉等（2006）对黑河流域的研究表明，在祁连山补给源区，降水量变化是改变平原地下水补给源水量的主导因素。在年均气温升高 0.5℃ 条件下，平原区地下水补给增大 7.4%；在气温升高 1.0℃ 条件下，由于陆面蒸发量增加幅度超过冰川雪融水量，地下水补给量降低 2.7%。张文化等（2009）对石羊河流域 1956—2000 年的气温、降雨和蒸发资料进行趋势分析，得出降水量稍有增大，但绝对幅度变化不大；蒸发量有上升的趋势，引起地下水补给条件弱化；平原区地下水位大幅度下降。马金珠等（2004）利用氯平衡原理研究地下水补给与气候变化的关系，表明中国干旱区降雨对地下水的补给非常微弱。

气候变暖导致海平面上升，加上对地下水的严重超采，目前中国北方沿海地区海水渗透入侵现象十分严重，大连和胶东半岛许多地方的地下水明显咸化无法饮用，甚至不能用于灌溉。南方沿海地区的河流在枯水季节经常发生咸潮上溯，严重威胁沿岸居民的饮水安全。

总体而言，目前气候变化与地下水变化相互关系的研究还处于起步阶段。一方面，由于地下水与气候、人类活动的关系以及地下水的补给方式要比地表水复杂得多，由气候模型输出驱动各种形式的地下水水量平衡模型得到的地下水补给尚不能作为对地下水的预测；另一方面，大多数大气环流模式中描述地表能量、水分、物质等变化的陆面过程模型并未考虑或者详细考虑地下水位动态变化（夏晶等，2010）。

3.1.2 气候变化对农业水资源的间接影响

气候变化对于农业水资源的直接影响指降水量和其他气候要素的变化直接影响到河川径流量和地下水补给等农业可利用水资源的状况，间接影响指气候变化导致农业和其他产业或领域需水量的改变，从而间接影响到农业可利用水资源的状况。

气候变化背景下，工业、生活以及生态用水量都在增大，日益挤占农业用水。目前工业用水已经占到全国总用水量的 24.1%，而且随着工业化的推进还会有较大增长（王建华等，2010）。工业用水中的 60%用于冷却，而高温天气对冷却用水的影响最为显著。气温升高会使进入冷却系统的原水水温升高（以地表水为水源的更为明显），另外，冷却塔等周边的气温升高将使温差减小，这两者都将降低冷却效率，增大工业冷却需水量。以火电行业为例的初步研究表明，气温每升高 1℃ 将导致冷却水需水量增加 1%～2%，并且这种影响在缺水的北方地区更为明显。

同样，气候变化背景下生活用水将增加。生活用水主要由经济水平、气候、水源与水量、生活习惯等决定。对典型城镇生活用水量调查表明，扣除人口流动较大的春节前后时段，生活用水呈现出冬季少、夏季多的现象，具有较强的季节性。生活用水的这种季节分布与气温的季节分布具有较强的一致性，反映了气温对生活需水的影响。随着气温的升高，生活用水中洗涤、卫生、饮用等用水量会随之增大。同时中国生活用水定额与气温分布也有较强的一致性，气温较高的南方地区生活用水定额明显高于北方地区，也反映了生活需水与气温的正相关关系。这种关系表明气温升高将会导致生活用水量的增大。对国内外典型城市的初步研究成果表明，气温每升高 1℃，生活用水量增加 1.0%左右（王建华等，2010）。

气候变化背景下生态需水量也将增大。生态需水包括江河水道基本生态环境需水、输沙需水和入海需水、湖泊湿地需水以及园林绿化需水等，以保持水盐平衡、水沙平衡与水生态系统的物种结构平衡。自20世纪50年代以来，黄河河道的流量呈显著下降趋势（李剑锋等，2011）。如利津站从1950年的514亿 m^3 减少到2005年的206亿 m^3，2002年降低到42亿 m^3，并在相当长的时间内一度出现断流现象。河道内径流量大幅下降，严重影响了流域生态系统。20世纪90年代以来，黄河断流、水污染等问题相当严重，水利部提出在水资源配置中应考虑生态环境用水。华北明珠白洋淀也经历了类似的遭遇。自20世纪70年代以来，在自然和人类活动的综合作用下，上游来水量显著减少，白洋淀出现了水源不足、湿地萎缩、干淀频繁、水质污染、水体富营养化、生物多样性降低等危机（胡珊珊等，2012）。从1919年有水文记录以来到1965年的46 a中，只在1922年春季发生了一次干淀，但1965—2005年的40 a中，白洋淀干淀几率增大，有时连续几年干淀（白德斌等，2007）。长期以来，在水资源规划中对生态需水重视程度不够，导致生态用水严重不足。由于气候变暖和人类活动的影响，中国北方河流断流现象频发，湖泊萎缩，水库蓄水减少，湿地功能下降。

气候变暖还使得天然植被的生长期延长和生物量增大，从而导致耗水量的增大。气候变暖使得多年生作物在当年有效生长期延长，虽然导致一年生作物的生育期缩短，但农民通常会改用生育期更长的品种来利用增加的热量资源和挖掘增产潜力。加上作物复种指数提高，种植界限北扩，以及 CO_2 浓度升高对于光合作用的促进，都有利于农田生物量的增大，从而会使农田实际水分消耗增大。但 CO_2 浓度升高对气孔开度的抑制和太阳辐射及风速的减弱又有利于减小作物的蒸散量和削弱光合作用，加上采用先进节水技术，可以减少田间耗水量。从目前的农业生产实际情况看，大多数地区前者的作用要大于后者，农业需水量仍在增大，但对于不同地区和不同作物需要进一步具体研究。

气候变暖下海平面上升和台风风暴潮等极端事件造成咸潮入侵东南沿海的江河，导致沿岸地区农业水资源的暂时短缺；北方沿海由于海平面上升、降水减少和超采造成的地下水位下降，海水入侵日益严重，地下水咸化以至不能饮用，甚至不能用于灌溉。

长期以来对生态的破坏，加上气候变化条件下加剧的极端降水事件，特别是旱涝急转，严重加剧了水土流失与河湖、水库淤塞，如海岸滩涂湿地遭到破坏，河口盐水入侵影响河口地区的淡水资源供给（如近几年不得不进行的珠江远距离调水压咸补淡），沿海土地盐渍化加剧等，导致农业干旱和洪涝灾害都有所加剧，并使农业水资源的有效性明显下降。

气候变暖加速了水体微生物繁殖，加上面源污染使得水质变差，导致降水量丰富的南方地区农业的结构性缺水加剧。如江苏太湖、安徽巢湖以及云南滇池蓝藻的爆发，与气候变暖都有密切关系。根据商兆堂等（2010）的研究，气候变暖速度加快为蓝藻的生长发育提供了热量条件；降水量减少加速了太湖水质恶化，为蓝藻暴发提供了有利的水质环境条件；日照时数增多、充足的光照为蓝藻生长发育提供了优良的光合条件。温度偏高、降水量偏少、日照时数偏多的气候变化趋势对应太湖蓝藻暴发的次数也偏多，造成了太湖蓝藻暴发现象越来越严重。这不但严重威胁水产养殖和饮用水源，严重污染时甚至不适于作为灌溉用水。

3.1.3 气候变化对农业水资源的区域影响

气候变化的各要素都具有很强的区域分布特征，加上与植被、地形、土壤、水资源条件、农业生产结构等众多因素的相互作用，使气候变化对农业水资源的影响也呈现出极强的地域特征。正确认识这些特征，是采取有效适应措施的前提。

(1) 西北地区

西北地区气候属于典型的干旱和半干旱的温带大陆性气候。区内气候干旱、降水稀少，是全国唯一降雨极度少于农田作物需水量的地区(周维博，2001)。全区多年平均降水量除陕西为 667.8 mm 外，其他省区均在 270～320 mm。但该区土地资源丰富，土地面积占全国总面积的 33.1%，耕地和灌溉面积分别占全国面积的 12%和 11%。水土资源极不匹配的现实，严重制约着西北工农业生产的发展。

气候变化对西北地区水资源的影响较为复杂。西北西部正经历由暖干向暖湿转变，气温升高，降水量增大；而西北东部则目前仍比较干旱，气温升高，降雨量减少(邸少华等，2011；马柱国等，2007)。黄土高原降水总量减少，但降水波动性增大，导致水土流失加重；西北新疆地区降水量的增大幅度在范围上和强度上均居国内最大(左洪超，2004；陶涛等，2007)，融雪加速，但不会从根本上改变西北干旱缺水的状况；西北融雪性洪水增多，在春、夏季农业水资源量有很大改善，气候变化对水资源的影响是有利的，但同时却存在融雪型洪水的危险；雪线上升乃至完全消融是否会导致大江大河的水源枯竭，学术界尚有不同看法，需要进一步研究。

(2) 华北地区

本书按照地理和气候特征划分的华北地区包括北京、天津、河北、内蒙古、山西、山东和河南 7 省(区)，总面积 1852 万 km^2，占全国总量的 19.3%。全区耕地 $3.63\times10^7 hm^2$，占全国总量的 27.9%，其中灌溉面积 1.68×10^7 hm^2，占耕地面积的 46.2%。该区地处季风区，属半干旱半湿润气候区，年降水量在 500～600 mm。本区水资源具有两大显著特征，第一，水资源总量匮乏。该区人均、地均水资源分别为 523 和 309 m^3，分别占全国平均值的 1/4 和 1/5，人均综合用水量低于全国平均水平，是中国的严重缺水地区(于静洁等，2001)。第二，水资源时空分布不均。该区水资源在时间分布上具有明显的季节性，70%以上的降水量集中于 7—9 月，但农业生产最需水的季节是 3—5 月，两者匹配欠佳；本区耕地面积约占全国的 28%，而水资源仅占全国的 6%，两者匹配也很差。2001 年该区农业、工业、城镇和农村生活用水分别占用水总量的 75%、14%和 11%。

该区的水资源短缺形势由于长期以来得不到缓解，加之经济高速发展和城镇化进程加快，导致工业和城市用水挤占农业用水，农业用水又挤占生态环境用水，最终导致生态环境恶化。长期超采地下水严重，形成几个数万平方千米的大漏斗，有些地方的潜水层已基本疏干；海河流域的干支流几乎全部长年断流。该区水资源短缺属于资源性短缺，尽管华北的水稻面积已大幅度压缩，工农业生产普遍推广节水技术，但水资源仍然入不敷出，今后相当长时间内短缺态势难以逆转。更为严重的是，未来气候变化可能会使该区的水资源供需关系更为恶化。

该区气候变化的总体趋势是：近 50 年来呈明显暖干化趋势(秦大河，2002)，高温、干旱等极端气候事件增多(张尚印等，2004)。近 50 年降水量呈明显减少趋势，且降水量的减少幅度在范围和强度上都非常明显(陶涛等，2007)。可见，未来该区仍将是干旱、少雨的水资源匮乏地区。一方面，气温升高导致农业用水量增大；另一方面，降水减少导致农业可供水量减少。因此，气候变化给该区农业生产带来的最大挑战是水资源供需矛盾将更加恶化。

(3) 东北地区

东北地区包括辽宁、吉林、黑龙江三省和内蒙古自治区东部的呼伦贝尔市、兴安盟、通辽市和赤峰市，总面积 $1.24\times10^6 km^2$，2004 年耕地面积 2152.58 万 hm^2，占全国总量的 16.6%，人均高于全国平均水平1倍以上。本区大部分处在中温带，仅大兴安岭北部地区为寒温带。该区是全国热量资源较少的地区，无霜期90～180 d，年降水量400～1000 mm，由东向西减少。该区是中国著名的粮食基地，对保障国家粮食安全极为重要。

1949年以来，东北地区农耕规模飞速发展，从1949年到2000年增加耕地4.913×10^6 hm^2（刘卓等，2006）。有效灌溉面积由1980年的2.16×10^4 km^2增加到1998年的4.355×10^4 km^2，增加了一倍多。2004年区内人均和面均水资源量分别为1456.06 m^3/人、7205.07 m^3/ hm^2，为全国均值的67.3%和33.3%，水资源承载的压力高于全国平均水平（李鹤等，2008）。1994—2002年平均用水量为583.82亿m^3，其中农业用水占70.3 %，工业用水占21.4 %，生活用水占8.3 %。东北地区水资源主要特点是资源性缺水和工程性缺水并存，生态环境用水不足，水资源管理机制不协调（张郁等，2005）。东北气候变化的总体趋势是：气温显著升高、降水减少、干旱化趋势增大（马国柱等，2007），径流和地下水整体趋于减少（蔡哲等，2011）。因此，农业可利用水资源量减少。虽然东北地区降水量有减少趋势，但真正影响该区农业水资源的主要因素不是降水，而是由于气温升高导致蒸发增大（孙永罡等，2004）。

气候变化总体上加剧了东北地区农业水资源的短缺形势。凸出表现在气温升高造成热量资源增多，水稻种植面积扩大，喜温作物北扩，加大了农业需水量；降水减少造成农业有效供水下降。这些变化都导致水资源供需失衡加剧，以致有些地区以超采地下水和牺牲湿地为代价扩种水稻，三江平原及松嫩平原近年来地下水位均呈下降趋势（刘正茂等，2011；赵海卿等，2011），使水资源涵养功能下降，导致最近干旱不断加重。辽宁西部和中南部长期超采地下水，大有重蹈华北地区覆辙的趋势。

(4) 西南地区

西南地区包括重庆、四川、贵州、云南四个省市，土地总面积233.96×10^4 km^2，占全国总量的24.4%。该区属亚热带湿润性气区，年均气温10～22℃，年降水量600～1800 mm，降水集中于夏半年。该区降水有两个特点（刘晓冉等，2007）：一是自东南向西北减少；二是在西川盆地西部存在一个多雨中心。受地形和山脉走向影响，造成多雨区和少雨区交错分布。川西高原是该区的大范围少雨区，年降水量小于800 mm；往东在四川盆地的西缘是大于1200 mm的多雨区；四周的四川东部和云南北部为相对少雨区，再往东、往南年降水量增大，形成渝东、黔南和滇南地区的降水量在1200 mm以上的多雨区，其中滇南江城的降水量达2250 mm。

西南地区自然条件复杂，生态环境脆弱，社会经济发展落后。尽管该区水资源比较丰富，但由于地形复杂，多高山峡谷，田高水低，开发难度较大，可利用程度不高。尤其是该区的喀斯特地貌蓄水能力差，长期的生态破坏导致严重水土流失，有些地区已严重石漠化，季节性干旱极为严重。气候变化背景下西南地区降水总量减少（代姝玮等，2011），但存在地区差异（刘晓冉等，2007）。由于蒸散量同时也在下降，致使近10年西南诸河地表水资源量比常年值仅偏少0.4%，地下水资源量则比年多年均值偏多8.3%（王政祥等，2008）。可见，西南地区水资源总量并没有随着气候变化而减少，相反，很多地区还有增加趋势。这似乎与现实中人们的感受有一定偏差，可能因为现有研究具有一定滞后性，对最新资料考虑不足。

另一方面，由于降水波动性增大，导致近年来冬春季干旱明显加重。加上该区社会经济发展滞后导致现有水利工程年久失修，效益不高。特别是该地区由于多卡斯特地貌，地表蓄水能力差，降水渗透到地下形成地下暗河，从而造成地表水缺乏，容易出现干旱。近年来西南地区干旱范围不断扩大，逐步从云南扩展到四川、贵州、广西西部等地。2010年西南五省（区、市）

农作物受旱 501.07 万 hm^2，其中重旱 164.27 万 hm^2，干枯 109.6 万 hm^2；另外，有 2019.9 万人、1 348 万头大牲畜因干旱饮水困难(刘建刚等，2011)。

(5) 长江中下游地区

长江中下游包括上海、江苏、浙江、安徽、江西、湖北、湖南 7 省(市)，总土地面积、耕地面积分别为 91.59 万 km^2 和 9497.1 万 hm^2，占全国总量的 9.54%和 20.6%，耕地面积比例高于全国平均水平（邱建军，1999)，但人均占有面积较低。人均水资源总量 1983 m^3，居第四位。该区包括平原区和东南丘陵区。平原区位于淮河以南、武当山以东、洞庭湖和鄱阳盆地以北，平均海拔 200～500 mm，属北亚热带湿润气候，年降水量 800～1600 mm，无霜期 200～280 d，农作物一年两熟。丘陵区主要分布在长江及洞庭、鄱阳两湖以南，武陵山以东，平均海拔200～1000 m，属中亚热带湿润气候。年降水量 1200～1800 mm，无霜期 250～350 d，农作物一年两熟到三熟。

该地区人口密集，农业发展历史悠久，土地开发利用程度高。耕地以水田为主，粮食产量水平远高于全国平均水平，是中国重要的商品粮、棉、油生产基地。同时水面宽广，是全国淡水水面最集中的地区，是著名的水网地带和淡水养殖基地，非农业占地比重大。

该区气候变化的总体趋势是气温升高、降水增多。而且极端降水事件有增加趋势。自 20 世纪 70 年代以来，长江流域的降水呈增加趋势(梅伟等，2005)。对湖北省的研究也发现，近 50 年来，湖北气温和降水量沿时代分布变化显著，均呈上升态势(李帅等，2009)。模拟研究也表明，2011—2040 年长江下游年径流量可能增加 3%～5%，珠江流域下游年径流量可能增 7%～10%(任国玉等，2007)。

气候变化对该区的影响主要表现在洪涝灾害的加剧。极端降水事件增多，加剧上游山区水土流失与湖泊、水库淤塞，使河床抬高，加上过去长时期的围湖造田，使得湖泊和滞洪区水体调蓄能力严重下降，江河的行洪泄洪能力下降。春夏洪涝与伏旱都在加剧——高温和伏旱叠加，使得伏旱更加严重。洪涝导致的土壤渍害也加重。气候变暖对湖泊蓝藻的爆发有促进作用，如太湖蓝藻的爆发。高温期间工业与城市生活用水剧增，农业用水被挤占的形势更加严重。此外，人类活动造成的污染导致结构性缺水严重。

(6) 华南地区

华南地区包括福建、广东、广西、海南四省(区)，总土地、总耕地面积分别为 57.17 万 km^2 和 656.47 万 hm^2，分别占全国总量的 5.96%和 6.91%（邱建军，1999)，耕地面积比例接近全国平均水平。人均水资源总量 4085 m^3，少于西北青藏区，居第二位。该区地形复杂多样，河谷、平原、山间盆地，浅、低、中山交错分布。区内人多地少、山多地少，耕地面积比重小，主要集中在珠江三角洲及其他河谷平原区，人均耕地远低于全国平均水平。耕地以水田为主，是中国双季稻集中分布区之一。

本区大部分属南亚热带湿润气候区，雷州半岛、海南岛等少数地区属热带气候区，是全国水资源最丰富的地区，年降水量 1200～2000 mm，部分地区可达 2500 mm，但降水季节分配不均。夏、秋季降水强度大，易成洪涝灾害，冬、春季少雨干旱，影响作物生长。无霜期均在 350 d 以上，南部热带地区终年无霜，农作物可一年三熟，是中国多种热带作物的唯一产区。

华南气候变化的总体趋势是，1954—2010 年，降水量呈不显著上升趋势，而径流量具不显著下降趋势，输沙率呈显著下降趋势(吴创收，2013)。气温升高。台风活动增多，气候变暖和海平面上升导致台风活动增强，夏、秋季洪涝加重；春季回暖与夏季风活跃提前加剧了4—5月的洪涝；冬、春季干旱有所加重。

气候变化对该区的影响主要表现在如下方面。其一，降水的增加对该区农业水资源及其生产是有利的，但同时要警惕土壤渍害的发生。其二，气温升高导致该区生态环境需水量增大，同时水质性缺水将加剧，给水资源供应带来一定压力。其三，气候变暖和海平面上升导致台风活动增强，夏秋洪涝加重，海平面上升和风暴潮还使沿海咸潮入侵加重。此外，春季回暖与夏季风活跃提前加剧了4—5月的洪涝。

(7) 青藏高原

青藏高原位于中国西南部，其丰沛的降水、广袤的冰川和强大的水源涵养孕育了亚洲众多的河流。中国的主要河流长江、黄河、雅鲁藏布江、澜沧江等都发源于此，其输送的水量对于中国西部地区和华北地区生态系统的维持与人类的生存具有至关重要的支撑作用(聂忆黄等，2010；鲁春霞等，2004)。青藏高原面积约 $250\times10^4\ km^2$，平均海拔4000 m以上，独特的地域单元使其成为中国乃至世界上生态与环境最脆弱的地区之一(钟祥浩等，2004)。青藏高原对亚洲水资源、全球气候变化和全球生态景观有着直接的影响和作用(王玉梅等，2010)。

该区气候变化的总体趋势是气温升高、降水增多。青藏高原是中国气候变化的启动区和敏感区，也是全球气候变化的启动器和放大镜，其升温早于和高于全球平均值(王绍武等，2002)。降水变化的主要区域是高原东南、川西北及青海东部，高原北部基本稳定(王玉梅等，2010)。

气候变化对该区的影响主要以升温影响为主。由于气温升高，导致冰川、积雪和冻土融化，造成高原山地冰川退缩、雪线上升。冰雪消融加快，局地融雪性洪水的风险增大，导致水资源不稳定性增加。气温升高更适宜于牧草生长，造成过牧现象，导致草地植被退化。受气候变暖和人类活动的影响，湿地破坏，导致高原(三江源)水资源涵养功能下降，影响水资源的形成。气候变化对该区农业及其水资源的影响可能以正面影响为主，但如何在利用这一有利条件的同时，不带来新的环境问题，须在气候变化适应工作中慎重权衡。

3.2 中国农业水资源适应气候变化对策

3.2.1 中国农业水资源适应气候变化面临的挑战

综合中国不同地区气候变化的特点及其影响，中国农业水资源适应气候变化面临的主要挑战可概括为以下几个方面：

(1)降水空间格局的变化导致农业水资源的区域分布更不均衡，与农业种植结构、经济水平的匹配变差，区域适应问题更为凸出。必须在科学评估当地水资源承载力前提下对农业种植结构做出合理规划；

(2)降水的季节性波动增大，加剧了作物干旱的季节性波动，给作物的高产、稳产带来较大难度；

(3)气候变化背景下工业、生活、生态用水量的增大，造成不同用水部门之间的竞争依然严峻，给农业用水带来压力，农业用水受挤占的局面将持续；

(4)由于城市化进程加快及经济水平的提高，南方地区多数河流污染严重，有些严重污染的劣质水不能用于灌溉，尽管降水有增多趋势，但水质性缺水问题依然凸出，造成农业有效水资源量减少；

(5)水资源管理粗放，上中下游无序争水问题凸出，上游过度引水导致下游灌区农业水资源紧张，加剧作物干旱，水资源统一调度管理及优化配置问题急需解决；

(6)北方地下水超采严重，如何遏制华北地下水进一步超采、预防东北地下水开发重蹈华北的覆辙，是保证中国粮食安全及经济可持续发展的重要问题；

(7)灌溉水的供需矛盾进一步恶化。由于气候变暖，有效热量资源增加，作物的种植期延长，复种指数提高，作物生长量增大，对灌溉水的需求相应增大，间接加剧了农业水资源的短缺；另外，气候变化条件下季节性干旱的加剧，造成江河入海流量下降，加之海平面上升，导致咸潮上溯和海水入侵，威胁沿海地区的农田盐渍化，造成灌溉水源的减少；

(8)生态环境破坏、水土流失严重，造成中下游江湖淤积、调蓄能力下降，导致农业旱涝灾害加重；

针对中国农业水资源在适应气候变化过程中存在的这些主要问题，既需要有过硬的技术措施保障，又要有管理措施的配合，二者相辅相成，对保障未来气候变化条件下中国农业的可持续发展至关重要。

3.2.2 中国农业水资源适应气候变化的管理对策

针对气候变化带来的农业水资源减少的问题，在管理层面，适应气候变化需要采取的措施可概括为：

(1)加强农业水资源规划。由于气候变化，农业水资源的时空分布格局发生变化，水资源承载能力随之变化。因此需要在农业规划，特别是种植业规划及社会经济发展规划中考虑这些变化，以维系自然资源系统平衡，满足经济社会发展的总体与阶段需求。

(2)建立以流域为主体的水资源统一管理模式。实行流域统一管理，合理规划全流域的生产布局，发挥流域机构的作用，积极协调上下游、左右岸、不同区域之间资源和利益的冲突，全流域统一调配水资源，以保证水资源开发的合理性和可持续性，实现水资源整体的优化配置。

(3)根据水资源状况，量水而行，合理规划工农业生产布局，调整农业种植结构，实现区域水分利用效率最优，保障农业用水和地区的经济可持续发展。中国长期以来存在作物耗水结构与水资源分布失衡问题，缺水地区高耗水作物种植面积大，粮食生产布局与水资源分布不匹配。因此农业生产的布局要量水而行，优先在严重缺水的地方压缩高耗水产业，如在河北黑龙港地区调整小麦种植，京津唐地区压缩水稻种植等。

(4)加强农业节水工程的合理布局及管理，充分发挥其抗旱防涝的工程效益。这包括调水工程、拦蓄水工程、水土保持工程(如造林、天然林保护、修筑梯田、建淤地坝、退田还湖等)、生态建设工程等。

(5)加强农田水利建设，提高农业防灾、减灾能力及水土资源利用效率，从而提高农业综合生产能力。工程措施与农业措施结合增加高效节水灌溉面积，将中低产田改造为旱涝保收的高产稳产田。

(6)实行集约化规模农业生产，以提高农业水资源利用效率。探索农业水资源高效利用的新模式，鼓励专业生产大户、合作经济、企业承包等新型的农业经济体，以便于农业节水技术的推广应用。这是农业节水适应气候变化的一个重要方式。

(7)加强水污染治理,改善水质型缺水状况。由于多数废污水未经处理或处理后未达标就直接排放,使河流、湖泊、水库遭受了不同程度的污染。在北方的辽河、黄河、淮河、海河等流域,污水与地表径流的比例高达 1∶14～1∶6,全国湖泊约有 75％以上的水域水质受到严重污染。水质的严重恶化使已经紧缺的水资源利用量下降,更加剧了水资源紧缺程度,必须加强治理。

(8)实行水价改革。目前中国水价存在较多问题,影响水资源的高效使用。通过适当考虑供求关系调整水价,确定合理收费价格,发挥水价的经济杠杆作用,以确保水资源的高效利用。

(9)重视生态环境用水的需求,把生态环境用水纳入统一规划。为促进水资源系统的良性循环,要加强林草植被建设,维持河流水沙平衡及湿地、水域等生态环境的基本水流,保持地下水的采补平衡等。实现水资源开发利用、粮食生产及生态环境的协调发展。

(10)建立农业水资源可持续利用的新战略,将"节流优先,治污为本,多渠道开源"作为新的战略原则。

(11)建立节水型社会,实现各个行业节约用水。把全社会作为一个整体,通过大力推行节水措施、节水新技术、新工艺,发展节水型工业、农业和服务业体系,建立全方位的节水型社会。

3.2.3 中国农业水资源适应气候变化的技术对策

基于气候变化对中国农业水资源的影响及其适应气候变化所面临的挑战,采取有针对性的适应技术措施,是中国农业水资源适应气候变化的迫切需求,也是保证中国农业生产和粮食安全的重要前提。除上述管理层面的辅助措施外,农业水资源适应气候变化最终还需要通过技术手段来实现。这些适应技术措施具体概括为:

(1) 输水节水技术

主要包括渠道防渗技术及低压管道输水技术。渠道衬砌是减少输水损失、提高灌溉水利用率的主要措施,也是长期以来水利上主要采取的节水工程措施。渠道防渗技术虽然在局部可以产生较好的节水效果,但从整体上看可能会影响土壤入渗及对地下水的补给,在应用时要慎重考虑当地实际情况。

低压管道输水不仅可以减少输配水损失,还具有节地、适应地形强、防冻胀等优点,在国际上已成为田间输水技术的主要方向,在中国的华北地区应用也很广泛。低压管道灌溉技术已趋成熟,今后的主要研究方向是开发性能更优、价格更低的新型管材和各种先进量水、放水设备,以及适宜多目标利用的系统形式并实现自动化管理。

(2) 田间节水灌溉技术

指通过采用先进的灌溉技术如滴灌、膜下滴灌、微喷灌、渗灌等技术,以及合理的灌溉制度(包括灌水时间、水量)达到节水高产的技术。滴灌和膜下滴灌是目前比较有效的节水灌溉技术,在干旱条件下,两者均能显著增加作物产量,提高水分利用率。滴灌是利用低压管网系统,使水和作物所需要的营养成点滴,缓慢、均匀而定量地湿润作物根系最发达的区域,使作物主要根系活动区的土壤始终保持在最优含水状态,达到节约灌溉用水量,促进作物生长,提高产量和改善品质的一种局部灌水技术。膜下滴灌将地膜覆盖与滴灌结合起来,是一项更为新型的节水灌溉技术,其作物水分生产效率更高。

采用高效节水的灌溉技术是提高农业水资源利用效率的一个重要途径,也是当今世界灌溉节水技术发展的主流。欧洲国家82%的灌溉面积利用先进的灌溉技术,仅有14%的灌溉面积利用地面灌溉。与发达国家相比,中国滴灌、喷灌等高效节水灌溉技术的应用面积还很小,在未来适应气候变化方面具有较大的发展空间。

在发展喷微灌技术的同时,也要重视对常规灌水方法的改进,如坡地管灌、波涌灌溉、地面浸润灌溉、细流沟灌等新技术、新方法。

(3) 耕作栽培节水技术

合理的土壤耕作具有调节土壤物理性状、蓄水保墒、增加可给营养元素的效果。耕作栽培节水技术是指通过各种农业耕作措施达到土壤增墒、保墒的目的,进而实现节约水资源的技术。主要包括:根据不同土壤质地与土体构型制定的保护性耕作技术,如深松旋耕和秸秆还田、免耕少耕、化学除草一体化等;通过地表耕作与地面农膜和生物覆盖手段等覆盖保墒技术;以提高纳雨蓄墒能力和减少水土流失为主要目的的土壤水库增容技术,如雨季深耕蓄墒;以降低土壤水分损失为目的的中耕保墒技术,如雨季或灌水后耙耱收墒、轻旱时镇压提墒播种或播后镇压、北方冬旱镇压保墒等技术;水稻旱作技术等。

气候变暖背景下,北方地区冬季干旱加重,冬小麦播后镇压应受到重视。尤其是目前较多使用旋耕机,耕作机械发生较大变化,而且由于近年来劳动力价格上涨,耕后不镇压的现象十分普遍,这经常会引起小麦越冬时旱害与冻害的叠加,必须引起足够重视。

(4) 节水作物品种选育

通过种植节水作物品种实现节水,就是从作物自身入手,利用和开发生物体自身的生理和基因潜力,在同等水供应条件下能够获得更多的农业产出(石元春,1999)。通过品种节水目前被视为是实现进一步节水增产的关键环节和最终潜力所在。例如,有些小麦品种的幼苗可以在低至17%最大田间持水量的土壤水分条件下存活,而有些品种在35%最大田间持水量的条件下则全军覆没;一些谷子品种可以耐受15%最大田间持水量的极度水分胁迫(景蕊莲,2007)。在同样供水条件下,农大6812、航麦0901、中麦0911、农大3787、农大5363等冬小麦品种(系)产量较京冬8品种增产8%以上(周永香,2012)。辽单565和大民338两个玉米品种不仅具有较高抗旱性,产量与水分利用效率也达到较高水平(沈业杰等,2012)。对国内外20份节水抗旱稻品种研究表明,沪旱3号、沪旱15号苗期、穗期抗旱性表现最好(房振兵等,2012)。

可见,目前的很多作物,通过有效的品种筛选和遗传育种手段可以使其抗旱能力有较大幅度的提高,从而有效适应气候变化。中国作物抗旱种质资源的鉴定筛选工作居于世界前列,为进行种质创新和优良品种选育奠定了良好的物质基础。

(5) 化学节水技术

除了运用耕作措施减少无效蒸发外,还可以运用化学技术来达到降低无效蒸发的目的。化学节水技术包括化学覆盖、保水剂以及抗蒸腾剂技术。化学覆盖是以多分子膜阻碍土壤水汽散发,水汽在膜下聚集凝结使耕层土壤水分含量升高。国外研究表明,化学覆盖增产效果达到10%~30%。

保水剂即土壤改良制,从成分上大致可分为无机、有机和高分子合成物质三类。保水剂吸水速度快,在干旱环境下能将所含水分通过扩散慢慢渗出,并能反复吸水和渗水。通常用作种子涂层、苗木根系涂层和种子造粒。保水剂具有明显抑制蒸发、保持水分的效果。研究表明,保水剂处理后的土壤含水率提高 9.1%～80.9%，土壤总孔隙度提高 7.5%～15.5%，毛细管孔隙度提高 7.3%～11.9%，显著提高土壤的持水能力，且这种效果在雨季更加明显（蔡典雄，1999）。此外，使用叶面抗蒸腾剂降低土壤水分损失可达 40%左右。

(6) 非常规水资源开发

在淡水资源日益紧缺的形势下，非常规水或劣质水的利用是弥补淡水资源不足的一个重要途径。非常规水包括工业和城镇生活污废水的处理回用、微咸水利用、海水淡化利用、城市雨洪利用，以及人工增雨利用云水资源等。与发达国家相比，中国对非常规水的利用相对不足。例如，以色列的污水利用率已达 70%，居世界首位，其中 1/3 用于灌溉，约占总灌溉水量的 1/5。美国目前已建成 3400 余处污水再利用工程，全国 50 个州中有 45 个州采用了污水灌溉。以色列利用淡化咸水进行灌溉的面积达到 45000 hm^2，西班牙、意大利分别为 29000 hm^2 和15000 hm^2。中国有可开采利用的矿化度为每升 2～3 g 的地下微咸水资源 130 亿 m^3，其中华北地区为 40 亿 m^3，而 1996 年利用量仅为 6.6 亿 m^3。

通过增大非常规水资源的开发利用，不仅可以扩大农业可利用的水资源量，而且可以防止污染环境，发展潜力很大，是一项较为重要的适应气候变化技术。

(7) 洪涝渍害适应技术

气候变化背景下，南方有些地区降水增多，易引起洪涝渍害的发生。在这些地区，应从治水入手，全面规划区域内拦洪、灌溉、排涝和排渍综合整治工程，完善田间灌排渠系，加强农田排水基础设施的建设，做到有效地调控地表水和农田土壤水，以改良土壤理化性质，为农作物创造良好的土壤生态环境；同时，因地制宜改良耕作制度，把常年水耕水作改为水旱轮作，使土壤能充分进行水、气交换，更新土壤环境。同时，加强选育耐涝品种。

3.2.4 中国农业水资源适应气候变化的区域对策

以上所列的技术对策为适应气候变化常用的普适方法。在应对气候变化过程中，应首先考虑使用这些通用技术。然而，中国幅员辽阔，气候及农业生产类型多样，每个地区所面临的实际情况有所差异。因此，不同地区还要因地制宜的进一步采取具有地方特色的适应对策与技术。

(1) 西北地区

针对西北黄土高原区干旱加剧、气候变化加剧荒漠化、水土流失严重的问题，以及西北绿洲农业区融雪性洪水加重、风蚀沙化严重的问题，采取如下具体对策：

在黄土高原区加强水土保持工作，加强基础设施建设，加强荒漠化治理和小流域治理工作，植树造林、退耕还林还草等，并加强对已还林林地的管理和维护，以增加地表对水分的涵养能力。

黄土高原区实行耕地坡改梯，大力推广集雨补灌技术；建设淤坝地，推广运用生物篱技术控制水土流失。

针对新疆降水增多、融雪性径流量增大、水资源改善的特点，有计划地在山谷地带修建拦蓄水控制工程，以便有效蓄存由于气候变化所增加的融雪性径流量部分，同时还可以克服从前平原水库占地多、次生盐碱化的缺陷。按流域统一管理分配水资源，加强绿洲外围防沙、治沙设施建设。此外，可以适当扩大绿洲耕地面积。

在新疆绿洲农业区大力推广先进节水灌溉和农艺技术，特别是针对该区大气蒸发力过强的特点，推广滴灌及膜下滴灌技术，以防止无效土壤蒸发；同时加强人工增雪工作。

(2) 华北地区

华北地区的主要特点是：气候变化背景下，暖干化将继续；人均水资源量远低于全国平均水平；人口及经济增长大大超出水资源承载力，以致挤占农业和生态环境用水；地下水超采严重，通过超采维持现有农业生产已难以为继；上中下游水资源开发利用缺乏规划，如潮白河、滦河上游过度拦蓄；农业种植结构不合理，如在水资源如此紧缺的情况下拦水种植水稻；通过工程措施节水潜力有限等一系列更为严峻的问题。与国内其他区域相比，华北地区的总体节水水平较高，处于全国领先地位，气候变化背景下的适应问题也更为严峻。具体对策为：

建立全方位的农业高效节水适应技术体系。通过工程、农业、生物、管理等多种气候变化适应措施，全面普及管灌、滴灌等节水灌溉技术，最大限度地减少作物生产过程中的无效用水，实现社会、经济、生态环境的可持续协调发展。

以水资源承载力为依据，科学规划城市、经济规模。严格控制人口增长、加强城市中水利用工作、合理配置城市用水，以释放被挤占的农业用水，控制超级特大城市人口与用水的过快增长。

为充分发挥南水北调工程在适应气候变化中的作用，一方面加强农田配套水利工程建设；另一方面进一步对水资源重新进行统筹协调、优化配置。

大力推广农艺节水技术。包括以水肥一体化为特色的高效节水灌溉管理技术；在主要作物中推广优化的节水灌溉制度。

加强非常规水资源的利用，包括海水淡化、微咸水和污水利用。作为重要的非常规水源，目前在华北地区对其开发利用程度还较低，未来适应气候变化具有较大潜力。

加强农业种植结构调整。以农业可以支配的水资源为约束条件，科学布局不同作物的种植比例，压缩高耗水的作物如水稻和冬小麦，缓解农业供水与作物需水的矛盾。

维持地下水的采补平衡。华北地下水超采问题长期以来得不到缓解，已形成大片的地下水漏斗区。因此，必须加强地表、地下水的联合调度，以利于地下水开采与回补之间的动态平衡。

(3) 东北地区

气候变暖给东北地区大面积水稻种植带来机遇，但通过开垦湿地扩大水稻种植，挤占了生态环境用水，破坏了湿地涵养水源的功能；通过超采地下水扩大水稻种植，引起农业用水紧张，造成人为的农业干旱加剧；由于人均耕地相对丰富，东北地区长期以来以旱作农业为主，因此对工程抗旱节水基础设施不够重视，还有潜力可挖。针对东北农业水资源的这些特点，采取如下具体对策：

根据农业水资源承载力合理发展水稻种植，避免盲目扩大种植规模，不能以牺牲湿地和超采地下水为代价，避免重蹈华北的覆辙。因此，需要加强农业种植结构的优化，使农业水资源的供需保持平衡。

加强水利工程和农田水利工程建设，抓好灌区节水改造，全面检修、完善现有农田水利工程及其配套工程，发挥工程节水潜力。

借鉴华北的经验，发展渠道衬砌、低压管道输水，实现输、配水环节的节水；推广农艺节水及节水灌溉先进技术，实现田间水分高效利用。东北虽然也是中国重要的粮食生产基地，但节水灌溉技术的应用程度远低于华北。通过采用喷灌、微灌、膜下滴灌等先进的灌水技术，以及改进地面灌水方法，提高作物水分生产力。

推广土壤深耕技术，提高土壤蓄、保水能力。针对东北黑土地土层深厚、土壤肥沃的凸出特点，推广土壤的机械化深耕技术，有效蓄集降水，提高土壤水资源的有效性。

遏制东北西部的荒漠化，通过限牧、轮牧和禁牧或退耕还草、封山育林等来减少过度放牧、过度砍伐等掠夺式开发造成的荒漠化。

保护森林，提高地面蓄水、保水功能。森林具有重要的保持水土、涵养水源的功能。东北地区森林资源居全国林区资源之首，但由于过度砍伐对森林造成了不同程度的破坏。因此必须加强本地森林资源的保护。

加强三北防护林建设，根据气候条件和未来气候变化趋势，宜地种植。

针对春夏季干旱加剧的问题，推广注水抗旱播种技术。

(4) 西南地区

气候变化背景下西南地区面临的主要问题是：降水波动性增大，季节性干旱加重；多高山峡谷的地貌造成田高水低，水资源难以利用；喀斯特地区生态长期破坏，水资源保持困难；农田水利工程年久失修，维护工作不力，不能发挥应有的效益。土壤严重侵蚀，基岩大面积出露，土地生产力严重下降，石漠化严重。针对该区这些特点，采取如下具体对策：

加强水利工程建设，大力推进小水利工程（如塘坝、水柜等）的建设，增加雨洪水资源的拦蓄。

配合各类水利工程，在喀斯特地区、高山峡谷地区修建梯级电站，保证地势高的耕地仍能得到灌溉。

加强农田水利基础设施建设。西南地区农田水利基础设施薄弱，且20世纪五六十年代修建的灌溉工程，由于资金短缺，年久失修，供水工程年内再分配调节能力差，灌溉面积不断萎缩，农业抵御干旱灾害的能力不强，影响了粮食生产的稳定性。要增强农业生产抵御干旱灾害的能力，必须加强水利基础设施建设。

重视雨季的蓄水工作，加强水库的优化调度与管理技术。西南地区夏季降雨较多，在这段时间内水资源也较丰富。针对近年来持续出现的干旱气候，应当改变传统的水库蓄水、泄水运作方式，减少汛期前腾空的水库容量，同时适当增加雨季水库蓄水量，以避免水库蓄水不足，影响旱季来临时对水资源的需求。

充分开发利用岩溶水资源。卡斯特地貌区岩溶水资源十分丰富，因此可采取有效方式充分利用这些水资源，缓解干旱来临时水资源的压力。这方面工作在不少地方已经展开并取得了一定成效，如广西马山弄拉的表层岩溶带地下水开发、云南文山六郎洞和白石岩、贵州普定县马官等地下河的开发和广西岩溶平原区打井等。

大力发展生物篱技术。针对该区多山、多坡耕地的特点，在等高条带处种植多年生植物作为栅篱，来拦阻土壤和地表径流，以减少水土流失，保护地表植被，提高土壤的水分涵养能力，提高坡地肥力和生产力，提高农作物应对季节干旱的能力。

加强石漠化治理。受气候变化和人类活动的影响，加之该区的喀斯特地貌环境，导致基岩大面积出露、土地生产力下降，造成严重的石漠化问题。因此，必须通过生态修复工程，如退耕还林还草、封山育林等手段，加强石漠化治理，逐步恢复土地生产力。

(5) 长江中下游地区

就水资源而言,气候变化对该地区农业生产影响较小,很少出现因气候变化造成的干旱现象。虽然近年来鄱阳湖、洞庭湖和太湖等几大淡水湖也出现过水位大幅度下降的时期,但是人类不合理利用水资源对这种现象的贡献可能远大于气候变化的影响。气候变化使该区江河流量有增大趋势,本地也是中国洪涝灾害多发地区。此外,气候变化条件下该区内陆伏旱有加重趋势;水质性缺水加剧;沿海咸潮入侵显著。针对这些新特点,采取如下具体对策:

针对伏旱加重问题,加强抗旱水利工程建设,疏浚河流,禁止围湖造田。传统上,该区以前重点主要在排涝水利工程建设上。针对气候变化背景下出现的新问题,应当重视抗旱农田水利工程的建设,保证农业高产、稳产。

重视上游水土流失的治理,以保护下游的湿地、湖泊不被淤塞,同时加强沿湖通江,以保证湖泊的调洪蓄水能力,降低旱涝灾害发生。

重视江河湖泊污染的治理,以改善水质性缺水,增加农业水资源的有效供给。

加强洪水预报技术,提高预测的准确性,为防洪抗涝提供技术支撑,最大限度地降低洪水灾害。

重视灾后农业补救技术。通过开沟排水、适时中耕散墒、降低土壤湿度,防止影响作物根系生长。注重及时扶直培土,促进作物根系发育,防止再次倒伏。对冲毁严重基本绝收的农田,要抓紧时间套种或补种其他生育期短的作物,确保灾后秋作物的收成。

(6) 华南地区

尽管华南地区水资源相对丰富,但因为人口增长、生活及工业废水排放的增多,造成河道水质污染严重,直接影响了淡水资源的供给,造成严重的水质性缺水。昔日"靠山吃山,靠水吃水"的自然优势已不复存在。气候变化背景下,本区又呈现台风、洪涝加剧,冬春干旱加重,以及沿海咸潮入侵上溯的新特点。针对这些特点,具体采取如下对策:

针对冬春干旱加剧的问题,加强水利工程建设,增加雨季蓄水,适度利用地下水调配水资源,调整种植结构;

针对咸潮入侵,加强河流上游控制性水利工程建设,实施以淡压咸。

强化水资源优化管理技术,以水资源利用的高效性和可持续性为原则,协调流域内外用水关系,平衡农业、工业及城镇居民生活用水需求,平衡各方利益、实现水资源整体效益最大化。

加强农田水利设施建设,做好疏浚排涝工作,未雨绸缪。

根据当地洪涝灾害发生的季节以及洪水可能达到的水位情势合理布局农作物,以避开洪水危害,减少损失。

(7) 青藏高原

气候变化背景下气温升高,青藏高原将更适宜于牧草生长,因此出现草场过牧的问题,加剧了草地植被退化和沙化,使三江源涵养水源功能下降;但另一方面,气候变暖条件下的热量增加,为"一江两河"的河谷农业提供了机遇。针对这些特点,具体采取如下对策:

加强对冰川融水的利用。全球变暖加速了冰川融化,使该区可以利用的淡水资源增多。利用这一有利条件,适当开展人工草地的灌溉,以增加该区草地的载畜承载力,减轻过牧问题。

加强农业水资源承载力的科学评估,以指导农业的有序开发。气候变暖使热量增加,为该区的河谷农业提供了有利条件。但为避免农业过度开发引起新的水资源短缺，必须加强水资源承载力的评估。

针对青藏高原高海拔、紫外线强的特点，推广转光薄膜的应用，提高能量利用效率，以缓解热量资源对作物生长的硬约束。

加强三江源水资源保护，建设人工牧场防治草场退化。

抓住河谷农业发展的机遇，发展节水的高效优质高产农业。

3.3 关键适应问题

农业水资源适应气候变化工作涉及经济社会、生活的方方面面，科学上也有很多问题需要大力加强研究，对这样一个高度复杂的庞大系统，问题的解决也不会一蹴而就。尽管已经做了不少工作，但仍有许多不足之处和待解决的问题。工作管理上的问题包括：

水资源浪费严重，节水意识淡薄。尽管水资源保护和节水已经做了很多工作，但水资源污染、破坏水生态的问题依然很严重。

掠夺性水资源开发和无序争夺问题仍然严峻。水资源的掠夺性开发和无序争夺，影响了水资源最大效益的发挥，同时引发很多环境问题。为实现水资源的可持续利用，必须以流域为单元进行优化配置、实行统一管理，以达到水资源的流域整体效益最大化。

地下水超采问题严重。华北地下水超采问题凸出，东北部分地区也有超采加重的趋势。加强节水管理，提高节水意识，发展农业生产的同时，兼顾生态环境效益，实现经济、社会与生态环境的协调发展。

农业种植结构尚需优化调整。目前工程技术节水已经做了大量工作，但气候变化条件下的农艺节水还大有潜力可挖，搞好土地规划，开展水资源承载力评估工作，科学布局不同作物的种植比例，对现有不合理的种植结构进行调整。需要以农业可支配水资源为约束条件，因地制宜，实现区域效益最大化。

南方水质性缺水问题突出。气候变化加剧南方结构性缺水问题。加强水污染治理工作，特别在南方水资源相对丰富的地区，不仅可以增加农业可以支配的水量，还可以改善城市供水。

科技支撑不足。农业水资源适应气候变化目前存在很多问题，都与科技支撑不足有关。针对气候变化出现的水资源管理问题，大力加强水资源适应气候变化的理论研究和技术研发，切实支持适应气候变化的水资源管理。

加强适应气候变化的水利工程建设。根据气候变化情况，调整水利工程建设格局，有针对性地建设一批适应工程，是保障农业可持续发展乃至社会经济可持续发展的迫切需要。

水资源适应气候变化的风险管理能力需要增强。随着气候变化，干旱、洪涝等气候灾害发生的风险会越来越大，影响范围会越来越广，因此，需要大力加强适应气候变化的水资源管理体制机制建设、提高水资源管理的决策支撑能力及公众意识，有针对性地开展科普宣传和培训活动，加强风险管理。

在气候变化条件下，农业水资源利用出现很多新问题需要进行科学研究。需要加强研究的科学问题包括：

“蒸发悖论”问题。“蒸发悖论”是目前水资源适应气候变化研究中的热点问题，但目前关于其归因的问题存在不同观点，需要在不同地区开展“蒸发悖论”的辨识研究，明确悖论产生的原因。

气候变化与作物蒸散量关系问题。关于气候变化与蒸散量关系的研究，目前多限于参照作物蒸散量及蒸发皿观测的研究，鉴于气候变化与作物蒸散量相互关系的复杂性，必须开展主要作物长期定位监测研究。

气候变化与土壤水分关系问题。目前还没有系统地开展有针对性的气候变化与土壤水分关系的研究，多数分析都是利用现有观测数据，难以保证研究条件的一致性，结果的可靠性低。只有开展有针对性的长期定位监测研究，才能解决这个问题。在保持农业基本措施相对一致的情况下，开展主要农业生产类型的土壤水分长期定位监测研究，推动土壤水分与气候变化关系的研究。

气候变化对地下水的影响问题。气候变化对地下水影响的评估一直是气候变化研究中的薄弱部分，特别是人类活动的影响更使该问题复杂化，很有必要在水文部门对地下水监测资料基础上，系统开展气候变化对地下水的直接及间接影响，对未来合理开发利用地下水资源意义重大。

CO_2浓度升高与作物水分利用效率(WUE)的关系问题。根据已有的科学认识，认为 CO_2浓度升高有利于提高节水效果及 WUE，但最新的研究结果认为以往研究高估了 CO_2浓度升高对 WUE 的作用。可见，CO_2浓度升高对 WUE 的具体促进程度有多大、是否存在饱和点问题，是今后需要深入研究的问题。开展 FACE 条件下 CO_2浓度升高对作物 WUE 的影响研究，是一种有效的手段，已经开展的 FACE 实验取得了有益的成果，今后还要加强。

气候变化与西部冰川相互关系问题。气候变化使西部融雪性洪水增大，水资源量相应增大。但升温若持续使冰川规模减小，将来是否会造成冰川枯竭，还是二者会在某个点达到动态平衡？这是目前有争议的问题。加强冰川定位监测，研究气候变化对冰川的影响以及冰川消融对气候的反馈作用机理，对于水资源的可持续开发利用意义重大。

人类活动对农业水资源的影响问题。气候变化与人类活动都对农业水资源产生重要影响，但目前还难以对两者各自的影响进行定量的归因分析。加强这方面研究将使适应措施更具针对性，需要自然科学与社会科学领域的科学家共同合作，研究气候变化与社会经济发展对农业水资源的影响。

常规适应技术节水效果的定量化评价问题。在实际生产中，农民已经自发地采取了大量的适应技术，对于目前在农业上影响较大的适应技术措施(如种植结构调整等)开展节水效果的定量化评价，并向政府决策部门及时反馈，对进一步采取适应对策具有重要参考意义。

农业干旱指标及判断标准问题。长期以来，农业上一直使用气象指标如降水来指导农业抗旱，但由于作物生产是一个涉及土壤、作物、气象及人类活动等多要素的综合体系，使农业干旱的准确判别极其困难，而气候变化又会使农业干旱指标的判断标准发生改变，必须加大力度进行研究，全面梳理各类干旱指标及其相互关系，辨识对作物生产及农业干旱影响最大的指标，建立准确的农业抗旱判断标准。

气候变化背景下水库优化调度问题。气候变化背景下对水库的优化调度问题提出了更高要求，以往过于保守的调度需要重新调整，这是增加旱季水资源量最为有效的方法。须针对近年来降水变化趋势，重新确定合理的汛限水位及库容。

气候变化对农业用水的影响问题。尽管已有不少评估研究，但由于农业用水问题的复杂性，特别是随着农业种植结构的调整，现有研究还不能回答诸如未来气候变化条件下农业用水到底是增多还是减少的问题，需要加强种植业需水量研究。

通过全面梳理目前农业水资源适应气候变化研究中存在的问题不难看出，尽管已经开展了不少研究工作，但由于适应问题的多学科交叉性、多要素影响的复杂性，给农业水资源究竟该如何适应气候变化的工作带来很大难度。因此，农业水资源适应气候变化的研究工作，不可能在短期内解决所有问题，是一项长期而艰巨的任务。

参考文献

安月改，李元华. 2005. 河北省近50年蒸发量气候变化特征. 干旱区资源与环境，**19**(4)：159-162.

白德斌，宁振平. 2007. 白洋淀干淀原因浅析. 中国防汛抗旱，(2)：46-48.

白松竹，李春芳，王磊. 2009. 近45年5—9月阿勒泰地区强降水气候变化趋势与突变特征. 暴雨灾害，**28**(1)：84-87.

蔡典雄，王小彬，Keith Saxton. 1999. 土壤保水剂对土壤持水特性及作物出苗的影响. 土壤肥料，(1)：13-16.

蔡哲，谭桂容，孙力等. 2011. 吉林地表水资源对气候变化的响应. 安徽农业科学，**39**(27)：16822-16825.

曹红霞，粟晓玲，康绍忠等. 2008. 关中地区气候变化对主要作物需水量影响的研究. 灌溉排水学报，**27**(4)：6-9.

曹建廷，秦大河，康尔泗等. 2005. 青藏高原外流区主要河流的径流变化. 科学通报，**50**(21)：2403-2408.

陈亚宁，徐长春，陈亚鹏等. 2008. 新疆塔里木河流域近50年气候变化及其对径流的影响. 冰川冻土，**30**(6)：921-929.

代姝玮，杨晓光，赵孟. 2011. 气候变化背景下中国农业气候资源变化Ⅱ：西南地区农业气候资源时空变化特征. 应用生态学报，**22**(2)：442-452.

邸少华，谢立勇，宁大可. 2011. 气候变化对西北地区水资源的影响及对策. 安徽农业科学，**39**(27)：16819-16821.

方文松，陈怀亮，刘荣花等. 2007. 河南雨养农业区土壤水分与气候变化的关系. 中国农业气象，**28**(3)：250-253.

房振兵，余华强，赵开斌等. 2009. 节水抗旱水稻品种的抗旱性研究. 现代农业科技，(3)：21-22.

傅丽昕，陈亚宁，李卫红等. 2010. 塔里木河源流区近50a径流量与气候变化关系研究. 中国沙漠，**30**(1)：204-209.

高建芳，骆光晓. 2009. 气候变化对新疆哈密地区河川径流的影响分析. 冰川冻土，**31**(4)：748-758.

高前兆，王润，Ernst Giese. 2008. 气候变化对塔里木河来自天山的地表径流影响. 冰川冻土，**30**(1)：1-11.

高占义. 2010. 气候变化对地下水影响的研究. 中国水利，(8)：8.

郭海英，万信，黄斌. 2008. 气候变化背景下陇东塬区麦田土壤水分变化及生产特征研究. 水土保持通报，(3)：77-80.

贺晋云，张明军，王鹏等. 2011. 近50年西南地区极端干旱气候变化特征. 地理学报，**66**(9)：1179-1190.

胡汝骥，马虹，樊自立等. 2002. 新疆水资源对气候变化的响应. 自然资源学报，**17**(1)：22-27.

胡珊珊，郑红星，刘昌明等. 2012. 气候变化和人类活动对白洋淀上游水源区径流的影响. 地理学报，**67**(1)：62-70.

贾瑞亮，周金龙，李巧. 2012. 我国气候变化对地下水资源影响研究的主要进展. 地下水，**34**(1)：1-4.

景蕊莲. 2007. 作物抗旱节水研究进展. 中国农业科技导报，**9**(1)：1-5.

孔岩，王红，任立良．2012．黄河入海径流变化及影响因素．地理研究，**31**(11)：1981-1990．

李春强，李保国，洪克勤．2009．河北省近35年农作物需水量变化趋势分析．中国生态农业学报，**17**(2)：359-363．

李鹤，张平宇，程叶青等．东北地区水土资源承载力区域差异及空间组合．农业系统科学与综合研究，2008，**24**(1)：26-35．

李剑锋，张强，陈晓宏等．2011．考虑水文变异的黄河干流河道内生态需水研究．地理学报，**66**(1)：99-110．

李帅，汤振权，匡亚．2009．湖北省近50年来的气温和降水变化趋势分析．安徽农业科学，**37**(4)：1652-1655．

廖晓芳，钱胜，彭彦铭等．2010．蒸发皿蒸发和潜在蒸散发对气候变化的响应．人民黄河，**32**(11)：42-45．

林而达，许吟隆，蒋金荷．2006．气候变化国家评估报告：气候变化的影响与适应．气候变化研究进展，**2**(2)：51-56．

林纾，王毅荣．2007．中国黄土高原地区降水时空演变．中国沙漠，**27**(3)：502-508．

刘波，马柱国，冯锦明等．2008．1960年以来新疆地区蒸发皿蒸发与实际蒸发之间的关系．地理学报，**63**(11)：1131-1139．

刘春蓁，刘志雨，谢正辉．2004．近50年海河流域径流的变化趋势研究．应用气象学报，**15**(4)：385-393．

刘国彬，李敏，上官周平等．2008．西北黄土区水土流失现状与综合治理对策．中国水土保持科学，**6**(1)：16-21．

刘建刚，谭徐明，万金红等．2011．2010年西南特大干旱及典型场次旱灾对比分析．中国水利，(9)：17-19．

刘九夫，张建云，关铁生．2008．20世纪我国暴雨和洪水极值的变化．中国水利，(2)：35-38．

刘晓冉，李国平，范广洲．2007．我国西南地区1960—2000年降水资源变化的时空特征．自然资源学报，**22**(5)：783-792．

刘晓英，李玉中，郝卫平．2005．华北主要作物需水量近50年变化趋势及原因．农业工程学报，**21**(10)：155-159．

刘引鸽．2007．陕北黄土高原降水的变化趋势分析．干旱区研究，**24**(1)：49-55．

刘正茂，夏广亮，吕宪国等．2011．近50年来三江平原水循环过程对人类活动和气候变化的响应．南水北调与水利科技，**9**(1)：68-74．

刘卓，刘昌明．2006．东北地区水资源利用与生态和环境问题分析．自然资源学报，**21**(5)：700-708．

卢爱刚．2009．半个世纪以来黄土高原降水的时空变化．生态环境学报，**18**(3)：957-959．

鲁春霞，谢高地，成升魁等．2004．青藏高原的水塔功能．山地学报，**22**(4)：428-432．

吕佳佳，杨晓强，李帅等．2012．黑龙江省南部玉米田间土壤湿度长期时空变化特征及与产量的关系．干旱地区农业研究，**30**(4)：20-25．

马金珠，陈发虎，赵华．2004．1000年以来巴丹吉林沙漠地下水补给与气候变化的包气带地球化学记录．科学通报，**49**(1)：22-26．

马雪宁，张明军，王圣杰等．2012．“蒸发悖论”在黄河流域的探讨．地理学报，**67**(5)：645-656．

马柱国，任小波．2007．1951-2006年中国区域干旱化特征．气候变化研究进展，**3**(4)：195-201．

梅伟，杨修群．2005．我国长江中下游降水变化趋势分析．南京大学学报(自然科学)，**41**(6)：577-589．

聂忆黄，龚斌，李忠．2010．青藏高原水源涵养能力时空变化规律．地学前缘，**17**(1)：373-377．

蒲金涌，姚小英，邓振镛等．2006．气候变化对甘肃黄土高原土壤贮水量的影响．土壤通报，**37**(6)：1086-1089．

《气候变化国家评估报告》编写委员会．2007．气候变化国家评估报告．北京：科学出版社．

秦大河．2002．中国西部环境演变评估．北京：科学出版社．

邱建军．1999．长江中下游和华南地区水土资源可持续利用及管理研究．北京：中国农业科学院博士后研究工作报告．

任国玉．2007．气候变化与中国水资源．北京：气象出版社，228-233．

荣艳淑,周云,王文. 2011. 淮河流域蒸发皿蒸发量变化分析. 水科学进展,**22**(1):15-22.
商兆堂,任健,秦铭荣等. 2010. 气候变化与太湖蓝藻暴发的关系. 生态学杂志,**29**(1): 55-61.
沈业杰,尹光华,佟娜等. 2012. 玉米抗旱相关生理生化指标研究及品种筛选. 干旱区资源与环境,**26**(4):176-180.
沈永平,王国亚,张建岗等. 2008. 人类活动对阿克苏河绿洲气候及水文环境的影响. 干旱区地理,**31**(4):524-534.
石元春. 1999. 开拓中的蹊径:生物性节水. 科技导报,(10):3-5.
苏里坦,张展羽,宋郁东等. 2005. 塔里木河下游土地沙漠化对地下水位动态的响应——建立沙漠化程度预测数学模型. 干旱区资源与环境,**19**(2):62-66.
孙秀博,李清泉,魏敏. 2012. 1960—2009 年中国年降水量的年际及年代际变化特征. 气象, **38** (12):1464-1472.
孙永罡,白人海,谢安. 2004. 中国东北地区干旱趋势的年代际变化. 北京大学学报(自然科学版),**5**(40):806-813.
唐红艳,么文,尹肖飞. 2009. 气候变化对内蒙古兴安盟半干旱农区土壤水分的影响. 干旱地区农业研究,**27**(1):130-134,139.
陶涛,信昆仑,刘遂庆等. 2007. 全球气候变化对水资源管理影响的研究综述. 水资源与水工程学报,**18**(6):7-12.
佟玲,康绍忠,粟晓玲. 2004. 石羊河流域气候变化对参考作物蒸发蒸腾量的影响. 农业工程学报,**20**(2):15-18.
涂新军,陈晓宏,张强. 2011. 区域河川径流量时空变异特征及成因分析—以广东省为例. 湖泊科学,**23**(1):104-111.
王根绪,李元寿,王一博等. 2007. 长江源区高寒生态与气候变化对河流径流过程的影响分析. 冰川冻土,**29**(2):159-168.
王国庆,金君良,王金星等. 2011. 辽河流域径流对气候变化的响应特征研究. 地球科学进展, **26**(4):433-440.
王建华,杨志勇. 2010. 气候变化将对用水需求带来影响. 中国水利,(1):5.
王娟,延军平,杜继稳. 2009. 华北平原典型区地下水动态变化趋势及其区域响应. 湖南师范大学自然科学学报,**32**(4):102-107.
王绍武,蔡静宁,朱锦红. 2002. 中国气候变化的研究. 气候与环境研究,**7**(2):137-145.
王彦平,孟军,宋卫士等. 2009. 呼伦贝尔市土壤水分与气候变化的关系. 水土保持研究, **16**(4): 255-258.
王玉梅,侯光良,王小梅. 2010. 青藏高原气候变化适应的生态保护. 安徽农业科学, **38**(35): 20203-20204.
王政祥,郭海晋,丁志立. 2008. 长江和西南诸河近 10 年水资源及利用状况分析. 人民长江,**39**(17):85-87.
魏文寿,袁玉江,喻树龙等. 2008. 中国天山山区 235 a 气候变化及降水趋势预测. 中国沙漠,**28**(5):803-808.
吴创收. 2013. 华南流域人类活动和气候变化对入海水沙通量和三角洲演化的影响[D]. 上海:华东师范大学.
夏晶,刘宁,高贺文等. 2010. 商丘市浅层地下水位下降对区域气候的影响. 生态学报,**30**(16):4408-4415.
夏军. 2003. 华北地区水循环与水资源安全:问题与挑战(二). 海河水利,(4):1-3.
夏军,刘春蓁,任国玉. 2011. 气候变化对我国水资源影响研究面临的机遇与挑战. 地球科学进展,**26**(1):1-11.
谢秀永,付妍,刘佳等. 2011. 农业节水势在必行. 中国水运,**11**(3):167-168.
杨芳. 2011. 气候变化对青海东部降水和径流的影响. 人民黄河,**33**(7):37-39.
杨余辉. 2005. 新疆三工河流域气候变化及水资源响应研究. 新疆师范大学学报,**28**(3):320 -324.
姚月锋. 2011. 小兴安岭森林流域气候和覆被变化对河川径流的影响[D]. 哈尔滨:东北林业大学.

叶许春，张奇，刘健等. 2012. 鄱阳湖流域天然径流变化特征与水旱灾害. 自然灾害学报，**21**(1)：140-147.
于静洁，任鸿遵. 2001. 华北地区粮食生产与水供应情势分析. 自然资源学报，**16**(4)：360-365.
於凡，曹颖. 2008. 全球气候变化对区域水资源影响研究进展综述. 水资源与水工程学报，**19**(4)：92-98.
俞方圆. 2009. 近50年东北地区气候变化及其对河川径流和泥沙的影响研究[D]. 杨凌：西北农林科技大学.
翟远征，王金生，郇环等. 2012. 北京市平原区地下水更新能力变化的动态均衡证据. 吉林大学学报(地球科学版)，**42**(1)：198-205.
张丁玲. 2013. 青藏高原水资源时空变化特征的研究[D]. 兰州：兰州大学.
张光辉，费宇红，杨丽芝等. 2006. 地下水补给与开采量对降水变化响应特征：以京津以南河北平原为例. 中国地质大学学报(地球科学)，**31**(6)：879-884.
张光辉，申建梅，张翠云等. 2006. 甘肃西北部黑河流域中游地表径流和地下水补给变异特征. 地质通报，**25**(1)：251-255.
张建云，王国庆. 2009. 气候变化与中国水资源可持续利用. 水利水运工程学报，(4)：17-21.
张尚印，宋艳玲，张德宽等. 2004. 华北主要城市夏季高温气候特征及评估方法. 地理学报，**59**(3)：383-39.
张文化，魏晓妹，李彦刚. 2009. 气候变化与人类活动对石羊河流域地下水动态变化的影响. 水土保持研究，**16**(1)：183-187.
张晓影. 2009. 中国区域土壤湿度特征分析及评估[D]. 北京：中国地质大学.
张郁，邓伟，杨建锋. 2005. 东北地区的水资源问题、供需态势及对策研究. 经济地理，**25**(4)：565-568.
赵海卿，张哲寰，李晓霞等. 2011. 松嫩平原地下水资源及其变化. 干旱区资源与环境，**25**(5)：130-134.
赵玲玲，陈喜，夏军等. 2011. 气候变化下乌江流域蒸散发互补关系变化及成因辨识. 河海大学学报(自然科学版)，**39**(6)：629-634.
赵秀兰，延晓冬. 2006. 近20年华北地区土壤水储量变化趋势及水分管理与调配对策. 气候与环境研究，**11**(3)：371-379.
钟祥浩，刘淑珍，王小丹等. 2004. 西藏高原国家生态安全屏障保护与建设. 山地学报，**24**(2)：129-136.
周维博. 2001. 西北地区的农业灌溉与节水途径. 水利水电科技进展，**21**(1)：2-4.
周永香. 2012. 京郊节水小麦品种筛选研究初报. 农业科技通讯，(9)：105-106.
周园园，师长兴，杜俊等. 2012. 无定河流域1956-2009年径流量变化及其影响因素. 自然资源学报，**27**(5)：856-865.
邹旭恺，高辉. 2007. 2006年夏季川渝高温干旱分析. 气候变化研究进展，**3**(3)：149-153.
左洪超，吕世华，胡隐樵. 2004. 中国近50年气温及降水量的变化趋势分析. 高原气象，**23**(4)：238-244.
Chattopadhyay N, Hulme M, Leclerc M Y. 1997. Evaporation and potential evapotranspiration in India under conditions of recent and future climate change. *Agricultural Forest Meteor.*, **87**: 55-73.
Cohen S, Stanhill G. 2002. Evaporative climate changes at Bet-Dagan Israel, 1964-1998. *Agricultural Forest Meteor.*, **111**: 83-91.
Gao G, Chen DL, Xu CY *et al*. 2007. Trend of estimated actual evapotranspiration over China during 1960-2002. *J. Geophys. Res.*, **112**, D11120.
Liu B, Xu M, Henderson M, *et al*. 2004. A spatial analysis of pan evaporation trends in China, 1955 - 2000. *J. Geophys. Res.*, **109**, D15102, doi:10.1029/2004JD004511.
Michael L R, Graham D F. 2004. Changes in Australian pan evaporation from 1970 to 2002. *International J. Climatology*, **24**: 1077-1090.
Moonen AC, Ercoli L, Mariotti M, *et al*. 2002. Climate change in Italy indicated by agrometeorological indices over 122 years. *Agricultural Forest Meteor.*, **111**: 13-27.
Roderick ML, Farquhar GD, 2002. The cause of decreased pan evaporation over the past 50 years. *Science*, **298**: 1410-1411.

Xu CY, Gong LB, Jiang T, *et al*. 2006. Analysis of spatial distribution and temporal trend of reference evapotranspiration and pan evaporation in Changjiang (Yangtze River) catchment. *J. Hydrology*, **327**: 81-93.

Zhang Q, Xu C-Y, Chen YD, Ren LL. 2011. Comparison of evapotranspiration variations between the Yellow River and Pearl River basin, China. *Stoch Environ Res Risk Assess*, **25**:139-150.

Zhang YQ, Liu CM, Tang YH, *et al*. 2007. Trends in pan evaporation and reference and actual evapotranspiration across the Tibetan Plateau. *J. Geophys. Res.*, **112**:D12110.

第4章　农业气象灾害

农业生产的对象是生物且主要是在露天条件下进行，因此，农业对气候变化非常敏感。气候变化导致极端天气、气候事件的增多和危害的加重，使得农业气象灾害在气候变化背景下呈现出新特征。同时，在社会经济发展过程中，不合理的人类活动也使农业的承灾体产生某些新的脆弱性，使有些地区的农业气象灾害有所加重。农业适应气候变化，不仅要充分利用气候变化给农业生产带来的有利因素，同时也要最大限度地降低农业气象灾害的损害，尤其是要针对气候变化带来的农业气象灾害新特点，对原有的减灾措施进行调整和补充。

本章首先分析气候变化背景下极端气候事件的变化趋势及由此引起的农业气象灾害的新特征，分析主要农业气象灾害（干旱、涝渍、低温、高温热害、风雹）的防御对策，提出适应气候变化的农业气象灾害防灾、减灾工作中存在的问题与需要深入研究的关键科学问题。

4.1　极端气候事件的变化趋势

极端天气、气候事件是指天气或气候状态严重偏离其平均态，在统计意义上属不易发生的事件。相对于平均态，极端事件对农业生产会造成更大的负面影响。IPCC第五次评估报告指出，在未来变暖背景下，极端暖事件将进一步增多，极端冷事件会减少，热浪发生的频率更高、时间更长，中纬度大部分陆地区域和湿润的热带地区的强降水强度可能增大，发生频率可能增大，全球降水呈现“干者愈干、湿者愈湿”的趋势（IPCC，2014）。

《第二次气候变化国家评估报告》（《第二次气候变化国家评估报告》编写委员会，2011）给出了截至2008年的近60年器测极端天气、气候事件频率和强度的变化趋势（任国玉等，2010），包括高温、低温、强降水、干旱、热带气旋（台风）、大雾、沙尘暴等，主要特征为：

极端强降水事件：全国总的变化趋势不显著，但东南和西北增多，华北和东北减少。暴雨和极端强降水事件强度在多数地区增大；暴雨最大降水量有一定增大，南方增大较明显；

干旱：气象干旱指数（CI）和干旱面积比率全国趋于增大，华北和东北南部增大明显，近几年南方高温伏旱和西南冬春连旱明显加重；

寒潮、低温事件：全国大范围地区减少、减弱，北方尤其明显，进入21世纪以来有所增多，但长期下降趋势没有改变；

高温事件：全国的变化趋势不显著，但华北地区增多，长江中下游地区年代际波动特征较强，20世纪90年代以后趋多，近几年高温事件增多显著；

热带气旋、台风：登陆中国的台风数量减少，但强度和危害增大；

沙尘暴：北方地区发生频率明显减少，1999—2002年有所回升，但与20世纪80年代以前比较仍显著偏少。

研究表明，未来中国区域日最高和最低气温在大部分地区将显著升高，导致夏季热浪增多和冬季低温日数减少(Gao,*et al.*,2002)。未来夏日和生长季长度都将延长,以青藏高原和北方增幅最大;连续霜日在全国范围都将减少,以青藏高原和东北、西北地区减少最明显(许吟隆等,2005)。中国东部夏季日最高气温>35℃的高温日数将明显增多,冬季日最低气温< 0℃日数将明显减少(石英等,2007;张勇等,2006)。未来北方降水日数将显著增多,南方部分地区大雨日数显著增多,中国大部分地区的极端降水事件将增多(Gao,*et al.*,2002;许吟隆等,2005;Zhang,*et al.*,2006;石英等,2007;张勇等,2006)。

气象条件的胁迫超过农业生物体所能承受的阈值时发生农业气象灾害。极端天气、气候事件是否导致农业气象灾害的发生,不仅取决于不利气象环境胁迫的强度,而且取决于农业生物的脆弱性。现有品种和种植、养殖方式经过长期的生产实践,对当地气候已经具有较强的适应能力。但由于近几十年的气候变化与波动加剧,使得原有的动植物品种和生产方式对迅速变化的气候条件和极端天气、气候事件不相适应,农业系统的脆弱性增大,导致农业气象灾害出现某些新特点和损失加重。

4.2 气候变化条件下农业气象灾害发生的新特征

中国地处世界两大灾害带交汇处,加之大陆性季风气候和历史上长期的生态破坏,使得中国成为农业气象灾害十分频繁和严重的国家,其中危害较大的灾害有干旱、洪涝、低温灾害、高温热害、台风、大风、冰雹、阴害等,有些极端天气、气候事件还可诱发一些次生、衍生地质灾害与生物灾害。

气候变化一方面改变了农业生产的环境气象条件,特别是极端天气、气候事件的增多,另一方面也改变了农业系统的弹性与脆弱性,从而形成气候变化条件下农业气象灾害的某些新特点。自20世纪90年代以来,这些特征更加凸出①(王春乙,2004,2010;李祎君等,2010)。近年来,受到气候变化的影响,不同区域的农业气象灾害呈现出不同的变化趋势,有的出现逆转,有的程度在加重,有的在减弱(张朝等,2013;韩晖和李耀辉,2013;王连喜等,2013;王胜等,2013;胡亚南等,2013;唐永金和潘剑扬,2012)。

4.2.1 气候变化加剧农业气象灾害的危害

(1) 水资源日益匮乏、农业干旱日益加重

干旱是对中国农业危害最大的气象灾害。在气候变化背景下,全国范围的干旱灾害日益加重,尤其是华北、东北、西北地区东部和西南大部分地区的气候持续暖干化,降水量明显减少,生长季延长使作物需水量增大,社会经济发展不断挤占农业用水,使得这些地区的农业干旱不断加剧,农用水资源日益紧缺。长江流域虽然年降水量有所增大,但时空分配更加不均,导致季节性干旱也频繁发生。由于东北和华北已取代东南沿海成为粮食主产区和主要商品粮输出地,自20世纪80年代后期以来,几乎所有的粮食减产年都是严重干旱年,而1996和1998年等虽然是典型洪涝年造成沿江沿河损失惨重,但大面积农田却因雨水充沛而获丰收。

全国性大范围特大干旱,如1999至2000年,受拉尼娜现象影响,尤以华北、黄淮、华南等地区最为严重。北方经常发生连年干旱,且往往初夏干旱与春旱相连,加之高温,使抗旱的难

① 郑大玮. 光明日报(科技周刊). 2010,3月22日

度增大;暖冬使北方冬麦区冻土层变浅,表土水分容易蒸发丧失,冬旱加重;过去很少发生的夏旱,现在也经常出现,如2014年河南、山东、辽宁和吉林部分地区都发生了严重的夏旱。南方的季节性干旱,如2013年江南、江淮、江汉和西南东部遭遇历史罕见的高温干旱,云南和四川南部自2009年入秋以来连续第4年受旱(民政部国家减灾中心,2013);2006年川渝夏秋高温干旱,2009年秋季至2010年初,西南地区发生了重大旱灾,殃及广西、重庆、四川、贵州、云南5省,时间之长和范围之广为历史罕见。其中2009年秋季至2010年春季,云南省遭遇了百年一遇的秋冬春三季连旱,旱情一直延续至2013年。2013年长江中下游高温干旱史所罕见,灾害损失严重(彭世彰等,2012;胡安德等,2012;叶天舒等,2013;黄中艳等,2013)。

(2) 洪涝与湿害加剧

洪涝灾害是发生面积仅次于干旱的主要农业气象灾害,由于通常成灾限于沿河低洼地带,受害农田面积少于干旱,但对于人民生命财产的威胁更甚于干旱,严重的洪涝常常导致农作物的绝收。气候变化使得长江中下游和新疆、青藏等地区的降水增多,洪涝灾害呈加重趋势。在长江中下游地区,1998和1999年连续发生特大洪水,尤其1998年的长江全流域洪水为1954年以来最严重。淮河流域在1991、2003和2007年都发生了严重洪涝。华南在1995年,川渝在2007年也都发生过严重的洪涝。

旱涝急转是长江流域出现的灾害新特点。如2011年1—5月,长江中下游地区出现重度干旱,湖北、湖南、江西、安徽、江苏等省329万人饮水困难。但进入6月,湖北、江西、浙江等省突降暴雨,极短时间内从大旱转向大涝,转变之快和灾情之重为近年来罕见,增大了防洪抗涝的难度(刘凤丽和黄国兵,2012;程智等,2012)。

西部地区虽然年降水量只有几十到二三百毫米,但气温升高导致高山迅速大量融雪,自20世纪90年代以来融雪性洪水日益频繁。北方地区洪涝灾害发生比20世纪50到70年代明显减少,但1998年嫩江和松花江流域,2003年渭河流域、2013年黑龙江流域的洪涝也相当严重。东北在冬春多雪年份还经常发生融雪造成的春涝。

降水增多和冬季变暖使长江流域和江淮地区的冬春湿害有所加重。如近44年来,徐州地区有13 a发生不同程度湿害,占29.5%。近10年来增加更明显,尤其1989、1990、1991年连续3 a出现连阴雨,导致小麦大面积倒伏,霉烂发芽。1996年秋播后连阴雨持续10 d,雨量达104.4 mm,铜山县小麦湿害面积20万亩。春雨最多的江西现在已几乎不种小麦,湖南的小麦也大多改种油菜。

(3) 低温灾害依然严重

低温灾害在中国是仅次于旱涝的主要农业气象灾害。冷害曾经是威胁东北地区粮食生产的最大灾害,在20世纪60至70年代平均每四年左右发生一次,每次减产在百亿斤[①]左右。水稻孕穗开花期间发生的障碍型冷害在南方俗称“寒露风”,常造成大量空壳瘪粒。越冬冻害是北部冬麦区最严重的气象灾害,在20世纪50至70年代平均每隔5~7年就要发生一次减产3成以上的严重冻害死苗。在长城沿线地区,严重的果树越冬冻害大约每10 a发生一次。1953和1954年华北地区的霜冻曾使数千万亩小麦受冻,霜冻还是北方早春果树开花和蔬菜移栽的最大威胁(郑大玮等,2013)。

① 1斤=500 g

由于气候波动加剧和承灾体的脆弱性增大，农业低温灾害并未明显减轻，对于有些地区和作物反而有加重趋势。如2008年的南方大范围雨雪冰冻、2009至2010年冬的华北低温冻害都是几十年不遇的极端事件。2010年春季，受低温影响，黑龙江省玉米播种较常年延迟15 d以上，黄淮海地区冬小麦生育期明显延后，河北省及周边地区出现30年来最差的小麦苗情。2010年初，北京遭遇四十年不遇的极端低温。同年4月中旬，华北、黄淮流域和西北出现了大范围霜冻害，越冬果树和冬小麦损失严重，其中山西运城地区出现50年来的极端低温，果树和小麦大面积绝收(王春乙等，2010)。2013年春季，东北地区罕见的低温与春涝叠加使春耕和春播推迟，西北地区东部、华北、黄淮先后出现3次强降温过程，处于拔节至孕穗期的冬小麦生长受到一定影响。(姜艳和赵秀兰，2013；民政部国家减灾中心，2013)

使用生育期过长的品种，人为加重了低温灾害的发生。华南热带、亚热带作物的寒害损失空前严重，除气候波动剧烈外，还与过度北扩有关。越冬作物的冻害在20世纪80至90年代明显减轻，20世纪末以来又有所加重，但冬季长寒型冻害较少发生，以冷暖骤变型与旱冻交加型冻害为主。值得注意的是，霜冻灾害在气候变暖的背景下反而有加重趋势。虽然中国北方霜冻日数近50年来有明显减少趋势(马柱国，2003)，但植物的物候也在同步改变，春季随着终霜冻的提早而提前，秋季随着初霜冻的推迟而延后，加上气候波动的加剧，使得霜冻的自然风险并未降低，反而略有增大。植物的脆弱性增大是霜冻灾害加重更重要的原因。在气候变暖背景下，植物在霜冻发生前往往处于较高温度下活跃生长，抗寒性要比前期处于冷凉条件下生长明显降低。随着气候变暖，农民改用抗寒性减弱的高产品种，播种、移栽和栽培管理活动也明显提前，都使得植物对霜冻的脆弱性明显增强。如黄淮麦区是中国冬小麦霜冻的多发区，历史上发生频率一般为30%～40%，但在1981—2000年的20 a里却发生了9次，地处冷空气南下要冲的商丘发生频率超过60%，华南历史上很少发生霜冻，但20世纪90年代发生的四次大范围严重霜冻与寒害使一些热带作物受到毁灭性打击(冯玉香，1999；孙忠富，2001；钟秀丽，2003)。

(4) 高温灾害增多

气候变暖使得早稻热害、小麦干热风和雨后枯熟等高温灾害明显加重。温度的上升将加快作物发育速率，使生育期缩短、光合速率降低、呼吸消耗增加，有可能导致大部分作物的产量和品质下降。高温还使鱼塘的微生物爆发性繁殖，导致水体富营养化和溶解氧迅速降低，极易发生泛塘死鱼事件。

水稻虽属喜温作物，但温度过高时仍会产生热害，以孕穗到抽穗扬花期最为敏感，大致为抽穗前后各10 d。长江中下游以早稻的高温热害多发，中稻有时也被殃及。此期间水稻生长的适宜温度为25～30℃，生产上以日平均气温高于30℃和日最高气温高于35℃为抽穗扬花期热害指标。孕穗期热害使水稻的花器发育不全，花粉发育不良，活力下降；抽穗扬花期遇热害影响开花散粉和花粉管伸长，导致不能授粉而形成空壳瘪粒。气候变暖使得中国水稻生产的高温热害趋于严重，2003年夏季，浙江曾出现43.5℃的极端高温，2006年重庆甚至出现44.5℃的极端高温，对水稻生产造成严重影响。

小麦干热风和雨后青枯虽然是多种因子引发的复合气象灾害，但其主导因子是相对高温，均属热害范畴。两者都是造成小麦粒重明显下降的主要灾害。华北平原和西北地区是干热风多发和重发区。气候暖干化使西北地区东部的干热天气增多，干热风发生区域扩大，次数增多，强度增强，危害加重(邓振镛，等，2009)，但由于灌溉面积扩大，土壤肥力提高。小麦品种改良和春季发育提前，生产上的干热风危害总体呈减轻态势。但黄淮海地区 52 个气象站1961～2010 年的 50 a 资料分析表明，日平均最高温度和 14 时风速有降低的趋势，14 时空气相对湿度有增大的趋势。黄淮海大部分区域发生各级干热风的概率减小或显著减小，而雨后青枯的危害相对加重。但如果未来气候进一步变暖变干，干热风的危害还有可能加重，小部分区域仍存在有利于干热风发生的要件，因此对干热风的防御仍不能掉以轻心（钱锦霞和郭建平，2012）。

(5) 复合灾害与灾害链复杂化

气候变化导致农业气象灾害并发、重发，并使农业灾害链更加复杂化。过去北方的干旱主要发生在春季，现在经常是春夏连旱并与高温结合，南方的伏旱期间高温更加严重。如 2003 年辽宁春夏连旱，朝阳地区甚至出现 43℃的极端高温。2006 年的川渝夏秋大旱，重庆出现 45℃的极端高温，极大地加重了旱情。2011 年华中地区发生“旱涝急转”，6 月之前，该地区发生近 60 年来最严重的冬春持续干旱，进入 6 月接连 4 轮强降水过程又使该地区遭受严重的暴雨洪涝灾害，给农业防灾减灾造成了更大困难（沈柏竹等，2012；张建海等，2013；罗蔚等，2013）。旱涝急转还明显加剧了水土流失和山区的滑坡、泥石流等地质灾害。北方出现的倒春寒往往与干旱相重叠，使作物发育延，苗情变差；南方则往往与低温阴雨相结合，造成早稻烂秧和棉花僵苗。太阳辐射与风速减弱导致低温寡照天气增多，阴害加重。如 2014 年 2 月中下旬华北出现连日严重雾霾天气，不但严重威胁人畜健康，而且造成大棚和温室蔬菜生长不良，严重减产，上市推迟。2005 年 8 月中旬，受麦莎台风外围云系影响连日阴雨无风，使得华北北部的玉米授粉不良，严重秃尖缺粒。

(6) 台风次数未增，但强度增大，路径多变

近 50 多年来登陆中国的台风次数并未增多，但近年来强台风和超强台风增多，对沿海地区农业生产的威胁明显加重。2013 年 11 月 8—9 日超强台风袭击海南，为有记录以来最晚。台风路径异常使得预报难度增大，深入内陆的台风常造成局地严重的暴雨洪涝和滑坡、泥石流灾害，威胁山区居民的生命财产和农业生产。

(7) 有些农业气象灾害有所减轻

由于高纬度地区的升温幅度大于低纬度地区，导致高低纬度间的空气密度差缩小，冷空气活动总体减弱，导致中国大风、冰雹、沙尘暴等灾害性天气减少。

4.2.2 不合理人类活动与社会经济发展带来农业气象灾害新特征

(1) 不合理的人类活动加剧农业气象灾害

人类活动加剧，对自然资源高强度的开发利用导致对其亏缺更加敏感，加之对气候变化机理和影响认识的局限，使灾害更加严重。如长期超量开采地下水和上下游无序争夺使水资源日趋紧缺，华北地下水位不断下降，西北不少河流上游扩大灌溉导致中下游水源断流枯竭；南方由于污染加重导致结构性缺水，随着气温上升与水体富营养化，太湖、滇池等湖泊蓝藻水华频频爆发（盛虎等，2012；谢国清等，2010；蔡琳琳等，2013）；滥垦加剧水土流失，使农业本身对于气候变化的脆弱性增大（毕安平和朱鹤健，2013；高光耀等，2013）；水利设施不完善或年久失修，水资源管理不善或分配不合理，都使农业干旱形势更加严峻。

合理利用气候变暖后增加的热量资源可以使农业增产，但超前过量利用仍会增大低温灾害发生的风险，加之生物体本身由于气候变暖抗逆性减弱，脆弱性增大，加上有的农民采取过度的适应措施，如随意引种晚熟品种，喜温作物种植界限过度北移，过早播种或移栽，导致许多地区的低温灾害在全球变暖的背景下反而加重。如华南热带作物的过度北移导致20世纪90年代寒害的四次大发生，北方有些地区使用生育期过长的晚熟玉米品种而遭受秋霜冻害，春季蔬菜因过早移栽而遭受春霜冻害，选用冬性过弱的小麦品种导致越冬冻害的发生等。

对于气候变化背景下农业气象灾害发生规律不清楚，在灾害发生时举止失措，应对失当，也是农业灾害损失加重的一个重要原因。如2009年初，北方冬麦区普遍发生较严重的气象干旱，但由于伏雨充足和播种及时，大部分麦田底墒良好，出苗正常，农业干旱并不严重。但由于对旱情的错误评估，要农民在隆冬下地浇水，不但浪费了水资源，还人为造成了部分死苗。西南地区有的地方在2009年的雨季中为防汛将水库蓄水基本放空，在之后发生的秋冬春季三季连续大旱中缺乏水资源储备，加重旱灾的损失。

(2) 社会经济发展带来农业气象灾害新问题

社会经济发展增加了农业的物质投入，但如果各产业之间的资源配置不合理，无序争夺自然资源或超出环境容量，也会人为酿成或扩大灾害，最凸出的表现是工业与城市发展过分挤占农业用水，上游地区过多拦截地表水资源和过量抽取地下水，导致农业缺水，干旱日益严重。片面追求短期经济效益而忽视社会效益和生态效益也是农业灾害加重的重要原因，如城市建设过分占用农业用地，使抗灾能力差的低产农田比例增大等。

社会经济发展在总体上提高农业减灾能力的同时，也在某些方面增大了农业系统对于极端天气、气候事件的脆弱性。如种植品种单一化和过分依赖化学手段防治有害生物，导致农业生物多样性和抗逆性的下降；农业设施虽然改善了农业生物的生境，但一旦因灾损坏，温室里的植物和畜舍中的动物更加不禁风雨冷冻与病害，损失惨重。现代农业高度依赖机械和电力，农作物收获前如因风雨倒伏或地湿机械无法下地，将蒙受巨大损失。2008年初的南方低温冰冻雨雪灾害期间，贵州有的山村由于停电，脱粒机无法开动，下山道路又被冰封，一度缺粮断炊出现生存危机，不得不派人冒着生命危险下山到县城求救。冰雪灾害导致的停电和道路封闭，使得大量柑橘不能及时外运而冻烂，正在孵化的小鸡全部冻死在蛋壳中（郑大玮等，2008）。

气候变化与社会经济发展带来了农业气象灾害的一些新特点，并使农业气象灾害更加复杂化。必须坚持经济、社会、生态效益的统筹兼顾，减少不合理的人类活动，针对农业气象灾害的新特点，采用适应性的减灾对策，以有序人类活动应对气候变化的影响，保持中国农业的可持续发展。

4.3 主要农业气象灾害的防御

4.3.1 干旱灾害

中国人均水资源占有量仅2200 m^3，不足世界人均的1/4，居全球的109位（姚维传，2001）。中国北方大部分地区与西南地区的气候暖干化使得这些地区的农业干旱不断加重，气候波动也使南方的季节性干旱频繁发生。全国农作物干旱的年平均成灾面积，在20世纪70和80年代分别为853.9万 hm^2 和1129.4万 hm^2，90年代为1384.2万 hm^2，2000—2006年平均为1241.3万 hm^2（《第二次气候变化国家评估报告》编委会，2011）。

为应对气候变化背景下日益严重的农业干旱，各地广泛采取了有针对性的适应措施，现将其要点总结如下：

(1) 全国范围普遍适用的抗旱适应对策

1)加强水土保持、防沙治沙、退耕还林等生态保护工程，降低区域农业系统对于干旱的脆弱性。

2)根据降水时空分布的改变，调整新建水利工程的布局，维修已有水利设施，完善灌溉系统，增大灌溉面积，提高整体抗旱能力。

3)推广节水灌溉

当前中国灌溉水利用系数只有0.4，与发达国家的0.7相差甚远；灌溉水分生产率平均1 kg/m^3左右，而以色列可达2.32 kg/m^3，中国农业的节水潜力很大(王小军等，2012)。针对气候变化加剧农用水资源的日益紧缺，在搞好渠道防渗的同时要大力推广喷、滴、渗、管灌技术。气候变化还使作物需水生理机制发生改变，对各地不同作物的灌溉制度、方法与定额也需要适当调整。

4)推广旱作节水农业技术

全国耕地约有近半面积为旱地，北方的比例更大。气候变化使北方许多地区的无效降水次数增多，有效降水次数减少。在有条件的地区要修建小型集水工程，发展“径流农业”和集雨补灌。大力推广耕作保墒、地膜覆盖、沟植垄盖、秸秆粉碎还田覆盖、抗旱保水和抑制蒸发的化学制剂、水肥耦合等农艺节水技术。

5)合理调整种植结构和作物布局

根据气候变化导致的干旱区域分布改变，因地制宜，趋利避害，调整种植结构和作物布局。如水资源严重短缺的华北平原大幅度压缩水稻面积，干旱缺水最严重的黑龙港地区还压缩了小麦面积，改种谷子、棉花等相对耐旱的作物。川中丘陵由于降水减少，采取“水路不通走旱路”的策略，将冬水田种植一季水稻改为小麦、玉米、红薯套种三熟制，扭转了长期缺粮的局面。北方和西南各地还普遍推广了水稻旱育秧技术。黑龙江省北安和九三两个农垦管理局原有小麦种植比例过大，采取压缩小麦面积，稳定大豆面积，增加油菜、甜菜、玉米、大麦等作物的种植面积，利于缓冲农时，合理轮作，获得较高经济利益(王凤等，1989)。

6)选育抗旱作物品种

近年来新育成杂交水稻和杂交玉米品种的水分利用效率都明显提高，张家口地区培育的杂交谷子在北方旱地和非洲一些国家推广，表现出很强的抗旱增产效益。未来分子育种技术将在培育抗旱高产品种方面发挥重要作用。

7)建立健全旱灾监测、诊断和预警系统

旱情是雨情、墒情、水情、工情和农情等的综合。旱情监测诊断预警系统集旱情监测、信息传输、诊断分析和决策支持于一体，是技术手段先进、反应迅速、功能齐全的现代化信息系统。监测方法包括人工监测和卫星遥测，及时发现旱象，实时监视旱情变化，掌握抗旱动态，诊断分析受旱程度和旱情发展趋势，可以为各级决策部门提供及时准确的旱情信息，提出科学的对策建议(张强等，2004；陈怀亮等，2010)。针对气候变化带来的干旱新特点，需要对不同干旱类型的指标进行修订，对监测网络的布局适当调整。

8)开发空中水资源及其他非常规水资源

科技发展使人工影响天气技术日趋成熟，气溶胶浓度增大也在一定程度上增加了人工影响天气的可行性。提高人工增雨作业能力，大力开发空中水资源，是未来农业适应干旱的有效措施之一，但需要研究解决空中水资源的水权和地区之间分配的矛盾（程国栋等，2006）。回归水、微咸水、雨水、土壤水、海水淡化非常规水资源也应尽可能利用。

9）灾后补救技术

根据气候变化带来的灾害新特点和灾后水热条件，对因旱绝收农田采用合理的补救措施。如重庆2006年严重伏旱造成中稻大面积基本绝收，重新栽种已不可能成熟。旱情缓解后可割掉稻茬上部茎秆，复水和施肥使水稻重新长出分蘖，这种再生稻的单产通常可达正常稻的60%～80%。

(2) 典型区域的抗旱适应对策

1）西北东部干旱区

本区包括黄土高原和关中、陕南、银川、陇南等河谷平原，生态环境脆弱，农业集约化和技术水平相对较低，旱作农业占相当大比例，黄土高原的水土流失尤为严重，气候的暖干化将进一步加重农业干旱和水资源短缺。

①改善生态环境

加强黄土高原的水土保持，陡坡退耕，恢复植被，因地制宜通过坡改梯和营造淤地坝建设稳产基本农田。

② 优化农业结构

年降水量400 mm以下地区，荒山、荒坡、荒沟退耕还林、还草，以牧为主，种植业以耐旱作物和品种如谷子、豆类、胡麻、马铃薯等为主。年降水量400 mm以上地区随气候变化调整作物品种和复种指数，努力提高单产。

大力发展适应地方气候的特色农业和作物。如渭北黄土高原的苹果、甘肃定西地区的马铃薯、宁夏的枸杞、压砂瓜和酿酒葡萄等。

推广集雨节灌农业。在半干旱半湿润气候区确保每户有1个面积为100～200 m^2的雨水集流场，并配套修建2个蓄水窖。

2）华北及黄淮海地区

华北及黄淮地区是中国最重要农业区，也是中国降水减少最显著的气候暖干化地区。针对日益严重的春夏干旱和水资源紧缺，要全面推广节水灌溉技术和抗旱品种选育、秸秆覆盖、合理密植、水肥耦合等节水农艺技术。黑龙港和丘陵山区等严重缺水地区要压缩水稻、小麦等耗水作物，改种玉米、谷子、红薯等相对耐旱作物。按流域统筹管理和优化配置水资源，扭转上下游无序争水。发展日光温室、大棚等保护地生产。丘陵山区根据透雨出现早晚准备不同熟期品种的种子。对微咸水、城市中水、海水淡化等非常规水资源也要尽可能开发利用。

3）东北干旱区

东北是中国最重要的粮食基地，虽然水资源禀赋优于西北和华北，但水利基础设施较差，存在气候暖干化趋势，部分地区还存在超量抽取地下水的问题。未来东北地区适应干旱的主要对策是大力建设农田水利设施，加强田间管理，坚持中耕蹲苗和推广深松耕等耕作抗旱措施，推广注水抗旱播种、地膜覆盖、秸秆还田、培肥土壤等农艺抗旱技术。东北西部要加强防护林建设，防沙治沙和改良盐碱地。发展水稻种植要量水而行，避免盲目扩张，推广节水种植，严禁以牺牲湿地和超采地下水扩大水稻种植，以免重蹈华北的覆辙。

4)南方季节性干旱区

西南和华南以冬春旱为主,长江中下游以伏旱为主。西南地区主要是加强农田基本建设,山区和丘陵区加强水土保持,修建水库、塘坝,蓄积雨季降水供旱季使用。有条件的地区兴建大型拦蓄和调水工程,扩大灌溉面积。严重缺水地区调整种植结构,如川中丘陵改冬水田为旱三熟,云贵高原扩大相对耐旱的马铃薯品种。长江中下游地区通过调整种植制度、品种和播种期、移栽期,使作物需水临界期避开伏旱高温。

4.3.2 洪涝与湿害

水分过多造成的农业气象灾害包括洪灾、涝灾和湿害等,其中洪灾又分山洪、河流洪峰漫溢或决堤、水库溃坝、融雪性洪水、凌汛等类型,涝灾又分内涝与客水成涝两类,湿害又分土壤湿害和空气湿害,前者也称渍害。

主要减灾对策如下:

1)提高忧患意识,加强农田水利建设

江河上游加强水土保持与植树造林,陡坡实行退耕还林,在有条件的地段修建拦蓄工程,增强蓄洪调控能力;江河中游兴建拦洪堤坝与蓄滞洪区,提高分洪、行洪、蓄洪能力;江河下游加固堤防,清障疏浚,提高排洪、泄洪能力;建设基本农田,完善农田排水系统,低洼地区降低地下水位;改良土壤结构,打破犁底层,增强土壤通透性。

2)优化农艺管理措施

洪涝灾害多发的低洼地区要调整种植结构,选用水稻等耐涝作物和品种,增施磷肥,适当蹲苗,促进根系发育,提高抗涝抗倒能力,选择合理的播种期和适宜的调控技术,避开洪涝多发期。

3)加强监测,提高预警和响应能力

加强雨情汛情监测,提高预测和预警能力,确定农业应对措施,提前做好灾害性天气的应急防灾预案,减少特大洪涝造成的损失(周元益,2011;王华,2008;郁家成,2011)。

4)灾后及时补救

灾后抢排渍水,采取扶持倒伏作物,冲洗幼苗覆盖淤泥,及时施肥和加强病虫害的防治等补救措施,促进受涝植株复壮。缺苗断垄要及时补种或移栽,基本绝收的要及时改种或重播生长期短的救灾作物;南方在热量条件允许时可利用再生稻。

4.3.3 低温灾害

中国作物生产上的低温灾害有零上低温和零下低温两大类,前者包括冷害与热带作物的寒害,后者包括越冬冻害和霜冻(孙忠富,2001;王春乙,2010;杨晓光,2010)。每种低温灾害可分为若干类型,详见本书附录的名词解释。冬春低温对畜牧业生产也能造成较大损失,包括对动物造成的冻伤和引发的呼吸道疾病等。

农业低温灾害防御对策和技术如下:

农业防御低温灾害的技术要点是:调整种植结构以进行时空规避,调节改良局部生境和提高作物的抗寒性。气候变化背景下低温灾害的防御对策通常采用以下通用性措施(孙忠富,2001;王春乙,2007,2010)。

1)调整优化作物布局

根据气候变化引起的区域热量资源、低温发生规律和作物生物学特性改变,调整原有的种植区划和品种布局,注意利用冷空气难进易出的有利地形和坡地逆温效应。

2)选育适度抗寒和熟期适中的品种

根据气候变暖和波动程度选育适度抗寒和生育期较长的丰产、优质品种。一般而言,生育期长度与产量和品质成一定的正相关,随着热量条件的改善,合理选用适宜熟性的品种,不仅能有效避开低温危害,而且能达到高产和优质的目的。但如果生育期过长,仍然会增大冷害与霜冻的风险。选择合理的播期和采用适当调控措施,可以避开低温发生时段和作物对低温的敏感期,都能在不同程度上减轻低温灾害的影响。

选育高度抗寒的优良品种无疑是成本最低的主动抗御低温灾害的有效途径。但在育种工作中,要将高产、优质基因与抗寒基因组合到一起有相当难度。在生产上选用品种通常要兼顾丰产、优质与抗寒性。如随着冬季变暖,北方对冬小麦品种的冬性和抗寒性的要求有所降低,有利于发育大穗和增产。随着现代生物技术的发展,培育兼有高产、优质和抗逆性状的作物品种成为现实。

3)传统防冻保苗实用技术的调整与开发

抗御低温灾害的传统技术以物理方法和农艺措施为主,一方面要通过灌溉、覆盖、镇压等措施改良田间小气候,提高局部生境温度和作物体温以缓解低温胁迫;另一方面,通过适时追肥、整枝、中耕除草、防治病虫害、化学调控等,促进植株健壮生长发育,以提高自身的抗低温能力。调整播种期和移栽期,既有改善敏感发育期环境条件的作用,也有促进壮苗,提高抗寒性的效果。由于气候变化改变了作物的生境条件和生育特征,对上述传统技术需要进行适当的调整。

如目前北方冬小麦的播种期比20世纪60至70年代普遍推迟了7～10 d,有利于形成壮苗,可避免冬前过旺和发育过头而遭受越冬冻害。针对冻土变浅和蒸发加快,强调加强麦田镇压来抵御冬旱。随着入冬期和土壤封冻的推迟,冻水灌溉日期也要相应延迟。春季在麦苗有旺长趋势时采取适度镇压措施,可延迟发育,减轻霜冻危害。

对于瓜果蔬菜和花卉、药用植物等附加值高的经济作物,除根据气候变暖程度调整种植期外,针对气候波动加剧,可采用覆盖和设风障等措施。20世纪70年代以前,华北地区的不加温温室基本不能进行冬季蔬菜生产。随着气候变暖和技术进步,经改进后的塑料大棚已能进行耐寒蔬菜的冬季栽培,日光温室甚至能顺利栽种喜温果菜,进行反季节生产,达到提早采收、增加收入的目的(张明杨,2009)。

果树生产上采取地面盖草或将基干刷白,都可适当延迟开花以规避春霜冻害。

4)化学抗寒新技术的应用

如喷施杀菌剂以降低冰核活性细菌的浓度,达到降低植株冰点温度,减轻霜冻灾害的目的;小麦使用矮壮素和抗寒剂拌种以提高幼苗越冬能力,幼树喷洒抑制蒸发剂以减轻因抗寒锻炼和早春土壤冻结而气温骤升导致生理干旱所造成的抽条危害。

5)低温灾害的补救措施

气候变暖使热量资源增加,作物发生低温灾害后补救的余地增大。如发生越冬冻害或春霜冻害后,如能进行早期诊断,确认死苗严重,可根据剩余热量,当机立断改种生育期适当的作物品种。苹果梨在花期发生霜冻,雄蕊和柱头都已冻坏后,还可喷施生长刺激素促使子房膨大结果。果树的部分花芽受冻，还可采取放蜂授粉和增施肥料以提高晚开花的结果率。

4.3.4 高温热害

针对水稻和小麦高温热害的防御对策与技术如下：

1）水稻热害防御对策及措施

调整播期和移栽期以避开热害。早稻应适当提早播种和移栽，争取在7月中旬的高温季节到来之前进入灌浆后期。中稻抽穗扬花应尽量推迟到8月中旬以后。

长江中下游许多地方改双季稻为稻麦两熟，产量不减，还有效避开了夏季的高温热害、早春烂秧和秋季的寒露风。

筛选耐高温性强的品种，合理安排品种组合，以减轻高温对品种灌浆结实的影响。

采用"以水调温"措施。抽穗开花期要浅水勤灌，日灌夜排，防止过早断水。有条件的地区采取喷灌方法，短时间内可使穗冠层温度降低4～5℃。

喷施叶面肥和化学制剂也能在一定程度上缓解热害，如喷施磷钾肥、过磷酸钙溶液、磷酸二氢钾溶液等均可增强水稻的抗高温性，提高结实率和千粒重。

加强灾后管理与补救。坚持浅水湿润灌溉，防止秋旱；加强病虫害防治；破口期前后追施尿素以提高粒重和结实率。重灾田加强水肥管理仍可刺激分蘖萌发，促使再生稻抽穗结实，获得一定收成。

2）小麦干热风和雨后青枯防御对策及措施

适时浇好灌浆水或麦黄水或在干热风发生前及时灌水，不仅增加土壤含水量，而且能降低地温4℃左右，增加空气相对湿度5%左右，可抑制小麦蒸腾，增强光合作用。

选用早熟抗逆良种，适时中耕蹲苗培育壮苗，促进小麦根系发育，提高利用深层土壤水分的能力。

适当早播，促苗早发，争取早抽穗、早成熟，使灌浆敏感期避开干热风。

适当使用化学调控剂，控制氮肥用量，增施磷肥。如采用抗旱剂拌种，喷施磷酸二氢钾、阿斯匹林水溶液、醋酸和黄腐酸等，喷施如尿素、磷酸二氢钾溶液等叶面肥。

雨后青枯的发生机制与干热风有所不同，不宜过多浇水，但都需要促苗早发和促进根系发育。

3）蔬菜生产的防高温措施

炎热天气不利于喜温果菜的越夏栽培，长江流域在推广遮阳网后，越夏蔬菜生产状况有明显改善。在晴至少云与多云天气条件下，遮阳网能显著降低气温及地温，且0和10 cm地温降幅大于气温（吴振海，2001）。

4.3.5 风雹灾害

虽然气候变化使风雹灾害的发生总体减轻，但由于种植结构调整后，蔬菜、瓜果、花卉等对大风和冰雹极其敏感的作物种植面积和大棚数量增多，大风、冰雹造成的经济损失仍在增大。近10年平均成灾率以华北和西北的灾情最严重，其次是东北，华东、华中和西南较轻，华南最轻（房世波等，2011）。作物高产地区由于密植，大风造成的倒伏也更加严重。

防御风雹灾害的对策包括营造防风林、风前加固大棚和畜舍，加强中耕蹲苗以提高植株的抗倒伏能力，选用茎秆韧性强和根系发达的品种。雹灾多发的山区可组织人工消雹作业，优质葡萄产区可在田间架设防雹网，风雹灾后要根据受灾程度采取水肥管理、适当整枝、防治病虫等补救措施，基本绝收的可根据剩余热量改种能够成熟的作物品种。

4.4 关键适应问题

在适应气候变化工作中，往往把农业生产上的应对极端天气、气候事件与常规的减灾工作混淆；满足于政府部门已有的应急预案，缺乏具有充分可操作性的基层技术性预案；以突发型灾害的应急管理办法来应对干旱等累积型灾害，错失时机且事倍功半；在应对农业气象灾害中存在短期行为问题，忽视长期的减灾基本建设。

与工作上的问题相对应，目前对气候变化背景下农业气象灾害的新特点认识不足。气候条件变了，农业灾害的发生机理、灾害诊断技术与标准也应该相应地改变，但目前对农业灾害机理的基础性研究不够，缺乏完善的灾害诊断技术与标准；对气候变化背景下农业承灾体脆弱性变化的研究薄弱，现有农业灾害风险分析方法不够完善；现代信息技术在农业灾害监测预警和减灾中的应用远不能满足农业现代化的需求；适应规模经营需要的物理、化学与生物减灾技术亟须大力研发。

为此，在气候变化的背景下，需要针对不同区域农业气象灾害的新特点，对原有的农业减灾对策和技术进行调整，加强对灾害发生机理和承灾体脆弱性的研究，充分应用现代高新技术，建立、健全农业气象灾害的监测、预警体系，构建不同区域、不同产业适应气候变化的农业减灾技术体系。

参考文献

毕安平，朱鹤健. 2013. 水土流失区农业耦合模式选择. 闽江学院学报，**34**(5)：100-104.

蔡琳琳，朱广伟，李向阳. 2013. 太湖湖岸带浮游植物初级生产力特征及影响因素. 生态学报，**33**(22)：7250-7258.

陈怀亮，张红卫，薛昌颖. 2010. 中国极端天气事件与农业气象服务. 气象与环境科学. **33**(3)：67-77.

程国栋，王根绪. 2006. 中国西北地区的干旱与旱灾-变化趋势与对策. **13**(1)：3-14.

程智，丁小俊，徐敏等. 2012. 长江中下游地区典型旱涝急转气候特征研究. 长江流域资源与环境，**21**(Z2)：115-120.

邓振镛，张强，倾继祖等. 2009. 气候暖干化对中国北方干热风的影响. 冰川冻土，**31**(4)：664-671.

《第二次气候变化国家评估报告》编写委员会. 2011. 第二次气候变化国家评估报告. 北京：科学出版社.

房世波，韩国军，张新时等. 2011. 气候变化对农业生产的影响及其适应. 气象科技进展：**1**(2)：15-19.

冯玉香，何维勋，孙忠富等. 1999. 我国冬小麦霜冻害的气候分析. 作物学报，**25**(3)：335-340.

高光耀，傅伯杰，吕一河等. 2013. 干旱半干旱区坡面覆被格局的水土流失效应研究进展. 生态学报，**33**(1)：12-22.

韩晖，李耀辉. 2013. 气象极值变化及其导致的农业气象灾害趋势分析——以甘肃省为例. **35**(4)：999-1006.

胡安德，姚德宽. 2012. 云南省年度特大气象干旱成因及影响评估. 思茅师范高等专科学校学报，**28**(3)：13-18.

胡亚南,李阔,许吟隆. 2013. 1951—2010年华北平原农业气象灾害特征分析及粮食减产风险评估. 中国农业气象,**34**(2):197-203.
黄中艳,钟楚,张明达等. 2013. 若干干旱指标在云南大旱年农业干旱监测评估中的适用性分析. 中国农业气象,**34**(2):221-228.
姜艳,赵秀兰. 2013. 2013年春季气候对农业生产的影响. 中国农业气象,**34**(3):374-376.
李祎君,王春乙. 2010. 气候变化对我国农作物种植结构的影响. 气候变化研究进展,**6**(2):123-129.
刘凤丽,黄国兵. 2012. 旱涝急转形成机理及城市防涝减灾体系研究进展. 长江科学院院报,**29**(11):28-32.
罗蔚,张翔,邓志民等. 2013. 近50年鄱阳湖流域入湖总水量变化与旱涝急转规律分析. 应用基础与工程科学学报,**21**(5):845-856.
马柱国. 2003. 中国北方霜冻日的变化与区域增暖相互关系. 地理学报,**58**(增刊):31-37.
民政部国家减灾中心. 2013a. 全国自然灾害基本情况分析(2013年上半年). 中国减灾,(8):61-62.
民政部国家减灾中心. 2013b. 全国自然灾害基本情况分析(2013年前三季度). 中国减灾,(11):60-61.
彭世彰,吴佳,姚俊琪. 2012. 南方季节性干旱成因及抗旱对策. 中国农村水利水电,(3):149-151.
钱锦霞,郭建平. 2012. 黄淮海地区冬小麦干热风发生趋势探讨. 麦类作物学报,**32**(5):996-1000.
任国玉,封国林,严中伟. 2010. 中国极端气候变化观测研究回顾与展望. 气候与环境研究,**15**(4):337-353.
沈柏竹,张世轩,杨涵洧等. 2012. 2011年春夏季长江中下游地区旱涝急转特征分析. 物理学报,**61**(10):530-540.
盛虎,郭怀成,刘慧等. 2012. 滇池外海蓝藻水华爆发反演及规律探讨. 生态学报,**32**(1):56-63.
石英,高学杰. 2007. 温室效应对我国东部地区气候影响的高分辨率数值试验. 大气科学特刊,**32**(5):1006-1017.
孙忠富. 2001. 霜冻灾害与防御技术. 北京:中国农业科技出版社.
唐永金,潘剑扬. 2012. 我国近年农业气象与农业生物灾害的特点. 自然灾害学报,**21**(1):26-30.
王春乙. 2007. 重大农业气象灾害研究进展. 北京:气象出版社.
王春乙. 2010. 中国重大农业气象灾害研究. 北京:气象出版社.
王华. 2008. 春夏洪涝灾害对农业生产的影响. 湖南农业,(5):13.
王连喜,孔坚文,李琪等. 2013. 中国北方地区几种农业气象灾害指标研究综述. 地球科学进展,**28**(6):627-636.
王胜,沈梅,石磊. 2013. 安徽省近33年农业气象灾害年景评估. 中国农大学学报,**18**(3):192-197.
王小军,张建云,王国庆等. 2012. 气候变化与农业用水安全. 中国农村水利水电,(2):23-29.
吴振海,陈家金. 2001. 遮阳网的小气候效应及其对蔬菜生长的影响. 福建农业大学学报,**30**(2):185-190.
谢国清,李蒙,鲁韦坤等. 2010. 滇池蓝藻水华光谱特征、遥感识别及暴发气象条件. 湖泊科学,**22**(3):327-336.
许吟隆,黄晓莹,张勇等. 2005. 中国21世纪气候变化情景的统计分析. 气候变化研究进展,**1**(2):80-83.
杨晓光,李茂松,霍志国等. 2010. 农业气象灾害及其减灾技术. 北京:化学工业出版社.
姚维传. 2001. 作物节水研究进展. 安徽技术师范学院学报,**15**(4):13-16.
叶天舒,钱忠华,余锦华等. 2013. 三种干旱指数在云南省的适用性分析. 扬州大学学报:自然科学版,**16**(3):41-46.
郁家成,黄小燕,吴长春等. 2011. 安徽沿淮地区作物避洪种植的气候分析与模式研究. 现代农业科技,(22):282-286.
张朝,王品,陈一等. 2013. 1990年以来中国小麦农业气象灾害时空变化特征. 地理学报,**68**(11):1453-1460.
张建海,曹艳艳,陈柯辰. 2013. 2011年浙江梅汛期前后旱涝急转形势及梅雨锋结构特征分析. 高原气象,**32**(1):221-233.
张明杨. 2009. 冬季温室大棚蔬菜温度管理述评. 安徽农业科学,**37**(22):1070.

张强,高歌. 2004. 我国近50年旱涝灾害时空变化及监测预警服务. 科技导报,(7):21-24.

张勇,许吟隆,董文杰等. 2006. 中国未来极端降水事件的变化-基于气候变化预估结果的分析. 自然灾害学报,**15**(6):228-234.

郑大玮. 2013. 农业灾害与减灾对策. 北京:中国农业大学出版社.

钟秀丽. 2003. 近20年来霜冻害的发生与防御研究进展. 中国农业气象,**24**(1):4-6.

周元益. 2011. 长江中下游地区旱涝连发的成因及对策思考. 水利天地,(8):15-16.

Gao X J, Zhao Z C, Giorgi F. 2002. Changes of extreme events in regional climate simulations over East Asia. *Adv. Atmos. Sci.*, **19** (5):927-942

IPCC. 2014. Climate Change 2013:The Physical Science Basis:Summary for Policy Makers. *Cambridge:Cambridge University Press*.

Zhang Y, Xu Y L, Dong W J, *et al*. 2006. A future climate scenario of regional changes in extreme climate events over China using PRECIS climate model. *Geophys. Res. Lett.*, **33**:L24702.

第5章　作物病虫草害

气候变化对作物病虫草害的发生、发展有不可忽视的重要影响。病虫草害的发生与流行取决于是否存在适宜的寄主作物、具有侵染和为害能力的病虫草等有害生物、适宜发生的环境以及以上三类条件在时间上和空间上的吻合程度。总体上来看，以温度升高为显著特征的中国气候变化加重了北方喜温性、减轻了南方喜凉性农业病虫草害的发生。农作物生长季温度升高对大部分病虫草害发育历期、为害期、种群增长力、繁殖代数、发生地理范围、为害程度等造成了显著影响，导致病虫草害发生提前，分布界限北移，为害地理范围扩大，为害程度加重。

本章首先系统地总结气候变化条件下中国作物病虫草害的为害新特征，气候变化对中国主要农业病虫草害的影响，梳理中国农业病虫草害防治适应气候变化的策略，提出中国农业适应气候变化的病虫草害防治工作中存在的问题与关键科学问题。

5.1　气候变化条件下中国作物病虫草害的为害新特征

农作物病虫草害已经成为制约农作物生产的最重要的灾害之一（李一平，2004）。据统计，中国农业产值因病虫害造成的损失约为农业总产值的20%～25%（王长燕等，2006）。近年来，中国农业生物灾害呈现出暴发频率逐年提高，迁飞性害虫为害逐年加重，流行性病害连年猖獗，区域性有害生物种类突发成灾的特点。无论是水稻、小麦、玉米等主要粮食作物，还是蔬菜、果树等园艺作物的生物灾害都呈加重态势。例如，1992—2010年，广东省水稻因病虫害导致的实际粮食损失平均增加了175.54%（叶延琼等，2013）。北方的小麦条锈病2001—2005年连续5 a大流行，最高年份发病面积560万 hm^2，小麦吸浆虫年均发生面积233.3万 hm^2 以上（夏敬源，2008）。随着气候变化，多地玉米病虫害优势种群发生了较大变化，次要害虫上升为主要害虫，为害加重，如新疆玉米三点斑叶蝉自2005年始见于玉米田，并愈发严重，为害田减产30%～50%（张继俊等，2013）。病虫草害是有害生物和寄生植物相互作用的结果。气候变暖不仅通过改变寄主作物的生长发育进度对病虫草害产生间接影响，更重要的是温度升高对病虫草发生时期和程度产生直接的深刻影响（霍治国等，2012）。降水变化影响寄主植物的分布，从而影响病虫害的分布；气候的暖干化加剧作物的病毒性病害和虫害的发生，而暖湿化地区作物的细菌类病害和真菌类病害加重（霍治国等，2012）。CO_2 浓度升高加剧 C_4 杂草的滋生，通常会增强杂草的相对竞争力①；风速、风向的变化影响迁飞性虫害分布，特别是气候变化条件下超强台风的发生与水稻“两迁”害虫的为害加剧密切相关（罗守进和林璐璐，2012）。

气候变化背景下，中国农业病虫草害的发生呈现出以下主要特征：（1）发生期、爆发期提

① 李保平，孟玲．气候变化对农作物病虫草害的总体影响及其对策．中国植物保护学会．植保科技创新与病虫防控专业化——中国植物保护学会2011年学术年会论文集．中国植物保护学会：，2011：1.

前；(2)发生世代数增多，为害期延长；(3)发生量增多，为害程度加重；(4)发生范围扩大，为害面积增大；(5)某些次要和新发生病虫害为害加重；(6)草害为害加重。总体来说，气候变化加剧不同地区和不同作物病虫草害的危害程度，增加了防治工作的难度。

5.1.1 发生期、爆发期提前

有害生物的生长发育速率高度依赖于环境温度的高低。气候变暖加快了优化生物的发育，增大了越冬基数，导致其首次出现期、迁飞扩散期及种群高峰期提前（陈瑜和马春森，2010）。中国草地螟成虫始见期逐年提前，河北康保、山西大同、内蒙古四子王旗等地草地螟成虫的始见期在1979—2008年显著提前，平均每年分别提前0.4 d、0.5 d和0.7 d（唐继洪2011）。全国性暖冬年，小麦蚜虫发生期可提前5 d以上，最早可超过30 d。病害始见期可比常年提前5 d以上，其中小麦病害始见期可比常年提前20 d以上（霍治国等，2012）。1985—2003年，甘肃省武威市麦长管蚜始见期呈总体提前趋势，1999年比1990年始见期提前34 d（刘明春等，2009）。与1998—2006年相比，2007年河南漯河市麦蚜盛期提早5～46 d（陈琦等，2007）。气候变暖导致病虫害发生提前也得到国外研究的印证，如欧洲多年积累的数据也表明，冬季平均气温上升1℃，麦长管蚜、麦无网蚜和桃蚜的迁飞期提前3～9 d，当冬季平均气温升高1.5～2.1℃时，5种蚜虫迁飞期提前4～19 d（Zhou, *et al.*, 1995；Harrington, *et al.*, 2007）。气候变化造成的病虫害发生期提前量的研究结果，可以为调整相应的监测和防治日期安排提供理论依据。

5.1.2 虫害发生世代数增多，为害期延长

病虫害完成一个世代或生活周期所需的有效积温总量是一个常数。气候变暖显著增加了病虫草害发生季的有效积温，从而导致许多病虫草害发生世代数增多及伴随的种群密度增大。国外多年的数据也表明气候变暖导致了害虫的发生世代数增多，如日本稻灰飞虱，荷兰、瑞士等地的葡萄小卷叶蛾，巴西的咖啡潜叶蛾等害虫都随气温升高而增加了发生世代数（Yamamura and Yokozawa, 2002，Tobin *et al.*, 2008，Ghini *et al.*, 2008）。中国尚未系统调查研究气候变暖对每个病虫害发生世代数的影响，但根据有效积温法则和国外的类似研究来推测气候变暖应该导致许多种类的病虫害发生世代数增多。按棉铃虫发育起点气温10℃，完成1个世代需积温560℃·d计算，甘肃武威玉米棉铃虫发生世代数20世纪70年代为5.1代，2001—2010年增加为5.8代（刘明春等，2014）。持续暖冬可使冬后虫源基数显著增大。与常年相比，全国性暖冬年冬季害虫存活率可达常年的1～2倍，冬后虫源基数增加1倍以上；而持续暖冬后虫源基数可达常年的5倍以上。暖秋有利于害虫滞留危害，有些害虫的发生代数可比常年增加1个代次（霍治国等，2012）。

5.1.3 病虫害发生量增大，为害程度加重

气候变化中的温度升高对有害生物的生长发育、代谢速率、生存繁殖及迁移扩散产生直接影响（陈瑜和马春森，2010）。气候变暖对害虫的发育速率、生殖力和存活率等种群数量构成的关键因子产生重大的直接影响，导致害虫种群数量发生变化。某些低温适生种的种群逐渐萎缩，种群密度下降，高温适生昆虫的种群密度增大（陈瑜和马春森，2010）。在总结遍布全球的温度对昆虫影响的研究后可以看到，气候变暖将导致赤道附近和热带昆虫的适合度明显降低，

而广大的温带地区昆虫适合度显著增大(Deutsch *et al.*,2008)。中国绝大部分地区位于温带地区,因此虫害爆发的可能性大幅度提高。近年来的黏虫、稻飞虱、东亚飞蝗的爆发频繁,麦蚜、玉米叶螨、玉米螟的持续严重发生的众多个例分析中莫不显示出气候变化的显著影响。气候变化使中国冬春季升温明显,而冬季日平均最低气温与农作物成灾面积成正相关关系(白慧等,2009)。气候变暖导致害虫的取食危害程度发生变化。气候变暖使寄主植物中 C/N 比增大而营养质量下降,迫使害虫的取食量增大以满足自身生长发育的营养需求(Wilf and Labandeira,1999;Wolf, *et al.* 2008)。CO_2浓度升高使植物生长更加旺盛,而茂密荫蔽的环境有利于病原体的生长,因而加重病害(简桂良等,2011)。水稻纹枯病从 20 世纪,50 年代的零星发生,逐渐加重到猖獗危害,21 世纪以来,纹枯病连续偏重发生到大发生(王丽 等,2012)。与中国相邻的日本大部分地区水稻二化螟、水稻黑尾叶蝉、灰飞虱的种群数量在气候暖化的条件下增加 2～4 倍(Yamamura, *et al.*, 2006)。

5.1.4 病虫害发生范围扩大,为害面积增加

气候变暖改变了虫害的分布和发生区域,导致害虫向北部温度较低的地区扩展(陈瑜和马春森,2010)。中国近 50 年来虫害发生面积率呈显著上升趋势,平均以每 10 年 0.27 的速度增大(张蕾,2012)。虫害发生面积率从 20 世纪 60 年代,开始呈逐年代显著增加的趋势,2001—2010 年虫害发生面积率比 60 年代增加近 1.12(张蕾等,2012)。近 60 年来气候变暖背景下中国褐飞虱越冬北界年代际变化以及前后 30 年的变化分析显示,暖冬年份频次增多使褐飞虱越冬北界平均界限北移。与冷冬年相比,暖冬年褐飞虱越冬北界位置可北移 2～3 个纬度;年代际变化以 20 世纪 80 年代最为明显,之后的 30 年较之前的 30 年北移显著;空间北移较明显的地区为云南中部和福建南部(卢小凤等,2012)。害虫地理分布的变化意味着当地主要虫害的种类组成和群落结构发生了根本变化,虫害的防治技术体系也应予以相应的调整。近 50 年来,中国病害发生面积比大幅上升,2001—2010 年发生面积比达到 0.77,为 20 世纪 60 年代的 6.65 倍(王丽等,2012)。气候变暖,尤其是冬季温度越高,则越有利于病原菌越冬。气候条件适宜,小麦条锈病将有"南下"趋势;双季稻种植区北移后,易造成稻瘟病北上,有利于稻瘟病扩大为害(宁金花和申双和,2009)。

5.1.5 某些次要和新发生病虫害为害加重

气候变化条件下局部地区的温度和降水发生了明显变化,近年来极端气候事件频发,加之耕作制度、农药使用、播种时期的改变,可能导致某些次要病虫害和新发生病虫害危害程度的加重。在中国华北地区,棉铃虫一直被认为是棉花的主要害虫。随着转 Bt 基因棉花的大面积种植,有效地控制了二代棉铃虫的危害,棉田化学农药使用量显著降低。但农药使用量的减少,却给次要害虫盲蝽蟓的种群增长提供了机会(Lu, *et al.*,2008),加之近年来气候变暖导致的生长季温度升高,为棉盲蝽种群的大量繁殖提供了适宜的气候条件,导致其在棉田的暴发成灾。

气候变化导致的气候波动加剧,也导致某些年份病虫害的大爆发。如 2011 年,由于受春季低温的影响,黄淮海夏玉米播种期普遍比常年晚一周左右,加之玉米幼苗期与虫害发生期相遇,中国新发生的重要玉米害虫二点委夜蛾在黄淮海夏播玉米区的河北、山东、河南、安徽、江苏、山西和北京 7 省(市)全面暴发危害,对夏玉米的安全生产造成严重威胁。根据河北、山东、

河南、安徽、江苏和山西等15个试验站的系统调查，被害株率在1%～40%，严重地块缺苗率超过70%，虫口密度为1～28头/m^2，出现了补种和毁种现象(王振营等，2012)。气候变暖使病害发生面积扩大，小麦赤霉病原是长江中下游小麦的主要病害，20世纪80年代出现在河南小麦产区并流行，现在成为黄河流域影响小麦品质的主要病害之一，2012年河南小麦赤霉病大爆发，为近20年来最重①。再如黄淮海地区玉米病虫危害发生了明显变化，原来的玉米大、小斑病减轻，而玉米螟穗期加重。一些次要害虫上升为主要害虫，并且局部出现了严重的褐斑病、茎腐病等新病虫害(石洁等，2005)。

气候变化除了直接对病虫害造成影响外，还会与滥用农药产生的病虫害抗药性和减少天敌等自然控制害虫能力结合在一起，加重原有农作物病虫害的发生为害。此外，由于变暖，农药加速分解，毒性增强，害虫的耐药性增强，在防治病虫害的同时，也会杀死天敌。气候变暖和频繁的人类活动如国际贸易、人流物流加大带来的危险性外来生物的机会增加相结合，显著提高了外来入侵病虫草害在中国定殖的可能性。未来气候将继续变暖，病虫害的发生将继续加重，有必要制定整体的战略规划，系统研究中国农作物主要病虫害在气候变化条件下的新规律和新的适应性防控技术。

5.1.6 草害为害加重

由于气候变暖，喜温害草增多，CO_2浓度升高有利于C_3杂草的滋生，通常会增强C_3杂草的相对竞争力，同一种害草也会向北蔓延②；气候条件的改变使地区耕作制度发生变化，杂草的种类增多，密度增大，阔叶杂草和禾本科杂草交织危害(徐芳等，2012)。经济全球化和农区跨区作业也会加剧有害杂草的蔓延。这方面的文献很少，要加强研究。

5.2 气候变化对中国主要农业病虫草害的影响

据统计，中国仅粮食作物主要病虫害就有近200种，其中水稻51种、麦类22种、玉米15种、杂粮41种，还有杂食性害虫23种，贮粮害虫13种。此外，还有农田杂草120种。由于篇幅限制，本节主要依据病虫害发生为害的重要性和气候变化对其影响的显著性，挑选出主要农作物的主要和气候变化关系密切的病虫害种类，重点分析气候变化对这些病虫害的影响。

5.2.1 水稻主要病虫害

水稻"两迁"害虫：水稻稻纵卷叶螟和稻飞虱因具有随气流远距离迁飞的习性，因此简称"两迁"害虫，具有暴发性和突发性的特点。其中褐飞虱近年来在中国频繁爆发，造成水稻大面积减产，严重威胁着中国水稻生产。水稻"两迁"害虫在中国范围内每年有五次北迁和三次南迁过程，副热带高压和季风环流的季节性变化为其远距离往返迁飞提供了必要条件。大规模迁飞使水稻"两迁"害虫的危害具有突发性，预测预报难度极大，往往猝不及防并造成惨重损失(高月波等，2008)。2005—2007年，南方的水稻"两迁"害虫稻飞虱、稻丛卷叶螟连续大发

① 焦作市2012年小麦赤霉病大发生原因及防控对策．河南省植物保护学会、河南省昆虫学会、河南省植物病理学会．河南省植保学会第十次、河南省昆虫学会第九次、河南省植病学会第四次会员代表大会暨学术讨论会论文集．河南省植物保护学会、河南省昆虫学会、河南省植物病理学会，2013：3.

② 李保平，2011.

生，年均发生面积分别超过 2666.7 万 hm^2 和 2000 万 hm^2 · 次。气候变化对水稻"两迁"害虫的扩散与传播有重要的影响。广东省化州市 1959—2008 年气温资料及 1989—2008 年稻飞虱、稻纵卷叶螟田间测报资料的分析表明，与 1959—1988 年 1—4 月各旬平均气温相比，1989—1998 年气温变化不明显，而 1999—2008 年气温明显升高，"两迁"害虫发生期和发生程度随 1—4 月平均气温的升高而显著提前和加重(刘祖建等，2012)。气候变暖，尤其是冬季气温升高，增加了褐飞虱越冬存活率和虫源地春季虫口基数，可能是加速褐飞虱在中国暴发的主要因素。褐飞虱每年春季从东南亚迁飞至中国南方稻区，广西壮族自治区是首先受到影响的地区。通过分析近 30 年来广西春季 3—6 月诱虫灯下的虫量数据发现，过去 10 年褐飞虱在诱虫灯下的首次出现时间提前，诱捕量较多的天数的出现频率增多。以往褐飞虱诱捕量最多的监测点只出现在广西南部地区，而近年来诱捕量最多的监测点向北推移，也出现在广西的北部地区。因此，过去 10 年间外来迁入虫量的增多是中国南方稻区褐飞虱持续爆发为害的主要原因之一(Hu，*et al.*，2010)。防治水稻两迁害虫，最重要的是准确预测掌握其盛发期和发生程度。在气候变暖的长期趋势下，应通过多个地区的虫情数据监测，掌握其迁飞规律与气候变暖尤其是气温变化的关系，构建水稻两迁害虫的种群发生与气候关系模拟模型，在其盛发期通过施用药剂进行大规模联合防治。

水稻二化螟：水稻二化螟是水稻主要害虫，以为害水稻为主，也为害玉米、高粱、甘蔗、油菜、麦类等。20 世纪 90 年代后期以来，长江流域稻区因品种布局的改变、轻型栽培的推广、高产优质要求不断提高、抗药性的形成加之全球气候变化等诸多因素的影响，使得水稻螟害连年暴发，而且损失严重(罗举等，2005；方继朝等，1998)。在中国主要稻区，近几十年明显冬季变暖，秋季温度偏高且时间延长，早春气温高、降水少，这些条件使稻螟的活动期延长，世代数增加，越冬成活率提高，因而有利于种群增长(盛承发等，2002)。二化螟以幼虫期为害水稻，幼虫期发育的适宜温度为 16～30℃，35℃以上不利于发育，能在最冷月 −22～25℃条件下越冬。中国二化螟分布世代数综合平均积温为每发生一代需 15℃以上积温 1400℃ · d。气候变暖，15℃以上积温增大，水稻二化螟发生的世代数增多，各世代发生区的位置北移。中国淮河流域为三代到四代区，气候变暖温度升高，积温增加，水稻二化螟发生世代数增加，温度升高 2℃，增加一代，东部各代区北界北移 1～6 个纬度，约 100～700 km①。中国的邻国日本的研究也表明，在气候变暖预测情景下，温度升高 2℃，二化螟分布北界将北移 300 km，在整个北海道发生，且世代数增多(Morimoto，*et al.*，1998)，预测到 2031—2050 年日本大部分地区水稻二化螟的种群数量是 1981—2000 年的 1.6～1.8 倍(Yamamura，*et al.*，2006)。

水稻稻瘟病：稻瘟病是水稻重要病害之一，可引起大幅度减产。该病是中国水稻主产区黑龙江省水稻生产上危害最重的病害之一，流行年份一般减产 10%～20%，严重时达 40%～50%，甚至绝产。气候变化背景下，温度升高导致的暖冬，生长季降水量增多，以及生长季极端低温的频繁出现，都增加了稻瘟病重度发生的可能性。首先，气候变化导致冬季气温明显偏高，暖冬天气有利于提高病原菌孢子的越冬存活率。据统计，稻瘟病在江西省宜春市 1986、1992、1997、2001 年重度发生，上述年份冬季 1—2 月的平均气温均比历年同期均值高 1～3℃(邓珍和郭水连，2008)。其次，气候变化导致的气温升高，使得降水量增大、空气相对湿度增大，也有利于稻瘟病的发生为害。王虹等(1999)研究发现，贵州黔东南州地区稻瘟病的发生程

① http://www.jsacd.gov.cn

度与降雨日数和空气相对湿度的关系尤为密切，6月份空气相对湿度较大的年份，稻瘟病往往重发生；7月下半月降雨日数较多的年份，稻瘟病的发生程度均较大。此外，气候异常导致的生长季极端低温也能加重稻瘟病的流行和发生。在黑龙江省，低温能诱导稻瘟病的大面积流行。近年来，极端气候事件频繁发生，生长季气温偏低的同时阴雨连绵，使黑龙江省大部分稻区稻瘟病大面积发生，每个积温区都有个别品种严重发病。相当一部分稻田几乎绝收或只获得很少的收成。水稻单产与平常年份相比显著下降（刘会，2010）。水稻生产中的应对措施是：应加强水稻品种的选择，选择抗稻瘟病品种，同时注意抗病性的退化。要想避免稻瘟病的发生，应以中早熟较抗倒伏的品种为主，搭配部分晚熟优质品种。在水稻栽培技术上提高品种的抗性，确定合理的氮磷钾肥配比；确定适当密度和栽插穴苗数，水稻栽插密度应根据品种特性、生育期早晚、抗逆性等因素来适当确定。水稻种植中期合理灌溉，中后期壮秆促早熟。

5.2.2 玉米主要病虫害

玉米螟：中国玉米生产上的最大虫害——玉米螟，其发生危害受气候变化的影响较为明显。高温和干旱有利于玉米螟的发生和为害。王喜印等(2009)在分析辽宁省昌图地区二代玉米螟与气象因子的关系时发现，气候变化导致的干旱7月下旬降雨量减少，使二代玉米螟的卵块数增多，玉米果穗的被害率升高，当这一时段的降水量少于50 mm时，玉米果穗的被害率均在65%以上，降水量最少的2007年（仅为5.9 mm），玉米果穗被害率高达98%。玉米螟原本在吉林、辽宁等地每年主要发生一代，局部二代，通常只需防治第一代即可，第二代不需要防治。近年来气候变暖导致气温升高，东北地区的二代玉米螟数量明显增多，为害呈逐年加重的趋势。但由于二代玉米螟在生物学与生态学上可能与一代玉米螟有所差异，其发生期的气候条件与一代玉米螟不同，加之种植农户缺乏二代玉米螟的控制方法和经验，所以导致二代玉米螟在实际生产中不易防治。因此，针对气候变化下二代玉米螟为害加重的现状，应系统开展二代玉米螟生物学和生态学与气候变暖关系的研究，在对一代玉米螟种群数量准确预测预报的基础上，努力实现二代玉米螟始发期、盛发期和种群数量的精准预测，然后根据预测的二代玉米螟的发生期和发生程度，采取有效措施控制其为害。

二点委夜蛾：二点委夜蛾原分布在欧洲及亚洲的日本、朝鲜等国。中国于2005年首次报道二点委夜蛾在河北省夏玉米苗期危害，2007年在山东省宁津发现危害玉米，危害范围逐年扩大，是中国耕作制度变革后新发生的重要害虫（王振营等，2012）。二点委夜蛾以幼虫咬食玉米苗茎基部，9叶期以前造成死苗导致缺苗断垄（苗龄越小受害越重），严重影响玉米生产。2011年由于幼虫盛发期与玉米苗期吻合，大面积突发危害，局部损失严重。由于受春季低温的影响，2011年黄淮海夏玉米播种期普遍比常年晚5～7 d，加之玉米幼苗期与虫害发生期相遇，二点委夜蛾在黄淮海夏播玉米区的河北、山东、河南、安徽、江苏、山西和北京7省（市）全面暴发危害，对夏玉米的安全生产造成严重威胁。根据河北、山东、河南、安徽、江苏和山西等15个试验站的系统调查，被害株率在1%～40%，严重地块缺苗率超过70%，虫口密度为1～28头/m^2，出现了补种和毁种现象（王振营等，2012）。根据农业部制定的《2012年二点委夜蛾防控技术指导意见》，二点委夜蛾是新发害虫，发生规律尚不十分清楚。因此，加强监测，及时预警，全面掌握发生动态，准确判断防治适期，为防控工作打好基础。玉米苗期是二点委夜蛾幼虫危害关键时期，幼虫喜阴、喜湿，白天隐蔽在麦秸、麦糠底部，晚上爬行至玉米植株基部咬食危害。因此，防控策略上要牢牢抓住玉米苗期这一关键时期，采取农业防治、物理防治和化学防治相结合的综合防控措施，科学治虫保苗，保障生产安全。

玉米红蜘蛛：由于气候变暖和种植业结构的调整，20 世纪 80 年代以来，玉米红蜘蛛在中国北方玉米产区为害程度日趋严重，已成为影响玉米生产的主要因素之一。近年来，晋北玉米种植面积已超过农作物种植面积的 1/3。由于该区域属高寒冷凉区，长期以来玉米病虫危害相对较轻，种类较少。但由于品种更换及近年高温、干旱年份的增多，玉米红蜘蛛于 1999 年起突然大发生，其后年份严重发生频率不断增大，逐渐上升为本区域玉米生产的主要生物灾害。由其造成农作物产量损失惨重，重发生玉米田不仅颗粒无收，而且玉米茎、叶、穗轴等均无法再做饲草，造成绝产、绝收（黄红宙等，2012）。研究发现，玉米红蜘蛛发生程度与 6 月平均气温成极显著正相关，6 月平均气温 22～24℃时，玉米红蜘蛛的发生程度会显著提高。此外，玉米红蜘蛛发生程度还与 6 月降雨成显著负相关，6 月降雨量较小时，其发生程度一般会加重，特别是 6 月平均降雨量少于 30 mm 时，常会伴随其大爆发。玉米红蜘蛛的防治要认真贯彻预防为主，综合防治的植保方针。从改善玉米田生态系统的整体结构出发，实施以农业防治、物理防治、生物防治和化学防治相辅助的综合防治措施，最大限度地减少为害损失。

玉米丝黑穗病：玉米连作的春玉米地区极易发生玉米丝黑穗病，重病田的病株率可超过 80%，是影响中国玉米高产最重要的病害之一。玉米丝黑穗病是苗期侵染、土壤传病。华北地区近年常呈暖冬气候，为丝黑穗病原菌越冬提供了有利的条件；加之华北地区常常发生春旱，许多地区习惯抢墒早播，而播后若遇阶段性低温，会延长种子萌发后在土壤中的滞留时间，大大提高病原菌的侵染率（黄红宙等，2011）。覆盖农膜作为一项基本的种植处理技术，不仅可使地温升高，增加土壤的墒情，还可缩短玉米苗期的时间，从而降低其受丝黑穗病菌侵染的可能性。最近的研究表明，覆膜能显著降低丝黑穗病的发病率。以覆盖农膜为主，结合选用抗病品种，辅以高效杀菌剂处理的综合防治方法，不仅对玉米丝黑穗病有较好的控制效果，而且还有助于改善玉米的生长发育状况，提高玉米的产量，可作为玉米丝黑穗病的综合防治技术推广应用。

玉米大小斑病：玉米大小斑病是普遍发生的一种病害。大斑病一般可致玉米产量减产 20%～30%、小斑病一般造成减产 15%～20%，严重时大小斑病造成的减产可超过 50%，甚至造成绝收。玉米小斑病在温度较高条件下发病重，而大斑病则在温度较低条件下发病重。研究表明，玉米大斑病发生在春玉米区，小斑病发生在夏玉米区。李淑华（1992）指出，由于春播玉米面积的压缩，玉米大斑病的发病大流行概率减低，而由于气温升高，玉米小斑病在夏玉米区的流行应引起足够的重视。目前玉米大斑病为害整体减轻，但由于气候变暖，玉米小斑病呈现出活跃的趋势（周鑫，2013）。

5.2.3 小麦主要病虫害

小麦蚜虫：小麦蚜虫是小麦的主要害虫之一，可对小麦进行刺吸危害，影响小麦光合作用及营养吸收、传导。小麦抽穗后集中在穗部危害，形成秕粒，使千粒重降低造成减产。1995 年四川省麦蚜特大发生，发生面积 180 万 hm^2，比历史上最高的 1991 年高 37%，占小麦种植面积的 80%，实际损失 15.70 万 t，造成损失相当于 1991—1994 年之和，发生面积及造成损失均创历史最高记录（李媛和张金瑜，1997）。气温升高 2℃，麦蚜越冬量在黄河流域将增加约 4～60 倍，长江流域增加约 10～138 倍；气温升高 4℃，麦蚜在黄河流域和长江流域将都能越冬并繁殖（严力蛟，2003）。近 20 年来，由于全球气候持续变暖，小麦蚜虫数量最多的时期提前到小麦孕穗或者是拔节期。气温升高增加了中国麦蚜的越冬存活率，春季虫口基数增多，造成麦蚜发生持续加重。近年来的气候变暖导致小麦蚜虫发生期提前，如小麦蚜虫在山东省东平县的百株蚜量达500头的出现日期在近30年间逐渐提前，个别早发年份甚至提前了1个月（李鸿怡等，2010）。由于气温升高，一年中发生为害的总时间也相应延长，从而导致蚜虫数量增多，危害加重。陕西省渭南市临渭区1995—2004年的蚜量呈逐年增加的趋势，2004年的百茎蚜量比1995年增加了4倍（雷虹等，2007）。小麦蚜虫数量最多的时候是在小麦开花到灌浆的时期。因为这个时期营养物质质量最好，温度最适合蚜虫的生长发育和繁殖。冬春季偏暖可使小麦蚜虫的虫口基数增大，小麦穗期温度适中更有利于麦蚜的大发生。肖志强等（2009）的研究发现，陇南地区麦蚜的发生程度与当年2月的平均气温成正相关，而与当年5月的气温成负相关。麦蚜属高温敏感的种类，近20年在中国发生加重地区在时间和空间上与气候变暖的区域高度吻合。近50 a中国麦区气候变暖的典型特征体现在高温幅度增大、持续时间延长、夜间最低气温升高、极端高温幅度和频率增加等方面，中国农业科学院植物保护研究所昆虫气候变化生物学研究组多年来利用人工气候装置模拟了接近自然的温度变化特征，试验了上述温度变化模式对麦蚜发育、繁殖、存活、种群增长等生活史性状、种群适合度及相对适合度和群落结构的影响（Ma *et al.*，2004a，2004b；Zhao，*et al.*，2014；Ma，*et al.*，2014），以及麦蚜对气候变暖的行为适应（Ma，*et al.*，2012a，b）。为构建由气候变暖驱动的气温升高对麦蚜种群影响模型提供了有力的数据支持，并为提高麦蚜预测预报的准确度，为提升麦蚜防治中科学应对气候变化提供了依据。

小麦条锈病：小麦条锈病是中国麦区的重大流行性病害，发生区域主要分布于西北、西南、华北、淮北等冬麦区。条锈病对小麦生产危害极大，一般年份可使小麦减产10%左右，严重年份可减产30%以上（中国农业科学院植物保护研究所，1995）。1950、1964、1990、2002年全国四次大流行，分别造成60亿、30亿、26亿、10亿kg的产量损失。2002年全国小麦条锈病发生面积近670万hm^2，发生区域涉及甘、陕、川、渝、云、贵、宁、鄂、豫、鲁、冀等11个省（市）区。2001年冬季和2002年春季气候适宜，以条中32号小种为代表的毒性菌系的发展，使中国绝大部分主栽小麦品种不抗病，出现了条锈病发生早、发展快和发生重等特点，促成了2002年中国小麦条锈病的流行（万安民等，2003）。近年来，随着新的生理小种和其它致病类型的出现和发展，小麦条锈病一直呈严重危害态势。条锈病是由条锈菌引起的气传性病害，其流行与否及流行程度取决于小麦品种的抗病性、菌源、菌量和环境条件，而在后两个条件中，气象条件起决定性作用。由于中国小麦品种绝大部分均感病，一旦遇到灾变气候，条锈病就会大面积发生并流行成灾（靳宁等，2008）。肖志强等（2007）研究发现，冬季显著的变暖趋势与小麦条锈病流行程度逐年加重趋势一致。与1957—1995年平均值比较，陇南各地1996—2005年年平均气温上升0.5～0.9℃，其中冬季升温最为显著，为1.0℃/(10 a)，在冬季尤以2月升温幅度最大，为1.3～1.6℃/(10 a)。陇南小麦条锈病流行程度与当年1—3月平均气温正相关显著。与20世纪90年代以前相比，陇南山区冬小麦种植海拔高度及条锈病越冬越夏高界明显提高了100～300 m，致使小麦条锈病危害范围扩大，发生时间由3月提前到2月份。全国性暖冬气候不但使小麦条锈病越冬区内病菌安全越冬，越冬后菌源数量上升，而且使冬繁区条锈病菌冬季连续繁殖和侵染，两者均可为春季流行提供充足菌源。早春气温回升快，有利于条锈菌提早和迅速发生发展（万安民等，2003）。

小麦赤霉病：小麦赤霉病是世界性的麦类病害之一，主要分布在湿润和半湿润的地区，在中国、日本、东南亚和美国南、北部有增加发生的趋势(陆维忠,2001)。赤霉病在中国麦区都有发生,以长江中下游冬麦区发生频率最高、损失最大,已成为部分地区小麦减产的主要因素。赤霉病不仅能导致作物减产和品质下降,还能产生毒素,严重时使人畜中毒(肖晶晶等,2011)。总的来看,小麦赤霉病近年来在中国华北麦区有明显增加的趋势(袁淑杰等 2007)。2012 年,小麦赤霉病在中国黄淮海麦区大发生,是中国 30 年一遇的重大农业病害,给中国冬小麦生产造成了严重损失。小麦赤霉病是典型的气候型气流传播病害。多年连茬种植或小麦玉米轮作以及近年来免耕栽培、秸秆还田等栽培措施的推广应用,使赤霉病常发区菌源广泛分布,常年具备大发生的条件。赤霉病菌的生长、发育、繁殖、侵染和病害流行均与温度、湿度、降雨和日照数有密切关系。同时,气候条件也影响小麦生长发育,进而影响赤霉病菌的易感生育期。降雨日数较多的年份,小麦赤霉病的病情指数较高(唐洪等,2012)。气候变暖条件下小麦赤霉病的发生有以下几个特点,一是赤霉病发生期与小麦生育期同步推迟,影响了小麦正常拔节孕穗;二是侵染适期延长,小麦抽穗扬花和灌装期推迟且抽穗扬花期不整齐持续时间长,延长了病菌易感生育期、增加了反复侵染机会;三是常发区后期发生危害加重。针对气候变化条件下小麦赤霉病的发生特点,应重点加强种植管理,因地制宜地选用抗(耐)病品种。播种前进行石灰水浸种,适时播种,避开扬花期遇雨。合理进行农业防治,包括合理排灌,湿地排水等措施。采用配方施肥技术,合理施肥,提高植株抗病力。收获后要深耕灭茬,减少菌源。

5.2.4 果树和蔬菜主要病虫害

果树食心虫:果树食心虫是果树生产中一类常发性、灾害性害虫,常见的食心虫有 10 余种,桃小食心虫、桃蛀螟、梨小食心虫和梨大食心虫等最为严重,而苹小食心虫、白小食心虫、李小食心虫等局部严重。20 世纪 90 年代中后期栽培的果树近年来已进入盛果期,食心虫为害普遍大幅度回升,盛产果品的山西省晋中市苹果、梨、枣果园的虫果率超过 30%,防治水平低的果园更高达 80%以上(范仁俊等,2010)。受近年来气候变暖和栽培管理技术等因素的影响,中国北方地区梨小食心虫发生明显上升,为害严重。据北方果树食心虫协作组的研究数据,在河北省梨小食心虫成为桃树和梨树的主要害虫,发生世代增多(田宝良等,2012),气候变暖有利于梨小食心虫的繁殖(Liang, *et al.*, 2014)。滞育诱导期温度对桃小食心虫幼虫的滞育生理有重要的作用,其滞育幼虫起始生理差别可能会影响其越冬存活和繁殖(李锐等,2014)。果树食心虫凸出的隐蔽性和钻蛀性使其成为发现难、防治难的害虫,一旦错过关键时间,不管如何增加施药强度,化学防治均不能达到预期效果。掌握越冬幼虫出土羽化至产卵前这一短暂时期就成为整个生长季果树食心虫防治的关键时期。对桃小食心虫、梨小食心虫等果树食心虫类害虫应加强在越冬场所如果树树冠下的生物防治、物理防治和化学防治。

小菜蛾:小菜蛾是十字花科作物的世界性重大害虫。也是中国几个重大农业害虫之一。在长江流域以及长江以南广大地区如湖北、江苏、上海、浙江、福建、广东、广西等省(区、市)发生世代多,农药使用频繁,抗药性凸出。近 20 年来,随着气候变暖南菜北移,小菜蛾在中国北方造成的经济损失十分惊人。在陕西、河北、山东等地均造成严重危害,产量损失超过 30%。在内蒙和新疆的三次大爆发造成近 66.7 万 hm^2 油菜绝收,田间虫口密度最高达 486 头/株。中国东北 7 月初的小菜蛾幼虫平均密度超过 60 头/株,造成不防治田甘蓝绝收。近年来,小菜蛾在中国河北、内蒙古等广大北方地区频繁大发生,给中国北方地区十字花科蔬菜生产造成了严重的损失(马春森等,2010)。研究表明,小菜蛾产卵的最适宜温度为 24～27℃,33℃下的发育速率最快，而超过35℃的高温对其有不利的影响(马春森和陈瑞鹿，1993；常向前等，2012)。一般认为小菜蛾种群动态在中国南方地区呈春、秋两季的双峰型，而在北方则呈单峰型，每年随着中国南方地区进入夏季高温天气以及十字花科蔬菜种植的中止，小菜蛾开始向北方地区迁飞为害(邢鲲等，2013)。冬季温度偏高有利于小菜蛾越冬，而夏季的高温对小菜蛾的发生不利。中国气候变暖温度变化的特点是秋、冬、春季温度升高的幅度明显大于夏季，冬季偏暖能提高小菜蛾的越冬存活率，增加翌年虫口基数，而南方地区春、秋两季的温度升高有助于小菜蛾的加快发育和爆发成灾。中国北方地区夏季的温度升高尚不至于达到小菜蛾发育和存活的极限高温(Zhang, *et al.*, 2013)，且气候变暖导致的昼夜温差减小有利于小菜蛾的发育、存活和繁殖(Xing, *et al.*, 2014)，因此气候变暖为小菜蛾在中国北方地区大发生提供了必要的气候条件。

关于气候变化对果树和蔬菜病害影响的研究很少。池再香等(2007)分析了气候变化对贵州从江县椪柑病害发生的影响。20世纪80年代，从江县开始种植椪柑，未见黄龙病病害发生；到90年代初期黄龙病病害开始出现，1995年以后黄龙病病害逐渐加重，并由东部地区向西部地区扩展；21世纪初期病情发展迅速，受害面积大，范围广，如2003年全县受害面积超过7000 hm^2，2004年已超过17000 hm^2。高温、高湿气候条件是造成黄龙病病害发生和流行的主要原因。温度升高，蔬菜病原菌的潜育期会缩短。付雅丽等(2009)指出，在未来气候变暖特别是冬季气温升高的情况下，有利于病原菌越冬，使来年春夏季节的病源基数增大，导致危害面积扩大，植株受害程度加重，对病害的控制也将更加困难；春季和秋季气温升高，延长病菌的可生育期，病菌的为害期也会延长。

5.2.5 外来入侵生物

据农业部最新统计，目前中国已知的外来入侵物种已达400余种。其中入侵植物为380种，入侵动物40余种，入侵微生物23种。在国际自然保护联盟(IUCN)公布的全球100种最具威胁的外来生物中，中国已经有50余种。近10年来，新入侵中国的外来入侵生物至少有20余种，平均每年递增1～2种(俞红等，2011)。气候变化对外来生物入侵有着深刻的影响，气候变化一方面对本地生境和生态系统产生了影响，为外来入侵生物创造了机会和空间；另一方面，适应了气候变化新选择压力下成功入侵的物种，会比本地物种具有明显的生理或生态优势，在排挤或替代土著种的同时，改变了本地生态系统的过程或属性，加剧气候变化的影响(吴刚等，2011)。银胶菊是一种侵害力极强的害草。气候变化背景下，银胶菊在中国的适生度普遍比目前条件下升高。影响银胶菊在中国北方分布的主要因素为冷胁迫，因此气温升高不但能够提高热量供应，而且降低了种子萌发的难度，使得害草进一步北扩。同时，大多数原有适生地区的适生度增大①。紫茎泽兰是一种危害极大的外来入侵植物。研究表明，降雨能够导致紫茎泽兰种子提前脱落，脱落的种子萌发率明显偏低。降雨导致紫茎泽兰种子难以有效随风扩散，种子变质速度较快，从而对其入侵起到抑制作用(何云玲等，2011)。气候变化已导致中国降雨的时空格局发生变化，且极端气候事件如干旱发生的频率也随之增大。因此气候变化会使紫茎泽兰入侵的风险显著增大。气候变暖促进了农业害虫向新领地的入侵定殖。昆虫易于入侵气候环境相似的地域并定殖。例如，有一种叫茶翅椿的椿象，倾向于入侵气候温暖的

① 钟艮平．2008. 几种外来入侵杂草在我国的潜在分布预测．西南大学．

地区，全球变暖非常有利于这种昆虫的快速传播。据报道①，茶翅椿原产于韩国等亚洲国家，1998 年在美国宾夕法尼亚州的阿伦敦(Allentown)首次发现茶翅椿，目前已经在美国 33 个州定殖，对美国的果树和豆类作物造成严重危害。

5.3 中国农业病虫草害防治适应气候变化策略

作物病虫草害的防治直接关系到农产品的产量，对保障粮食安全具有重要的战略和实际意义。气候变化在影响作物病虫草害发生和为害的同时，也影响病虫草害的治理措施，包括化学药剂、物理和生物防治的效果，从而影响有害生物的综合治理策略的实施。就目前而言，气候变化对中国农业病虫草害发生影响的研究刚刚起步，仅涉及很少的几种病虫草害，适应气候变化的病虫草害防治的研究尚未系统开展。通过技术创新构建适应气候变化的病虫草害控制技术体系目前还很不成熟。通过生物技术或传统的育种技术增强寄主植物对病虫害的抗性，在监测预警的基础上，使用杀虫剂、杀菌剂和除草剂处理来防治作物病虫草害，既可减缓气候变化的影响，又可因确保作物生产系统的可持续性而保障全球粮食安全，仍将是今后采取的最主要和最基本的措施。目前已有的农作物病虫草害防治措施，如重要病虫草害的预测预报，增加作物品种多样性、轮作、调整播种或种植日期等种植制度，以及有效的检疫系统，物理控制和生物防治将会在作物病虫草害防治适应气候变化中起到重要作用。

加强对病虫害的监测。根据气候变化对具体病虫害造成的具体影响，有针对性地采取适应措施是未来病虫害防控的有效策略。针对气候变暖导致的一些病虫害发生期提前，及时采取提早布置监测，适时提早防治的应对策略，可有效减轻病虫害造成的早期危害和爆发。针对气候变暖导致的一些病虫害发生世代数增加，加强监测多增加的世代，特别是对多增加的局部世代要密切关注，注意对增加世代的防控，可有效控制作物生长后期的损失。针对气候变暖导致的发生为害程度加重，加强防控减少损失。针对气候变暖导致的分布区域向北扩大，应加强在新分布区域病虫害的识别、监测和防控。针对气候变暖导致的次要害虫上升为主要害虫，注意次要害虫的监测和防控。对迁飞性爆发性的重大害虫不仅要在迁入地监测其发生和危害，还要在虫源地监测其动态，防止因突然爆发造成的巨大损失。

加强抗病虫害作物品种的选育。大量实践表明，选育和利用抗病虫品种是防治病虫害最为安全、经济、有效的措施，有利于农业可持续发展和保护人类自身的生存环境。目前，在世界范围内，都将培育抗病虫品种作为育种的重要目标。用常规育种手段获得的各种作物的抗病品种已在生产中得到广泛应用，如抗小麦锈病、稻瘟病，抗棉花枯萎病与黄萎病，抗玉米大斑病与小斑病，抗马铃薯晚疫病等。美国、澳大利亚、法国等国家在转基因抗虫棉的培育方面开展较早，并先后获得了高抗棉铃虫、棉红铃虫、烟青虫等鳞翅目害虫的转基因抗虫棉花(张玉泉等，2005)。中国学者选育的水稻抗性品种在历年稻瘟病、三化螟等病虫害高发地区种植，可以做到不施用农药防治病虫害，表现出良好的抗虫抗病性(易钊炎和李金华，2007)。抗虫转基因棉花已进入产业化并大面积推广，抗病小麦、抗虫玉米等一批转基因作物已进入中试。利用先进的生物技术手段，根据气候变化条件下病虫害发生规律的改变，调整区域育种目标，有针对

① http://www.weather.com.cn/climate/ qhbhyw/06/1356860.shtml，“全球气候变暖导致“臭大姐”入侵美国 33 个州”，2011－06－11

性地培育抗病虫害的作物品种，是适应气候变化需要加强的工作。

保护生物多样性，加强生物防治。 农业生产系统内物种的多样性和复杂性有助于害虫的防治。作物多样性是一个生态系统中生物多样性的重要组成部分。植物物种丰富度及作物空间和时间分布多样性的提高，使农业生态系统像自然生态系统那样趋于多元化，能保持更多的物种，因此能增加农作物害虫的天敌种类和数量。例如在柳树-作物混合的系统，虫害叶甲在作物上暴发危害的概率远小于单一种植作物的系统。提高作物多样性能降低病虫草害大面积发生的风险，而单一作物种植将受到气候变化的严重影响。如 Hannukkala 等(2007)通过分析 1992—2002 年芬兰马铃薯种植和马铃薯晚疫病的发生情况发现，马铃薯晚疫病的提前和加重发生可能与气候变化及缺乏轮作有关。若前茬种植马铃薯，晚疫病的发生比前茬种植其他作物提前了 9 d，由此可见作物轮作制度对病虫害防治适应气候变化的重要性。通过提高作物多样性也是适应气候变化下作物病虫害控制的重要措施(Lin，2011)。提高作物结构多样性，如苜蓿收获期间呈条带状间隔收获，使天敌昆虫可以转移到未收获的区域；混种作物增加作物遗传多样性，如水稻品种的遗传多样性能显著减少真菌病害的发生；通过间种非目标植物提高作物多样性，如农田边缘种植显花植物可诱集天敌昆虫进入田间控制害虫；通过轮作在时间上提高作物多样性，如交替种植阔叶作物和谷类作物，破坏病害发生周期。同时种植两个或两个以上的作物品种和野生品种，提高作物时空多样性，可减少病害发生缓解气候变化影响。此外，间作一些其他作物，不仅可减少特定病虫害的发生风险，还能缓解气候变化带来的不利影响。作物间种小杂粮可有效地延缓植物病原菌的传播。同种作物种内品系的多样化在有效控制作物病害发生中也有重要的潜在应用价值。在水稻生产中，混合或间种不同品种的水稻，提高水稻品种的遗传变异，可以提高农业系统应对病原体的能力。水稻作物的基因异质性在抑制稻瘟病中有重要的作用。当易感病的水稻品种与抗病品种混种时，水稻产量比连片种植易感病的水稻品种时提高了 89%，而杀菌剂的使用量则减少了 94%(Lin，2011)。

调整化学防控策略。 气候变化加剧病虫害危害，导致农药的大量使用和滥用，水源、土壤、环境、谷物受到严重污染，自然生态环境遭到严重破坏，许多种类的害虫天敌如寄生蜂、寄生蝇、食虫蜘蛛、青蛙、鸟类被大量杀灭，害虫失去了天然控制因素，反而发生为害猖獗起来，许多病虫害产生了耐药抗药性，导致了大量高毒剧毒农药的使用以及农药用量和成本投资的增大(易钊炎和李金华，2007)。从前面的影响分析可以看出：由于气候变化，有害生物发生规律发生了改变，同时气候变暖又增大农药的挥发性，改变药效，因此需要对农药的配方、施用量、施用时间、重点区域进行调整，加快研制高效低毒农药，改进施药方式和器械，提高农药药效。

改善农业生态，加强综合防治。 改变作物的种植和收获时间能够有效地防止作物遭受病虫的侵害。这种方法取决于种植地区、品种及气候变化的幅度。改变播种期和种植品种，还能降低作物及其产量对气候变化的脆弱性和敏感性(Srivastava，*et al.*，2010)。但在某些情况下，用延迟播种的方法来避免病虫害的侵扰可能增加了其他灾害发生的风险，因此还应该根据当时当地的气候变化来进行调整。例如在非洲高原，马铃薯种植者必须在降低避免雨季晚疫病发生和增加干旱胁迫的风险之间进行权衡取舍(Hijmans，*et al.*，2000)。播种前用塑料薄膜，覆盖物的方法进行土壤太阳能消毒是一种控制作物土传病害的物理土壤消毒方法。典型的土壤传播病原体包括黄萎病、白绢病、纹枯病和镰刀菌。土壤太阳能消毒的时间越长，较深的土壤消毒的有效性越高，病原体的死亡率也就越高。气候变暖在理论上有利于土壤消毒方法的使用，无论是在温室和大田进行处理都是如此，因为气候变暖将使更多的地区适宜采用这种方法,热量渗透到更深的土壤层,覆盖薄膜的时间将会缩短。然而在全球变暖且降雨量减少的地区,土壤消毒的有效性可能较低,因为干燥的土壤不利于热量的传导,因此将降低土壤消毒的实际效果(Juroszek and von Tiedemann,2011)。其他措施也在适应气候变化病虫害防治中发挥着重要作用。隔离检疫是防止危险性病虫害进入农业系统的重要措施;清除残留植物也是通过减少病虫害的隐蔽和越冬场所,减少病原菌侵染水平和病虫害定殖的有效方法;利用、发掘抗性基因,提高作物抗病虫能力可有效减轻病害的发生;开发滴灌等高效灌溉技术,从而降低植物叶面传播病害的风险;通过营造有利环境,提高制剂和生物防治因子自身的特性,提高抗剂和生物防治因子的防治效果。

5.4 关键适应问题

目前,由于气候变化对中国每一种农作物的具体每种病虫草害的影响尚未系统开展研究,气候变化对具体病虫草害造成的影响尚不明确,在防控技术上未能根据气候变化对病虫害的影响制定相应的策略,存在着很大的盲目性和经验性,不能很好地适应气候变化带来的新问题。主要表现在:

1)对气候变化对农作物病虫草害的发生的复杂性认识不足,适应气候变化的防控技术体系不健全,目前有限的研究远不能满足实际生产对该问题的科学知识的需求;

2)气候变化对中国主要农作物的重大病虫害地理分布的变化、发生面积、发生为害程度的影响尚不明确,难以有的放矢地制定相应的监测和防控策略;气候变化对中国主要农作物的重大病虫害越冬、发生期、发生世代、发生数量的影响尚不明确,无法确定防治的关键时期和防治次数;气候变化对病虫害的发育、繁殖和生存等的影响以及病虫害对气候变化的适应性变化尚不清楚,难以开发有效的发生预测技术,严重影响了适应策略的制定;

3)目前尚缺乏有针对性的适应气候变化的病虫害防控技术。比如气候依赖性小的广谱性防控技术的开发。已有的防治技术也缺乏普遍适用性。物理隔离、物理加热、太阳能消毒、生物多样性调控、生物防治、耕作调控等在病虫害防治的种类和效果上均有一定的局限性,且缺乏组装配套并在实践中验证。

针对目前存在的突出问题,应当大力加强气候变化对病虫害发生为害的研究,根据气候变化对病虫害影响的区域特点,完善全国标准的重大农业病虫草害监测点和监测标准,在病虫草害的防治技术实施及推广中应根据气候对灾害发生的影响,适时调整防治策略;有害生物入侵的危害形势日益严峻,加强检疫,提高公众意识,加强研究入侵生物的活动规律和防控措施。在科学研究上,阐明气候变化条件下中国病虫害发生情况和发生规律、生物学、生态学的变化;揭示重大病虫害生物学上适应减缓气候变化影响的程度;在此基础上构建中国主要农作物病虫害发生预测模型,研究制定适应气候变化的新型生物技术和对已有技术的配套组装。

气候变化在年际间具有较大的变异性和不确定性,这就为农业病虫草害的发生及防治适应气候变化的策略和措施带来了很大的不确定性。然而,气候变化又有长期缓慢变暖的规律性。因此,构建以温度等气象要素为主的气候因子驱动的重大农业病虫草害种群动态模型,是研究气候变暖对病虫草害影响的主要手段之一,也是在农业病虫草害防治中采取相应措施应对气候变化的关键和重要的策略。目前中国绝大部分病虫草害的防治仍以预测发生期和发生量进而进行施药防治为主,因此,提高病虫草害预测预报的准确性,对气候变暖下农业有害生物的防治有重要的实际意义。目前已有的模型大多是利用气候及虫、病情数据建立的昆虫和病原菌发生期或种群密度等与同期气候数据之间的回归模型，以及利用恒温生物学研究获得的发育起点温度和有效积温建立的日度模型，但这类模型的构建中可用的历史虫、病情数据在延续的年代和涵盖的地区都有很大局限，也由于调查方法和人员不一致造成系统误差较大，数据质量不高；现有数据未能涵盖未来可能升增温幅度和升温模式都对这类回归模型预测的准确性和适用范围产生巨大影响。因此，未来有必要建立一套基于人工气候控制条件下的系统的实验生态学数据，构建的农业病虫草害生长发育、繁殖、存活、迁移等过程的温度响应生态机理模型和生活史厢车模型，再通过虫、病情和气候历史独立数据的有效性检验后，来模拟预测在任何温度变化模式下的病虫草害发生时期、密度和分布变化。最后根据预测的农业病虫草害的变化趋势和规律，制定相应的防治和治理对策与策略，采取有效措施抑制病虫草害的发生为害。

参考文献

白慧，梁平，杨胜忠等. 2009. 气候变化对农作物病虫害发生发展趋势的影响. 贵州农业科学，**37**(5)：47-50.

常向前，马春森，张舒等. 2012. 小菜蛾的耐热性. 应用生态学报，**23**(3)：772-778.

陈琦，郭松景，白红霞等. 2008. 2007 年漯河市小麦蚜虫暴发成灾原因分析及控制对策. 河南农业科学，(10)：90-92.

陈瑜，马春森. 2010. 气候变暖对昆虫影响研究进展. 生态学报，**30**(8)：2159-2172.

池再香，白慧，刘荣让等. 2007. 气候变化对椪柑病害发生的影响及防治. 气象科技. **35**(4)：524-527.

邓珍，郭水连. 2008. 水稻稻瘟病与气候条件分析. 宜春学院学报，**30**(2)：135-136.

范仁俊，李捷，马春森. 2010. 北方果树食心虫监测和防控新技术研究与示范. 山西农业科学，**38**(5)：32- 35.

方继朝，杜正文，程遐年. 1998. 水稻螟害上升态势与控害减灾对策分析. 昆虫知识，**35**(4)：193-197.

付雅丽，刘铁铮，牛瑞生等. 2009. 气候变化对蔬菜产业发展的影响及对策. 河北农业科学. **13**(11)：25-26，56.

高月波，陈晓，陈钟荣等. 2008. 稻纵卷叶螟(*Cnaphalocrocis medinalis*)迁飞的多普勒昆虫雷达观测及动态. 生态学报，**28**(11)：5238-5247.

何云玲，张林艳，郭宗锋. 2011. 降雨对长江廊道紫茎泽兰有性繁殖的影响. 江苏农业科，**39**(5)：145-148.

黄红宙，陈阔，赵飞等. 2012. 晋北玉米害螨发生特点及其防治措施. 中国植保导刊，**32**(5)：32-35.

黄红宙，赵飞，马罡等. 2011. 以覆膜增温为主的综合技术对玉米丝黑穗病控制的初步研究. 作物杂志，(6)：86-90.

霍治国，李茂松，李娜等. 2012. 季节性变暖对中国农作物病虫害的影响. 中国农业科学，**45**(11)：2168-2179.

霍治国，李茂松，王丽等. 2012a. 气候变暖对中国农作物病虫害的影响. 中国农业科学，**45**(10)：1926-1934.

霍治国，李茂松，王丽等. 2012b. 降水变化对中国农作物病虫害的影响. 中国农业科学，**45**(10)：1935-1945.

简桂良，齐放军，张文蔚等. 2011. 气候变化对植物病害的影响. 现代农业科技，(7)：148，150.

靳宁，景元书，黄文江. 2008. 小麦条锈病气象预测方法及遥感监测研究进展. 江西农业学报，**20**(8)：70-73.

雷虹，张淑莲，陈志杰等. 2007. 陕西关中地区小麦穗期蚜虫发生及抗性治理对策. 中国植保导刊，**27**(6)：20-22.

李保平，孟玲. 2011. 气候变化对农作物病虫草害的总体影响及其对策//中国植物保护学会. 植保科技创新与病虫防控专业化——中国植物保护学会 2011 年学术年会论文集. 中国植物保护学会.

李鸿怡，李楠，薛晓萍等. 2010. 气象条件对山东省小麦蚜虫发生发展的影响分析. 中国农学通报，**26**(2)：221-225.
李锐，赵飞，彭宇等. 2014. 滞育诱导温周期对桃小食心虫滞育幼虫生理指标的影响. 昆虫学报，**57**(6)：639-646.
李淑华. 1992. 气候变暖对我国农作物病虫害发生、流行的可能影响及发生趋势展望. 中国农业气象，**13**(2)：46-49.
李文华. 2003. 生态农业-中国可持续农业的理论与实践. 北京：化学工业出版社，1082-1093.
李一平. 2004. 湖南省农作物生物灾害发生特点、成因及对策. 中国农学通报，**20**(6)：268-271.
李媛，张金瑜. 1997. 1995 年四川省小麦蚜虫特大发生原因分析. 植保技术与推广，**17**(1)：11-12.
刘会. 2010. 近年来异常气候对黑龙江省水稻的危害及对策. 黑龙江农业科学，(9)：123-126.
刘明春，蒋菊芳，郭小芹等. 2014. 气候变化背景下玉米棉铃虫消长动态预测及影响因素研究. 干旱地区农业研究，**32**(2)：114-118，141.
刘明春，蒋菊芳，魏育国等. 2009. 气候变暖对甘肃省武威市主要病虫害发生趋势的影响. 安徽农业科学，**37**(20)：9522-9525，9531.
刘祖建，李志杰，董鹏等. 2012. 温度变化对化州市水稻两迁害虫发生的影响. 应用昆虫学报，**49**(3)：705-709.
卢小凤，霍治国，申双和等. 2012. 气候变暖对中国褐飞虱越冬北界的影响. 生态学杂志，**31**(8)：1977-1983.
陆维忠. 2001. 小麦赤霉病研究. 北京：科学出版社，1-23.
罗举，张孝羲，翟保平等. 2005. 高温对二化螟实验种群生长、存活和繁殖的影响. 生态学报，**25**(4)：931-936.
罗守进，林璐璐. 2012. 稻飞虱灾变与环境的关系. 农业灾害研究，**2**(5)：65-78.
马春森，陈瑞鹿. 1993. 温度对小菜蛾(*Plutella xylostella*)发育和繁殖影响的研究. 吉林农业科学，(3)：44-49.
马春森，马罡，杨和平. 2010. 小菜蛾在温带地区越冬研究进展. 生态学报，**30**(13)：3628-3636.
宁金花，申双和. 2009. 气候变化对中国农业的影响. 现代农业科技，(12)：251-254，256.
盛承发，宣维健，焦晓国等. 2002. 我国稻螟暴发成灾的原因、趋势及对策. 自然灾害学报，**11**(3)：103-108.
石洁，王振营，何康来. 2005. 黄淮海地区夏玉米病虫害发生趋势与原因分析. 植物保护，**31**(5)：63-65.
唐洪，彭恒，刘明龙等. 2012. 小麦赤霉病田间病情与抽穗扬花期气象条件和病粒率关系. 中国植保导刊，**32**(7)：10-12.
田宝良，马春森，孔德仓等. 2012. 不同果园中主要食心虫种群监测与防控技术. 植物保护学报，**39**(1)：7-12.
万安民，赵中华，吴立人. 2003. 2002 年我国小麦条锈病发生回顾. 植物保护，**29**(2)：5-8.
王长燕，赵景波，李小燕. 华北地区气候暖干化的农业适应性对策研究. 2006. 干旱区地理，**29**(5)：646-652.
王虹，梁平，孙惠敏等. 1999. 黔东南州 90 年代稻瘟病发生的气候因子分析及防治. 贵州气象，**23**(2)：31-33.
王丽，霍治国，张蕾等. 2012. 气候变化对中国农作物病害发生的影响. 生态学杂志，**31**(7)：1673-1684.
王喜印，黄慧光，徐静华等. 2009. 二代玉米螟发生轻重与一代玉米螟残虫量及气象因子关系的分析. 现代农业，(4)：19-20.
王振营，石洁，董金皋. 2012. 2011 年黄淮海夏玉米区二点委夜蛾暴发危害的原因与防治对策. 玉米科学，**20**(1)：132-134.
吴刚，戈峰，万方浩等. 2011. 入侵昆虫对全球气候变化的响应. 应用昆虫学报，**48**(5)：1170-1176.
夏敬源. 2008. 我国重大农业生物灾害暴发现状与防控成效. 中国植保导刊，**28**(1)：5-9.
肖晶晶，霍治国，李娜等. 2011. 小麦赤霉病气象环境成因研究进展. 自然灾害学报，**20**(2)：146-152.
肖志强，陈俊，樊明等. 2009. 陇南山区小麦蚜虫发生气象条件及程度预测模型. 安徽农业科学，**37**(33)：1641-1642.

肖志强,尚学军,李宗明等. 2007. 陇南山区小麦条锈病流行对气候偏暖的响应及对策研究. 气象科学,**27**(S1):140-146.

邢鲲,马春森,韩巨才. 2013. 小菜蛾远距离迁飞的证据研究综述. 应用生态学报,**24**(6):1769-1776.

徐芳,齐永志,张书敏等. 2012. 新耕作制度下河北省冬小麦病虫草害发生状况的研究. 中国农学通报,**28**(1):199-203.

叶延琼,章家恩,李逸勉等. 2013. 1992-2010年广东省水稻主要病虫害发生动态及防控措施. 湖北农业科学,**52**(15):3544-3549.

易钊炎,李金华. 2007. 水稻抗病虫育种方向的探讨. 广西农学报. **22**(1):25-27.

俞红,王红玲,喻大昭等. 2011. 中国外来物种入侵的社会经济影响因素及区域比较分析. 统计与决策,(17):107-109.

袁淑杰,梁平,武文辉等. 2007. 冀、京、津产麦区小麦赤霉病菌源体形成期的气象要素演变特征与分析. 华北农学报,**22**(增刊):220-224.

张继俊,刘新兰,彭新华等. 2013. 博州玉米主要病虫害发生演变情况及其防控对策探讨. 中国植保导刊,**33**(8):30-32,33.

张蕾,霍治国,王丽等. 2012. 气候变化对中国农作物虫害发生的影响. 生态学杂志, **31**(6): 1499-1507.

张玉泉,陈笑娟,汤学举等,2005. 作物抗病虫育种研究进展. 安徽农业科学. **33**(10): 1915-1916,1988.

中国农业科学院植物保护研究所. 1995. 中国农作物病虫害(第二版). 北京:中国农业出版社,271-574.

周鑫. 2013. 气候变化对玉米病虫害发生发展趋势的影响. 黑龙江科学,**4**(7):70.

Deutsch C A, Tewksbury J J, Huey R B, *et al*. 2008. Impacts of climate warming on terrestrial ectotherms across latitude. *Proceedings of the National Academy of Sciences of the United States of America*, **105**(18): 6668-6672.

Ghini R. 2008. Risk analysis of Climate change on coffee nematodes and leaf miner in Brazil. *Pesquisa Agropecuaria Brasileira*, **43**(2): 187-194.

Hannukkala A O, Kaukoranta T, Lehtinen A, Rahkonen A. 2007. Late-blight epidemics on potato in Finland, 1933 – 2002; increased and earlier occurrence of epidemics associated with climate change and lack of rotation. *Plant Pathology*(1), **56**: 167-176.

Harrington R, Clark S J, Welham S J. 2007. Environmental change and the phenology of European aphids. *Global Change Biology*, **13**(8): 1550-1564.

Hijmans R J, Forbes G A, Walker T S. 2000. Estimating the global severity of potato late blight with GIS-linked disease forecast models. *Plant Pathology*, **49**(6): 697-705.

Hu G, Xie M C, Lin Z X, *et al*. 2010. Are Outbreaks of *Nilaparvata lugens* (Stål) Associated with Global Warming? *Environmental Entomology*, **39**(6): 1705-1714.

Juroszek P, von Tiedemann A. 2011. Potential strategies and future requirements for plant disease management under a changing climate. *Plant Pathology*, **60**(1): 100-112.

Lin B B. 2011. Resilience in Agriculture through Crop Diversification: Adaptive Management for Environmental Change. *BioScience*, **61**(3): 183-193.

Lu Y H, Wu K M, Jiang Y Y, *et al*. 2008. Mirid Bug Outbreaks in Multiple Crops Correlated with Wide-Scale Adoption of Bt Cotton in China. *Science*, **328**: 1151-1154.

Ma C S, Hau B, Poehling H M. 2004a. Effects of pattern and timing of high temperature exposure on reproduction of the rose grain aphid, *Metopolophium dirhodum*. *Entomologia Experimentalis et Applicata*, **110**: 65-71.

Ma C S, Hau B, Poehling H M, 2004b. The effect of heat stress on the survival of the rose grain aphid, *Metopolophium dirhodum* (Hemiptera: Aphididae). *European J. Entomology*, **101**: 327-331.

Ma G, Ma C S, 2012a. Effect of acclimation on heat-escape temperatures of two aphid species: implications for estimating behavioral response of insect to climate warming. *J. Insect Physiology*, **58**: 303-309.

Ma G, Ma C S, 2012b. Climate warming may increase aphids' dropping probabilities in response to high temperatures. *Journal of Insect Physiology*, **58**: 1456-1462.

Ma G, Rudolf H W V, Ma C S. 2014. Extreme temperature events alter demographic rates, relative fitness, and community structure. *Global Change Biology*, **DOI**: 10.1111/gcb. 12654.

Morimoto N, Imura O, Kiura T. 1998. Potential effects of Global warming on the occurrence of Japanese pest Insects. *Applied Entomology and Zoology*, **33**(1): 147-155.

Srivastava A, Kumar S N, Aggarwal P K. 2010. Assessment on vulnerability of sorghum to climate change in India. *Agriculture, Ecosystems & Environment*, **138**(3-4): 160-169.

Tobin P C, Nagarkatti S, Loeb G, et al. 2008. Historical and projected interactions between Climate change and Insect voltinism in a multivoltine species. *Global Change Biology*, **14**(5): 951-957.

Wilf P, Labandeira C C. 1999. Response of plant-insect associations to Paleocene-Eocene warming. *Science*, **284**(5423): 2153-2156.

Wolf A, Kozlov M V, Callaghan T V. 2008. Impact of non-outbreak Insect damage on vegetation in northern Europe will be greater than expected during a changing Climate. *Climatic Change*, **87**(1/2): 91-106.

Xing K, Hoffmann A A, Ma C S. 2014. Does thermal variability experienced at the egg stage influence life history traits across life cycle stages in a small invertebrate? *PLoS ONE*, **9**(6): e99500.

Yamamura K, Yokozawa M. 2002. Prediction of a geographical shift in the prevalence of rice stripe virus disease transmitted by the small brown planthopper, Laodelphax striatellus (Fallen) (Hemiptera: Delphacidae), under Global warming. *Applied Entomology and Zoology*, **37**(1): 181-190.

Yamamura K, Yokozawa M, Nishimori M, *et al*. 2006. How to analyze long-term Insect population dynamics under Climate change: 50-year data of three Insect pests in paddy fields. *Population Ecology*, **48**(1): 31-48.

Zhang Wei, Zhao F, Hoffmann A A, *et al*. 2013. A single hot event that does not affect survival but decreases reproduction in the diamondback moth, *Plutella xylostella*. *PLoS ONE*, **8**(10): e75923.

Zhao F, Zhang W, Hoffmann A, *et al*, 2014. Night warming on hot days produces novel impacts on development, survival and reproduction in a small arthropod. *J. Animal Ecology*, **83**: 769-778.

Zhou X, Harrington R, Woiwod I P, *et al*. 1995. Effects of temperature on aphid phenology. *Global Change Biology*, **1**(4): 303-313.

第6章 农业种植结构调整

种植结构是指一个地区或生产单位作物种植的品种、布局、配置、熟制的总体，包含作物种植的时空分布、种类、比例、一个地区或田间内的安排、一年中种植的次数和先后顺序（邓蓉，2011）。根据农作物种植的分布特征，种植结构可以分为三个方面，包含种植制度、作物布局与品种布局；其中种植制度，包括种植熟制、间套轮作及休闲等，熟制是指一年中作物种植的次数和先后顺序；作物布局是指不同作物种植的比例（如粮—经—饲比例）与空间分布；品种布局是指不同品种的作物在时间和空间上的分布。这三个方面既相互交叉，又互有区别，种植熟制发生变化，作物布局肯定发生变化，若作物布局发生变化，则种植熟制与品种布局也可能发生变化；按照通常的观点来看，三者侧重点不同，种植熟制往往针对不同的积温带而言，作物布局主要针对大范围作物种植区域，品种布局针对小范围作物种植区域。

气候条件在很大程度上决定了作物生长发育进程和产量形成，区域种植结构是人类长期适应当地气候与生态条件及社会经济条件的结果。气候变化对作物的影响日益凸显，种植制度、作物布局与品种布局也必须进行相应的调整。

本章从种植制度、作物布局、品种布局三个方面阐述了气候变化对种植结构调整的影响，结合华北冬小麦—夏玉米套改平、长江中下游双季稻改制、东北水稻玉米扩种、冬麦北移、热带亚热带作物北移、南方冬季农业开发、华北“两晚”技术等农业种植结构调整适应气候变化典型案例，提出种植结构调整中适应气候变化工作面临的关键问题，倡导进一步加强气候变化各要素对种植熟制的综合影响研究，深入开展农业精细区划与作物布局优化配置研究以及适应气候变化的育种多目标优化决策研究等。

6.1 种植制度调整

过去20多年，气候变暖使农作物春季物候期提前，生长期延长，生长期内热量充足，进而对中国种植制度产生显著影响。种植制度通过改变复种指数、间作套种模式以及作物配置等这三个方面来适应气候变化。

复种指数的调整。随着气候变化，温度升高和积温增大，作物种植熟制发生显著变化，复种指数不断提高（杨晓光等，2011）。研究表明，1981—2007年中国一年两熟制、一年三熟制的种植北界都较20世纪50年代—1980年有不同程度北移，北移地区的复种指数明显提高。如，黄淮海地区水浇地、旱地一年两熟区的南界向北移动；江淮平原麦稻一年两熟区整体向北推移；长江中下游平原一年三熟、一年两熟区，北界向北移动，南界无明显变化，西界向西推进；华南一年三熟、一年两熟区，其北界向北移动。与此同时，种植熟制的改变在大部分地区有利于单位面积周年作物产量的提高（赵锦等，2010）。有学者研究结果认为，由于热量资源的增大，全国的复种指数由1985年的143%增加到2001年的163.8%，其中青藏高原、西北、西南、华东和华南地区丘陵山地的复种指数增加幅度较大(张强等,2008);这些区域大多分布在不同系统的边缘地带,如农牧交错带地区,其对气候变化更为敏感,也更为脆弱,因此在复种指数增大的情况下不同地区宜因地制宜地调整种植结构。同时水分状况的改变也是熟制调整的一个重要原因,如在华北的一些丘陵山区,虽然热量条件已能满足冬小麦—夏玉米一年两熟的要求,但由于降水减少和缺乏灌溉条件,仍以一年一熟的春玉米为主。

间作套种模式的改变。随着气候变暖,间作套种模式也在发生变化。例如,在冬小麦种植北界地带,气候变化导致热量资源增大,但仍然是"一茬有余,两茬不足",为了有效地利用增加的热量资源,不同地区结合降水条件采取了各种间作、套种及轮作模式,其中冬小麦—夏玉米套种是最普遍采取的种植模式(范士超等,2010;张经廷等,2013)。一方面有效地利用了华北地区新增的热量资源,提高了冬小麦—夏玉米的产量,另一方面便于实施机械化作业,提高耕作效率。在农牧交错带及黄土高原等干旱缺水地区,针对气候波动的加剧,耗水作物与抗旱作物往往采取轮作模式,若上一年度种植耗水作物,下一年度则种植耐旱作物,这样既能节约水资源,又能有效地适应气候变化(梁银丽等,2006)。

作物配置的变化。气候变化对作物配置的影响主要体现在不同作物的搭配上。例如,川中丘陵地区过去以冬水田一季水稻生产为主,由于气候变化带来的冬春干旱加重,往往蓄不到足够的水,从20世纪70年代末以来,普遍改为小麦—玉米—红薯的旱三熟制(任万军和杨文钰,2001;李钟等,2010),适应暖干化的气候并取得显著的增产效果。

下面以华北冬小麦—夏玉米套种改为平作、长江中下游双季稻改为稻—麦(稻—油)两熟制做为典型案例,分析种植制度调整适应气候变化的效果。

6.1.1 华北冬小麦—夏玉米套改平

在华北中北部地区,过去几十年来,由于积温不足,冬小麦—夏玉米套种非常普遍,即在小麦收获前20 d左右套种玉米。受气候变暖影响,近年来华北中北部地区热量资源增多,积温升高,原来的冬小麦—夏玉米套种模式逐渐被冬小麦—夏玉米平作所取代。

华北中北部地区冬小麦—夏玉米平作,一方面充分利用了增加的热量资源;在过去由于热量资源限制导致夏播玉米不能正常成熟,为了解决玉米生育期短,积温不足的矛盾,因此采取小麦套种玉米的模式,满足玉米生育期内对积温的需求,从而保障玉米产量;随着气候变暖,华北中北部地区热量资源不断增加,为冬小麦—夏玉米平作提供了条件。另一方面,华北中北部地区冬小麦—夏玉米平作,可以有效地提高粮食产量,保障农业可持续发展;通过推广保护性耕作技术,提高机械化水平(王天水等,1996),注重经济效益、社会效益及生态效益并举,实现节本增效、保护生态环境的目的。因此,在华北中北部地区冬小麦—夏玉米套种改平作是适应气候变化的典型措施。

6.1.2 长江中下游水稻改制

影响长江中下游双季稻改制既有自然因素,也有社会经济因素。近年来,长江中下游平原的双季稻普遍改为稻—麦(稻—油)两熟制,不但可以节省劳动力,也适应了不断加剧的气候波动,达到避灾稳产的效果。

气候变化条件下气候波动加剧,长江中下游地区双季稻遭受冷害、热害、高温伏旱等威胁越来越大,春季倒春寒引起烂秧和坐苗、夏季五月寒和高温逼熟、秋季寒露风影响晚稻抽穗和灌浆，都引起一定面积的水稻减产或绝收(张倩，2010；葛道阔和金之庆，2009)。陈风波等(2006)在湖北省汉江平原所做的问卷调查结果表明，气候条件的变化是导致当地双季稻改制的主要原因。同时，气候变暖加重了水稻病虫害的爆发。由于暖冬少雨，春季气温偏高，降水量减少，二化螟越冬死亡率降低，越冬的有效虫口基数增高，发生期提前，福建、浙江等地水稻受二化螟危害加重(关瑞峰等，2008；喻大昭等，2007)。随着水稻熟制增加，水稻虫害的影响日益加重，生态问题日益凸出。

近几十年来，长江中下游地区单季稻和双季稻种植面积呈现此消彼长的变化。20世纪50年代至70年代后期，长江中下游稻区普遍推广双季稻，进入80年代之后，早晚两季水稻开始改为稻—麦或稻—油种植。1980—2008年，浙江、上海单季稻种植比例分别从14.65%和12.08%增加到82.96%和100%，湖南、湖北也分别从19.49%和54.14%增加到47.27%和74.99%(陈风波等，2011)。

对于长江中下游地区双季稻改制，中稻种植客观上避开了高温热害等灾害胁迫，同时杂交稻品种培育的成功，使得现在一季水稻的产量相当于原来早晚两季水稻产量之和，为长江中下游地区双季稻逐渐改为单季稻提供了条件。从热量条件来看，双季稻可以向北扩展，但是由于社会经济条件与灾害胁迫的限制，导致双季稻种植改为稻一麦或稻一油种植；与此同时，双季稻改制客观上减少了甲烷的排放，可以有效应对气候变化。但随着未来气候变暖，育种技术的突破以及水稻种植机械化水平的提高，未来长江中下游地区双季稻有可能再次恢复原来的种植面积。因此，根据当地实际条件，因地制宜地适应气候变化，可以更好地取得社会、经济和生态效益。

6.2 作物布局调整

气候变化导致不同区域的热量、水分条件以及病虫害等生物环境的改变，不同作物的适生区域也随之改变，加上市场需求的变化，调整作物布局势在必行。从全国范围来看，作物布局调整主要存在以下三种模式适应气候变化：作物种植界限变化、区域内部作物种植比例变化和作物种植区域的整体转移。

作物种植界限的变化。由于不同地区气候变暖的程度和趋势不同，对作物布局的影响也不尽相同，其中作物种植界限变化尤为显著。理论上来看，气候变暖使得平均气温和积温升高，单纯从热量资源的角度出发，作物种植界限的变化总体表现为向高纬度和高海拔移动的趋势(杨晓光等，2010)。气候变暖使辽宁、河北、山西、陕西、内蒙古、宁夏、甘肃和青海等省(区)冬小麦的种植北界不同程度北移西扩(刘志娟等，2010；邓振镛等，2008，2010；刘德祥等，2005)。东北地区水稻播种面积大幅度增大，其种植北界已移至大约52°N的呼玛等地区(云雅如等，2007)。西北地区东部冬小麦种植北界已向北扩展了50～100 km，向西延伸明显，种植分布也从海拔1800～1900 m上升到2000～2100 m，种植面积扩大了10%～20%(刘德祥等，2005，2007)；棉花适宜种植区的海拔高度升高了100 m左右；复种作物适宜种植区的海拔高度升高了约200 m，相应的种植面积明显扩大(邓振镛等，2006，2007)。西藏地区，玉米种植的海拔高度逐渐提高，目前在海拔3840 m的地方已可种植(何奇谨和周广胜2012)。然而，由于降水减少的缘故，有些地区的作物种植北界也呈现出南移的趋势(杨晓光等，2010)，如雨养冬小麦一夏玉米稳产的种植北界大部分区域由于近年来该区降水量减少从而向东南方向移动。气候暖干化还使得农牧交错带的春小麦种植面积缩小，部分地区种植界限南移。

区域内部作物种植比例的变化。区域内部作物种植比例的变化与作物空间布局紧密结合在一起，两者相互重叠但又不完全一致。热量资源的增加使得水稻在黑龙江扩种成功，粮食作物的种植比例因之发生很大变化，总体上已从以小麦和玉米为主变化为以玉米和水稻为主（《第二次气候变化国家评估报告》编写委员会，2011）；随着气候暖干化，华北地区大面积压缩水稻种植比例（王长燕等，2006），河北黑龙港地区减少了需水量较大的小麦、水稻的种植比例，不断扩大棉花与谷子等抗旱作物的种植（王滨等，2012）；气候变暖冬季气温上升，增加的富裕热量资源使西南山区扩大了冬季马铃薯复种面积（李卫东等，2008）。甘肃省中部半干旱地区，由于受气候变化影响干旱灾害频发，小麦产量低而不稳，耐旱作物糜、谷、马铃薯、胡麻、豆类等种植面积迅速扩大，干旱年份尤其凸出（房世波等，2011；姚小英等，2004）。

作物种植区域的大规模转移。受气候变化影响，作物种植优势区域主体迁移。如由于气候变暖导致华北地区棉铃虫等病虫害加重，其棉花种植比例大幅度减少，并向西部迁移（朱启龙，2009）；近年来，受变暖及云量增大的影响，优质烟草种植区域越来越向云贵高原转移（吴述德等，2005）；随着气候暖干化，降水减少，优质苹果主产区由环渤海地区向黄土高原地区迁移（刘天军和范英，2012）。

在气候变化背景下，作物布局调整不但能够适应气候变化，而且具有显著的经济效益，能够满足社会市场需求，同时具有一定的生态效益。下面以东北水稻和玉米扩种、冬麦北移、热带和亚热带作物种植北移、南方冬季农业开发为例分析作物布局调整适应气候变化的效益。其中冬麦北移、热带和亚热带作物种植北移属于作物种植界限变化，东北水稻玉米扩种、南方冬季农业开发属于区域内部作物种植比例变化，对于作物种植区域主体转移（如棉花主产区西移）的案例将在第 10 章的区域典型适应案例分析中做详细论述。

6.2.1 冬麦北移

冬麦北移是指在冬小麦种植北界以北的邻近地区以及纬度更高但冬季有稳定积雪的地带，扩大冬麦种植面积或由春小麦改种冬小麦。中国学术界目前普遍认为，年绝对最低气温－22～－24℃，最冷月一月平均最低气温－12℃为小麦种植的北界。在中国的北方冬春麦交界地带（冬春麦混种区），约有 66.7 万 hm^2 麦田处于目前公认的北界地带（高志强等，2003，2004）。气候变暖为冬麦北移提供了气候条件，小麦越冬期温度普遍提高，极端低温出现频率减少，冬麦北移随着全球变暖的趋势而成为可能。另外，中国在引种、抗寒育种和防冻技术方面的发展及栽培技术的改进，以及成功引进和选育高抗寒冷的强冬性和超强冬性品种，均为冬小麦北移提供了条件（袁汉民等，2001）。

随着气候的变迁和生产条件的改变，冬麦的种植北界实际上是不断变动的（李祎君和王春乙，2010）。20 世纪 30 年代至 20 世纪 50 年代，冬小麦种植北界从东段长城以北的冀北、辽南，西段长城以南的陕北、陇东一带，逐渐迁移到辽宁复县、新金一带，以及长城以北和黄土高原北部、新疆北部地区。20 世纪 60 年代至 20 世纪 70 年代，随着灌溉等生产条件的改善，冬小麦种植北界继续北移，新疆北部在具有稳定积雪地区形成稳定的冬小麦产区，而张家口、承德和沈阳等地也已经有冬小麦的种植。20 世纪 70 年代至 20 世纪最初 10 年，北方连续遭受严重冻害，冬小麦种植北界有所后退，但仍比 20 世纪 50 年代向北推进了 100 多千米，辽南、辽西、河北省张家口和承德等地区仍有部分冬小麦种植，黄土高原北部和河西走廊也保留了较大的冬麦面积(邹立坤,2001)。现今冬小麦在宁夏已经北移至引黄灌区,并大面积推广种植,增产增收效果明显(李静,2010)。

冬麦北移使冬小麦种植地域突破原种植北界向更高寒地区发展,不仅可以充分利用中国北部地区的自然资源,提高土地利用率,提高复种指数;还可以改善小麦的品质,节约成本,增产增收以及优化作物种植结构。但在实际生产中,应根据当地的具体情况,考虑其经济效益,在种植业全局中,把冬小麦的种植放在适当的位置,不能盲目推广;对异常气候要有所警惕,预防冻害发生;同时品种应和栽培技术相配套。

6.2.2 东北水稻和玉米扩种

东北地区土地肥沃,作物生长季节的水、光、热资源匹配较好,适宜作物生长,是中国最重要的商品粮基地,其粮食作物以玉米、大豆、水稻和春小麦为主。随着气候变化,温度的升高增大了东北地区作物生长季的热量资源,为作物布局的调整提供了可能,其主要变化是水稻与玉米的扩种(王媛等,2005;云雅如等,2005)。与此同时,气候变化对南方水稻种植不利,如长江中下游夏季伏旱加剧,沿海地区台风强度增强,虫害频发等,而南方耕地与耕作人口不断减少,导致南方水稻种植无法满足全国粮食需求;另外,社会需求的不断增加,尤其是饲料需求,这在客观上也在促使东北玉米、水稻种植面积不断扩大。

通常情况下,2000℃ · d 等温线代表水稻种植北界所需的最低积温数,达到 2300℃ · d 时,水稻可以稳定生长(陈立亭和孙玉亭,2000)。研究显示,20 世纪 80—90 年代,中国 2000℃ · d 积温线显著北移大约四个纬度,大致从小兴安岭地区中部偏南推进到了大兴安岭地区的漠河和塔河(云雅如等,2005)。以黑龙江省为例,伴随着温度的显著升高,水稻种植范围自 20 世纪 80 年代以来逐渐向北部地区推移和扩展,目前已经可以在 52°N 左右的呼玛地区种植;2008 年种植面积达 245 万 hm^2,总产量达到 1835 万 t,成为中国水稻第一调出大省(朱玉双,2008;赵秀兰,2010)。同时,原有适宜种植区面积扩大、产量增大(云雅如等,2007;李大林,2010;李奇峰等,2008)。

霜冻是限制玉米生长的重要气象灾害,通常情况下霜冻带北缘与玉米种植的北界就可以确定其种植界限,在 20 世纪 60 年代该线大致位于庄河—锦州—兴隆一线以北(冯玉香和何维勋,2000)。目前,随着温度的升高这一界限已发生了显著推移。特别是在黑龙江省,自 20 世纪 80 年代以来,玉米的分布从最初的平原地区逐渐向北扩展到了大兴安岭和伊春地区,向北推移了大约 4 个纬度(周立宏等,2006)。作为玉米高产中心松嫩平原南部,由于生长期提前,盛夏热量充足,目前已经可以种植一些晚熟高产品种。而在吉林省中部的玉米带,通过合理的种植管理和品种调整等技术,播种面积和产量也随着温度的升高而增大(云雅如等,2005)。

在气候变化背景下,东北水稻和玉米种植扩种应注意量水而行,防止地下水超采,注重保护湿地和生物多样性,同时不能过分挤占适应性强的非转基因本土品种(如大豆),保证东北作物布局的适度调整,保障其可持续发展。

6.2.3 南方冬季农业开发

在气候变化背景下,中国南方冬季气候呈现出新的特点,1991 年后南方冬季气候明显变暖(智协飞等,2011)。气候变化一方面对南方冬季作物产生的影响利弊共存。例如:气候变化一方面对油菜、蔬菜、绿肥等越冬农作物生产有利,表现为最适宜种植面积增大(廖玉芳,2010);另一方面，气候变暖导致寒害、低温雨雪等灾害频发，导致南方冬季农业开发遭受损失增大。

过去南方双季稻产区的冬季大多休闲，随着气候变暖，冬季热量资源增大，为南方冬季农业的开发提供了有利条件。2010 年，全国冬种作物达 7.1 亿亩①。冬油菜播栽面积达 1.03 亿亩，冬种马铃薯 2200 万亩，冬种蔬菜 12560 万亩。中国南方，尤其是热带、亚热带季风气候区，气候温和，热量资源丰富，适宜发展冬季农业。目前，各省在冬作农业开发方面均取得明显成效。如湖北省积极发展冬季油菜、大麦、豆类的种植，形成有自身特色的冬季农业道路（彭科林，2001）；广西作为全国第一批创建无公害蔬菜生产示范基地的省份，其冬春蔬菜面积超过 1100 万亩，菜农一年人均增收 1500 多元，并建立了喜温花卉和荫生观叶植物商品生产基地（易小林等，2009）；海南按照“调结构、上规模、优产品、强产业”的总体思路，基本形成冬粮、冬薯、冬糖、冬菜的四大优势产区（蔡尧亲和陈德清，2009），并建设南繁基地。

另外，全球气候变暖背景下，南方冬季自然灾害及其对南方冬作带来的影响呈现出新的态势。近十年来云南省西双版纳、海南省和广东省等热带地区冬季气候波动加剧，而热带作物抗寒性减弱，气候带的北移导致热带作物寒害风险增大（李勇等，2010）。对于江南双季稻产区的冬种作物，在强寒潮袭击时也经常发生冻害或霜冻。2008 年华南各地遭遇了历史上罕见的低温雨雪冰冻天气，农作物受灾面积达 2.17 亿亩，绝收 3076 万亩，冬作生产遭受了巨大经济损失（胡爱军，2010）。

在气候变化背景下，南方冬季农业开发不但是适应气候变化的有效举措，还提高了当地农户的经济效益，并满足了市场需求，因此南方冬季农业开发应在注重自然规律的基础上不断推广；但同时要注重加强防灾、减灾工作，避免由于南方冬季农业的过度开发造成巨大的损失。

6.3 品种布局调整

气候变化导致温度与降水产生变化，进而对品种布局调整产生影响。由于不同区域气候变化的程度和趋势不同，对品种布局的影响也不尽相同。适应气候变化的品种布局调整主要体现在四个方面：随着热量资源增多，生育期延长，部分地区中晚熟品种逐渐替代早熟品种；受气候暖干化影响，一些地区呈现干旱缺水趋势，耐旱品种逐渐替代原有耗水量比较大的品种；由于温度升高，部分地区冬性较弱的品种逐渐替代冬性较强的品种；受气候变化影响极端气候事件（干旱、暴雨）频发，灾后紧急种植适宜救灾的作物，替代原有作物，从而实现抗灾、救灾的目标。

中晚熟品种种植面积扩大。气候变化引起不同区域作物品种类型发生显著变化。随着气候变暖，东北北部早熟品种转换为中早熟品种，中部由中早熟转换为中熟，南部地区作物品种逐渐由中熟品种转换为中晚熟品种；针对一些农民盲目改用生育期过长品种，导致冷害与霜冻灾害发生造成减产的教训，东北三省的气象和农业部门开展了农业气候区划的细化工作（季生太等，2009；王永力等，2013；王艳秋等，2007），整个东北地区按照每 100℃ · d 积温间隔，划分出若干积温带。建议随着气候变暖，可以跨越一至两个积温带引种，但不要跨越三个以上的积温带。

耐旱节水作物品种种植比例不断提高。随着华北地区气候的暖干化，耐旱节水品种种植比例不断提高，张家口农科院育成杂交谷子，具有很强的耐旱性与丰产性（王晓明等，2011）。该品种杂交谷子具有高产、节水、优质等特点，在张家口市坝下地区表现出了明显的增产优势

① 1 亩 $=1/15\ hm^2$.

和增收效果，近几年推广面积迅速增大，2010 年张家口市杂交谷子种植面积达到了 5.35 万 hm^2（李顺，2011）。同时，该杂交谷子在埃塞俄比亚等国试种成功，初测单产达 300 kg/亩，比当地苔麸、手指谷等主要农作物增产 2 倍以上（刘建军和赵治海，2012）。

越冬作物品种的冬性适度减弱。在气候变化影响下，黄淮海地区冬季变暖，冬小麦品种开始由冬性较强的品种逐渐替代为冬性较弱的品种（李晓林等，2013；李克南等，2013）。冬小麦品种的冬性与丰产性往往存在矛盾，冬性较强的品种由于穗分化开始较晚，通常增产潜力较小；而冬性较弱的品种，虽然抗寒性较差，但如能安全越冬，增产潜力一般要大于冬性强的品种。过去几十年由于黄淮海地区冬季较为寒冷，为了保障冬小麦的生长，往往采用冬性较强的品种；近年来受气候变化影响黄淮海地区冬季逐渐变暖，冬性较弱的品种可以安全越冬，冬小麦产量也得到一定幅度的提升，因此冬性较弱的品种逐渐替代了原有品种。

灾后抢种救灾作物。随着气候变化，极端气候事件发生频繁，灾后抢时播种特早熟作物品种是抗灾救灾的有效措施。南方对于受灾绝收的水稻田、旱作田、蔬菜田，在及时排水降渍后，要适时补种、改种玉米、毛豆、绿豆、水生蔬菜、再生稻等（张艾芹等，2009）；北方根据灾后剩余热量的多少，抢种特早熟谷子、红小豆、绿豆、荞麦等作物或大白菜、萝卜等秋菜。

推广抗病虫害作物品种。针对气候变化使病虫害加剧，直接影响作物的生长发育，因此加强了抗病虫品种的选育和推广，如抗虫棉、脱毒种薯、脱毒苗（蔬菜、果树）等。以呼和浩特市为例①，2011 年以来繁育马铃薯脱毒苗达 69 万株，扩繁生产用一级种 8000 余吨，可供 5.3 万亩大田使用，经生产繁育后的二级种薯可供 79.5 万亩地使用，能满足呼和浩特市马铃薯近一半的种植面积，真正实现抗御病害，优质高产的目标。

华北"两晚"技术的推广，是在气候变化条件下品种布局调整的一个典型案例。"两晚"技术是指在冬小麦—夏玉米一年两熟种植区，通过适当调整品种，推迟夏玉米收获期和冬小麦播种期，使夏玉米充分发挥增产潜力的节水、高产、高效栽培技术。在气候变化背景下，冬季气候变暖，无霜期延长，积温增加，若不调整原有品种与播期将发生冬前过旺和穗分化提前，不利于冬小麦安全越冬；在华北地区实施"两晚"技术，既能有效利用热量资源又能提高作物产量，是适应气候变化的典型成功案例。

"两晚"技术通过适当牺牲小麦产量，重点挖掘玉米增产潜力，提高全年总产（孙丽清，2009）。目前，"两晚模式"已在河北中部大面积推广（赵满，2014）。首先，"两晚"技术简单易学，不需要增加投资和用工，只需调整品种，把玉米收获时间和小麦播种时间向后适当推迟几天即可；其次，通过调整品种与播期，能够提高玉米籽粒的品质，增加玉米产量，玉米推迟到完熟期收获，晚收 7～10 d，亩产可增加 35～50 kg；同时有利于培育小麦冬前壮苗，提高抗寒性和抗逆性，在足墒播种的前提下，小麦可免浇一次冻水，既节约水资源，又可降低生产成本（李常保，2008）。2007—2011 年，河北邢台市推广玉米晚收面积 1160 万亩，小麦延时晚播累计推广面积达到 2130 万亩，将夏玉米收获期由 9 月 20 日前后推迟 5～7 d，将传统小麦播期 10 月 1—10 日推迟至 10 月 5—15 日，实现增产 8.12 亿斤②。2007 年以来，河北省通过实施两晚技术，平均年增产玉米 5 亿多千克，年节水 20 多亿 m^3，年节约浇水成本 6 亿多元③。

① 资料来源于 http://www.nmg.xinhuanet.com/xwzx/kjww/2014-10/11/c_1112777155.htm

② 资料来源于 http://www.xtrb.cn/xt/2011-10/17/content_314565.htm

③ 资料来源于 http://www.xinnong.com/news/20091105/854685.html

华北“两晚”技术一方面提高了作物产量与经济效益，另一方面节约了农业用水与开支，是通过调整品种布局以及栽培措施适应气候变化的典型措施。

6.4 综合结论

种植结构的调整受自然因素和社会经济因素两个方面的共同影响，气候变化对种植结构的影响越来越显著。气候变化给农业生产带来负面影响，也带来了某些有利因素。适应气候变化的核心就是要趋利避害，适应气候变化的种植结构调整都要围绕这一核心开展。本章从种植制度、作物布局、品种布局三个方面系统梳理了气候变化与种植结构调整的关系，并结合典型案例的分析（表 6-1），总结适应气候变化的种植结构调整特征如下：

种植制度调整：受全球温度升高影响，不同熟制的种植界线总体北移；全国复种指数呈上升趋势，其中熟制过渡地带和高原、山地以及丘陵地区，复种指数增幅较大；少数地区由于降水减少、缺乏灌溉条件，复种指数有所下降。气候变暖还促进了熟制过渡地区各种间作套种模式的推广。在一些干旱缺水地区，通常采取耗水高产作物与旱作节水作物的轮作方式。

作物布局调整：随着气候变暖，作物布局也呈现出北移趋势，如冬小麦种植北界北移西扩，东北地区水稻种植北界扩展至 52°N 地区，平原地区的玉米种植向北扩展了约 4 个纬度；华南的热带、亚热带作物分布也明显北扩。气候变化影响到农业气候资源的时空分布，从而改变不同地区的作物种植比例，如东北地区高产水稻和玉米的种植面积大幅度增加，大豆和春小麦种植面积减少；在气候明显暖干化和水资源严重匮乏的华北地区，水稻种植面积大幅度下降，小麦种植面积也有所压缩。气候变化还使农业气候资源的优势区域发生转移，如由于气候变暖导致东部棉区棉铃虫等病虫害加重，棉花主产区从 20 世纪 90 年代中期开始转移至新疆；由于环渤海太阳辐射减弱和降水显著减少，苹果主产区在 20 世纪 80 年代以后转移至海拔相对较高的黄土高原南部。

品种布局调整：随着热量条件改善，各地普遍改用生育期更长的品种以挖掘增产潜力；由于冬季变暖，越冬作物普遍改用冬性有所降低的品种，提前进入生殖生长阶段，有利于增加籽粒数；气候暖干化地区由于水分条件的限制，加强了耐旱节水品种的选育和推广；极端天气气候事件多发，增加了特早熟救灾作物的种子储备和灾后抢种；针对气候变化使病虫害加重，加强了抗病虫品种的选育和推广，如抗虫棉、脱毒种薯、脱毒苗（蔬菜、果树）等。

表 6-1 农业种植结构调整典型实例及适应效果

种植结构调整的层次	调整方式	典型实例	适应效果
种植制度调整	复种指数变化	长江中下游平原双季稻改稻—麦（稻—油）种植	规避气候波动加剧的气象灾害和病虫害的危害，达到高产稳产，客观上也减少了甲烷的排放。
		华北中北部地区冬小麦—夏玉米套改平	有效地利用气候变暖增加的热量资源，提高了冬小麦—夏玉米的总产。

续表

种植结构调整的层次	类型	典型实例	适应效果
	间作套种轮作模式变化	冬小麦种植北界地区小麦、玉米套种	有效地利用气候变化带来的热量资源增加，提高粮食产量。
		农牧交错带及黄土高原等地区，耗水作物与抗旱作物轮作	节约水资源，适应由于气候暖干化导致的更为严峻的干旱缺水状况。
	作物配置变化	川中丘陵地区一季水稻冬水田普遍改为小麦—玉米—红薯的旱三熟制	有效应对气候变化带来的冬春干旱加剧状况，适应了气候暖干化并显著增产。
作物布局调整	作物种植边界变化	冬麦种植北界北移	适应气候变暖条件下小麦越冬期温度升高和极端低温出现频率减少的状况，充分利用了中国北部地区的自然资源，提高土地利用率，增大复种指数，同时改善了小麦的品质，节约成本，增产增收并优化作物种植结构。
		热带亚热带作物北移	有效利用了气候变暖带来的热量资源增加，提高了经济效益，并满足了市场需求。
	区域内部作物种植比例变化	东北玉米和水稻扩种	有效利用了气候变化带来的东北地区作物生长季的热量资源增加，提高了粮食产量，满足了社会需求。
		南方冬季农业开发	有效利用了气候变暖带来的南方冬季热量资源增加，提高了当地农户的经济效益，并满足了市场需求。
		华北地区大面积压缩水稻种植比例	通过调整种植结构适应气候暖干化导致的华北地区干旱缺水的状况。
		河北黑龙港地区扩大棉花与谷子等抗旱作物的种植	优化种植结构，适应气候变化导致的华北地区干旱缺水状况。
		西南山区扩大了冬种马铃薯的比例	有效利用气候变化带来的冬季热量资源增加，开发生产优质农产品。
		甘肃省中部半干旱地区，耐旱作物糜、谷、马铃薯、胡麻、豆类等作物的种植面积迅速扩大	有效应对气候变化导致的干旱灾害加重的状况。
	作物种植区域整体移动	棉花主产区西移	有效应对气候变暖导致的东部地区棉铃虫等病虫害加重的状况。
		烟草向云贵高原迁移	有效利用温度升高与降水变化带来的农业气候资源的变化。
		苹果主产区向黄土高原迁移	适应气候变暖带来的局地降水增多、温度升高的条件，生产优质农产品。

续表

种植结构调整的层次	类型	典型实例	适应效果
品种布局调整	中晚熟品种种植面积扩大	东北地区北部早熟品种转换为中早熟品种，中部由中早熟转换为中熟，南部地区作物品种逐渐由中熟品种转换为中晚熟品种	有效利用气候变化带来的冬季热量资源增加。
		华北"两晚"技术为玉米改用中晚熟品种创造条件	适应气候变化导致的冬季气候变暖、无霜期延长、积温增大的状况，有效利用热量资源；调整玉米品种，适当牺牲小麦产量，重点挖掘玉米增产潜力，提高全年总产。
	耐旱品种替代原有品种	张家口地区种植杂交谷子	有效应对华北地区气候暖干化，既耐旱节水又高产优质。
	冬性较弱品种替代冬性强品种	黄淮海地区冬小麦品种变化	适应黄淮海地区冬季变暖导致的穗分化提前，增加粒数，提升产量。
	灾后种植特早熟品种	各地因灾绝收农田抢种特早熟救灾作物	减轻气候变化导致的极端气候事件频发的状况，实现抗灾救灾目标。
	抗病虫害品种的种植	抗虫棉、脱毒种薯种苗等的推广种植	减轻气候变化条件下病虫害的危害。

6.5 关键适应问题

种植结构调整是农业适应气候变化的重要举措，应当推进种植结构调整研究的不断深入。本章从全国角度出发，对中国诸多学者在种植制度调整、作物布局调整和品种布局调整方面的研究以及已经开展的工作经验进行了总结，包括华北冬小麦—夏玉米套改平、南方双季稻改制、东北水稻和玉米扩种、华北地区两晚技术、冬麦北移、热带亚热带作物北移、南方冬季农业开发等诸多典型适应气候变化措施。通过分析气候变化条件下中国种植结构调整的科学研究结果和实践，可以发现目前仍存在很多不足，有待进一步深入研究，对实践工作不断改进完善。总结中国农业种值结构调整适应气候变化工作中存在的问题与需要加强研究的科学问题如下：

过度适应。由于气候变化的幅度、范围在不同地区呈现不同的状况，因此必须依托实际的调查研究，开展种植结构调整工作；由于对气候变化影响认识的不清晰，往往导致在实际工作中过度适应。对于过度适应，应在种植结构调整过程中，注意避免作物种植范围过分北移，避免在过高海拔种植不适宜的作物，避免选育生育期过长的品种，避免种植冬性下降过多的品种，避免作物播种过早或过晚。

盲目适应。不同区域应因地制宜，结合本区域的气候变化特征，适度调整种植结构。由于对气候变化以及社会经济状况认识的模糊，往往造成跟风式的盲目种植，如 2012 年灾后跟风抢种大白菜和萝卜。从盲目适应角度来看，对于种植结构调整，应当注意避免盲目引种，避免不考虑市场需求和社会经济因素大面积改种作物，避免不分地形扩种作物。

气候变化各要素（光、热、水等）对种植熟制的综合影响研究不足。 现阶段气候变化单要素对种植熟制影响研究比较多，但种植熟制往往受到气候变化的综合影响，仅从单要素研究尚不能全面揭示其发展变化规律，为了更好地适应气候变化，应当开展气候变化各要素（光、热、水等）对种植熟制的综合影响研究。将气候变化各要素——光、热、水、风等作为一个整体，综合分析其对种植熟制所产生的影响。

复杂地形的农业精细区划与作物布局优化配置研究不足。 中国地形复杂多变，在相同气候背景下，由于地形差异，农业生产的作物布局以及品种布局往往不同，为了有效保障粮食生产，挖掘气候资源潜力，需要开展复杂地形的农业精细区划与作物布局优化配置研究。针对中国丘陵、山地等不同地形的复杂情况，开展农业精细区划与作物布局优化配置研究，促进农业生产的因地制宜，使之在适应气候变化的基础上，提升粮食产量与经济效益。

适应气候变化的育种多目标优化决策研究不足。 育种目标包含高产、优质、高效、抗性四个方面，为了适应气候变化，育种方向往往仅能顾及某一个或两个方面，为了更好应对气候变化并保障农业生产及生态环境可持续发展，需要开展适应气候变化的育种多目标优化决策研究。综合考虑高产、优质、高效、抗性四个方面，既针对当前目标，又兼顾中长期目标，开展适应气候变化的育种多目标优化决策研究。

参考文献

蔡尧亲，陈德清. 2009. 海南冬种瓜菜的发展优势、面临的问题与对策. 中国瓜菜，(2)：56-57.

陈风波，丁士军. 2006. 农村劳动力非农化与种植模式变迁-以江汉平原稻农水稻种植为例. 南方经济，(9)：43-52.

陈风波，马志雄，陈培勇. 2011. 农户水稻种植模式选择现状及其影响因素分析-对长江中下游地区四个省的调查. 农业经济与管理，(3)：62-73.

陈立亭，孙玉亭. 2000. 黑龙江省气候与农业. 北京：气象出版社，2-44.

邓蓉. 2011. 现代农业基础知识. 北京：中国农业出版社，15-28.

邓振镛，张强，韩永翔. 2006. 甘肃省农业种植结构影响因素及调整原则探讨. 干旱地区农业研究，**24**(3)：126-129.

邓振镛，张强，刘德祥等. 2007. 气候变暖对甘肃种植业结构和农作物生长的影响. 中国沙漠，**27**(4)：627-632.

邓振镛，张强，王强等. 2010. 中国北方气候暖干化对粮食作物的影响及应对技术. 生态学报，**30**(22)：6278-6288.

邓振镛，张强，徐金芳等. 2008. 西北地区农林牧业生产及农业结构调整对全球气候变暖响应的研究进展. 冰川冻土，**30**(5)：835-842.

范士超，褚庆全，何浩等. 2010. 小麦-玉米两熟制产量限制因素及其提升技术途径-以山东省龙口市为例. 中国农业大学学报，**15**(6)：6-12.

房世波，韩国军，张新时等. 2011. 气候变化对农业生产的影响及其适应. 气象科技进展，**1**(2)：15-19.

冯玉香，何维勋. 2000. 我国玉米霜冻害的时空分布. 中国农业气象，**21**(3)：7-10.

高志强，苗果园，邓志锋. 2004. 全球气候变化与冬麦北移研究. 中国农业科技导报，**6**(1)：9-13.

高志强，苗果园，张国红. 2003. 北移冬小麦生长发育及产量构成因素分析. 中国农业科学，**36**(1)：31-36.

葛道阔,金之庆. 2009. 气候及其变率变化对长江中下游稻区水稻生产的影响. 中国水稻科学,**23**(1):57-64.
关瑞峰,姚文辉,王茂明等. 2008. 福建省水稻螟虫种群发生变化及原因初探. 华东昆虫学报,**17**(1):63-70.
何奇谨,周广胜. 2012. 我国春玉米潜在种植分布区的气候适宜性. 生态学报,**32**(12):3931-3939.
胡爱军,李宁,祝燕德等. 2010. 论气象灾害综合风险防范模式——2008 年中国南方低温雨雪冰冻灾害的反思. 地理科学进展,**29**(2):159-165.
季生太,杨明,纪仰慧等. 2009. 黑龙江省近 45 年积温变化及积温带的演变趋势. 中国农业气象,**30**(2):133-137.
李常保. 2008. 玉米、小麦两晚增产栽培新技术. 河北农业科技,(20):10.
李大林. 2010. 气候变化对黑龙江水稻生产可能带来的影响. 黑龙江农业科学,(2):16-19.
李静. 2010. 宁夏"冬麦北移"工程发展现状及趋势. 科技信息,(31):776.
李克南,杨晓光,慕臣英等. 2013. 全球气候变暖对中国种植制度可能影响Ⅷ——气候变化对中国冬小麦冬春性品种种植界限的影响. 中国农业科学,**46**(8):1583-1594.
李奇峰,张海林,陈阜. 2008. 东北农作区粮食作物种植格局变化的特征分析. 中国农业大学学报,**13**(3):74-79.
李顺. 2011. 我国杂交谷子生产现状与高产栽培技术. 粮食作物,(7):137-140.
李卫东,刘介民,田祚茂等. 2008. 西南山区脱毒马铃薯推广的实践与思考. 作物杂志,(3):86-89.
李晓林,白志元,杨子博等. 2013. 黄淮麦区部分主推冬小麦品种越冬及拔节期的抗寒生理研究. 西北农林科技大学学报(自然科学版),**41**(1):40-48.
李祎君,王春乙. 2010. 气候变化对我国农作物种植结构的影响. 气候变化研究进展,**6**(2):123-129.
李勇,杨晓光,王文峰等. 2010. 全球气候变暖对中国种植制度可能影响——V. 气候变暖对中国热带作物种植北界和寒害风险的影响分析. 中国农业科学,**43**(12):2477-2484.
李钟,郑祖平,张国清等. 2010. 四川丘陵区"芋/玉/豆"模式主要栽培技术及效益. 耕作与栽培,(5):64-65.
梁银丽,曹导叶,由海霞等. 2006. 西北半湿润渠灌区作物节水高效种植制度. 西北农业学报,**15**(3):50-53.
廖玉芳,宋忠华,赵福华等. 2010. 气候变化对湖南主要农作物种植结构的影响. 中国农学通报,**26**(24):276-286.
刘德祥,董安祥,邓振镛. 2005. 中国西北地区气候变暖对农业的影响. 自然资源学报,**20**(1):119-125.
刘德祥,董安祥,梁东升等. 2007. 气候变暖对西北干旱区农作物种植结构的影响. 中国沙漠,**27**(5):831-836.
刘德祥,赵红岩,董安祥等. 2005. 气候变暖对甘肃夏秋季作物种植结构的影响. 冰川冻土,**27**(6):806-812.
刘建军,赵治海. 2012. 杂交谷子在埃塞俄比亚的栽培技术及推广经验. 河北农业科学,**16**(4):9-12.
刘天军,范英. 2012. 中国苹果主产区生产布局变迁及影响因素分析. 农业经济问题,(10):36-42.
刘志娟,杨晓光,王文峰等. 2010. 全球气候变暖对中国种植制度可能影响——Ⅳ. 未来气候变暖对东北三省春玉米种植北界的可能影响. 中国农业科学,**43**(11):2280-2291.
彭科林. 2001. 发展湖南冬季特色农业的思考. 作物研究,**15**(1):19-22.
任万军,杨文钰. 2001. 川中丘区农业结构调整的研究. 作物杂志,(2):7-10.
孙丽清. 2009. "两晚"增产技术. 现代农村科技,(4):7.
王滨,张发旺,程彦培等. 2012. 基于农业种植结构的黑龙港地区水资源供需平衡分析. 水土保持通报,**32**(2):182-185.
王长燕,赵景波,李小燕. 2006. 华北地区气候暖干化的农业适应性对策研究. 干旱区地理,**29**(5):646-652.
王天水,李耀光,郭海鸿. 1996. 小麦夏玉米两茬平作机械化技术及装备. 当代农机,(5):12-13.
王晓明,王德权,王峰等. 2011. 杂交谷子在张家口市坝上地区种植试验初报. 河北农业科学,**15**(6):12-14,17.

王艳秋，高煜中，潘华盛等. 2007. 气候变暖对黑龙江省主要农作物的影响. 气候变化研究进展，**3**(6)：373-378.

王永力，杨德光，李玲. 2013. 黑龙江省第一积温带玉米各生育时期环境温度变化分析. 东北农业大学学报，**44**(7)：69-73.

王媛，方修琦，徐锬等. 2005. 气候变暖与东北地区水稻种植的适应行为. 资源科学，**27**(1)：121-127.

吴述德，屈生彬，杜绍明等. 2005. 云南主产区气候热环境与优质冬春香料烟生产关系的探讨. 资源科学，**27**(5)：160-167.

杨晓光，刘志娟，陈阜. 2010. 全球气候变暖对中国种植制度可能影响——Ⅰ. 气候变暖对中国种植制度北界和粮食产量可能影响的分析. 中国农业科学，**43**(2)：329-336.

杨晓光，刘志娟，陈阜. 2011. 全球气候变暖对中国种植制度可能影响——VI. 未来气候变化对中国种植制度北界的可能影响. 中国农业科学，**44**(8)：1562-1570.

姚小英，邓振镛，蒲金涌等. 2004. 甘肃省糜子生态气候研究及适生种植区划. 干旱气象，**22**(2)：52-56.

易小林，邓鹏，杨声澈. 2009. 广西冬季农业气候资源开发与利用探索. 安徽农学通报，**15**(6)：113-114.

喻大昭，曹雅忠，杨小军等. 2007. 农业结构调整与水稻病虫害的持续治理. 中国农业科技导报，**9**(5)：68-72.

袁汉民，张富国，范金平等. 2001. 宁夏引黄灌区冬麦北移与种植业结构调整. 宁夏农林科技，(3)：41-43.

云雅如，方修琦，王丽岩等. 2007. 我国作物种植界线对气候变暖的适应性响应. 作物杂志，(3)：20-23.

云雅如，方修琦，王媛等. 2005. 黑龙江省过去20年粮食作物种植格局变化及其气候背景. 自然资源学报，**20**(5)：697-705.

张艾芹，邱艳，朱新伟. 2009. 受涝农作物灾后补救技术. 现代农业科技，(7)：188，191.

张经廷，王志敏，周顺利. 2013. 夏玉米不同施氮水平土壤硝态氮累积及对后茬冬小麦的影响. 中国农业科学，**46**(6)：1182-1190.

张倩. 2010. 长江中下游地区高温热害对水稻的影响评估. 中国气象科学研究院硕士论文，25-30.

张强，邓振镛，赵映东等. 2008. 全球气候变化对我国西北地区农业的影响. 生态学报，2008，**28**(3)：1210-1218.

赵锦，杨晓光，刘志娟等. 2010. 全球气候变暖对中国种植制度可能影响——II. 南方地区气候要素变化特征及对种植制度界限可能影响. 中国农业科学，**43**(9)：1860-1867.

赵满. 2014. "两晚两适"技术助力丰产丰收. 现代农村科技，(4)：14.

赵秀兰. 2010. 近50年中国东北地区气候变化对农业的影响. 东北农业大学学报，**41**(9)：144-149.

智协飞，张玲，潘嘉露. 2011. 我国南方冬季气候变暖前后极端降水事件分析. 热带气象学报，**27**(2)：166-172.

周立宏，宋丽瑛，王洪丽等. 2006. 扎兰屯地区近30年气象条件变化及与作物产量的关系. 气象，**32**(8)：113-117.

朱启龙. 2009. 中国棉花主产区生产布局分析. 中国农村经济，(4)：31-38.

朱玉双. 2008. 气候变化对黑龙江省粮食生产的影响. 现代化农业，(9)：35-36.

邹立坤，张建平，姜育珍等. 2001. 冬小麦北移种植的研究进展. 中国农业气象，**22**(2)：53-57.

第7章　草地畜牧业

中国是一个草地资源大国，拥有各类天然草地近4亿hm^2，面积居世界第二位。草地生态系统是中国陆地上面积最大的生态系统，也是中国东部农区的生态屏障，不但为人类提供了多种产品，并且具有多种生态服务功能，如调节气候、保持水土、遏制风沙、涵养水源、保护生物多样性和草原景观等。草地生态系统极易受自然因素和人为活动的影响，对气候变化敏感且脆弱。作为一种可再生的自然资源，草地对社会经济和生态的可持续发展具有十分重要的意义。

中国的草地畜牧业主要分布在内蒙古、新疆、青藏等三大牧区，以内蒙古草地面积最大，载畜量最多，构成中国温带草原的主体，草地面积8666.7万hm^2，其中有效天然牧场6818万hm^2，占全国草场面积的27%；新疆的草地分布在高山与盆地绿洲之间，青藏为高原草地，由于荒漠草地比例较大、人迹罕至或高寒缺氧，新疆和西藏的草地开发利用较少。

本章主要以内蒙古温带草地为例，分析气候变化对草地物候、生物多样性与草地生物量的影响及对草地牲畜的影响，然后分析气候变化条件下草地畜牧业自然灾害、草地生物灾害发生危害的新特点，总结已经采取的草地保护性经营的适应对策和草地畜牧业饲养适应措施，提出草地畜牧业适应气候变化工作中存在的问题与重点科学问题。

7.1　气候变化对草地的影响

中国温带草原地处东亚季风带北部边缘，夏季温湿、冬季干冷。生长季降水占年降水总量的90%以上，变率大、保证率低。近几十年内蒙古草原的气候表现出明显的暖干化趋势，升温幅度大，高于全国平均水平；降水减少并伴随湿度下降，土壤含水量持续降低。内蒙古地区包括山地、丘陵、高原、平原及谷地等不同地貌类型，气候变化的区域特征明显。极端气候事件的频繁出现增加了自然灾害发生的不确定性，使草地畜牧业经营的风险增大（王明玖等，2010；王明玖和张存厚，2013）。

气候变化主要通过影响草地牧草的物候期、生物多样性和生物量等，进而改变草地的生产力和生态系统的结构与功能。气候的干暖化使得水资源时空分布不均，加剧了供需矛盾，使草原生态平衡受到破坏，生物多样性下降、生物量减少，覆盖度降低，进而导致草地生产力下降和生态系统退化，草地畜牧业生产能力也随之降低。

7.1.1　气候变化对草地物候期的影响

植物物候期是植物在内因和外因（如气候、土壤、地形、人类干扰等）相互作用下产生的周期性现象（竺可桢和宛敏渭，1980）。研究表明，全球气候变暖改变了植物开始和结束生长的日期（世界范围内的植物物候呈现出春季提前，秋季推迟或略有推迟的现象，从而导致多数植物生长季节的延长），尽管不同物种对气候变化的响应不尽相同，但大量物候观测都表明春季萌芽提前，秋季黄枯推迟，整个生长季延长的基本趋势（黄瑞灵等，2012），20世纪80年代以后，中国春季物候平均提前3.5 d（郑景云等，2002），1951—1996年欧洲春季物候期提前了6.3 d，秋季物候期推迟了4.5 d，生长期延长10.8 d（Menzel，2000）。

随着气候变暖，中国草地牧草整体表现为生育期延长的趋势。曹艳芳等（2008）对内蒙古地区车前草物候变化的研究表明，近25年内内蒙古地区车前草春季物候为提前趋势，近10年春季物候期提前了1.9～9.3 d；秋季物候为延后趋势，近10年秋季物候延后3.7～10.7 d。雷占兰等（2012）通过对高寒草甸垂穗披碱草的研究表明，随着气候的变化，垂穗披碱草的整个生育期延长，返青期提前，成熟期和枯黄期呈延后趋势，抽穗期和开花期均提前。但水分条件对牧草物候也有明显的影响。在春旱严重时，某些牧草的春季发育也有可能延后。对锡林浩特牧草物候期的研究表明，干旱影响当地主要禾本科牧草羊草和针茅的开花与抽穗，羊草常因干旱而停止生长不能进入开花期；针茅较羊草耐旱性强，可以推迟进入花期。雨热匹配好的年份，牧草成熟期和黄枯期相对较晚，再生性强的牧草还可继续生长，有利于牲畜放牧抓膘（魏玉荣等，2007）。

7.1.2 气候变化对草地生物多样性的影响

大量研究表明，区域气温和降水量与草地的生物多样性存在较强的相关。赵哈林等（2008）研究1992—2006年在科尔沁沙质草原开展的长期定位试验，结果显示，在研究时段内，该地区气候有向暖干化发展的趋势，2006年草地物种丰富度和植物多样性较2000年分别下降了21.2%和9.9%。在多样性组成中，生物量随降水量的变化要比个体数量随降水量的改变更为敏感。气候暖干化导致湿润度等值线在内蒙古区域内的向东移动，对物种多样性的影响表现为生物量的相对增加，但基于个体数的相对多度增加量及多样性指数增大要比气候变化滞后（杨持等，1996）。何京丽等（2009）分析了气候变化对草甸草原植物群落特征和主要优势植物的影响。结果表明，研究区域内近10年的气候具有逐渐变暖的趋势，降水增多有利于提高植物多样性，主要优势植物对降水变化的敏感性要高于温度的变化。近50年来，受气候变化影响，黄河首曲地区草地生物多样性下降，珍稀野生动物种类从20世纪70年代的230种减少到140种；草场建群种和优势种由1981年的30种减少到1997年21种，优良牧草比例下降45%（姚玉璧等，2007）。

目前对气候变化对草地生物多样性的研究多集中在物种多样性方面，缺少关于气候变化对遗传多样性影响的研究，有关气候变化对生态系统多样性的影响也仅有少量文献提及，且多为推测，缺少观测事实。

7.1.3 气候变化对草地生物量的影响

气候和土壤、地形对地表植被的形成有重要影响，气候对物种的生存有决定性作用，气候变化会影响到植物的分布和组成及地表的生物量。已有研究结果表明，在过去的25年，中国北方草地地上生物量呈现出不同的变化趋势。内蒙古中部和青藏高原东部地区的草地生物量成增大趋势，而西藏北部、内蒙古北部和新疆北部地区的生物量成下降趋势。75.8%的草地区域的生物量没有显著变化，20.5%的草地生物量显著增大，而3.7%的草地区域的生物量显著降低（马文红等，2010）。牧草生物量越大，表明草地资源的第一性生产潜能越高。长期处于干暖化背景下，草地生态系统的恢复力将下降，存在永久性退化的风险。在气候变量中，水分供应和水分平衡是影响草地生产力和草地分布的最重要的因子(Sala, *et al.*, 1988)。在青海的海北州,随着区域气候的暖干化,除个别年份外,牧草生物量(黄枯期干草)呈逐年下降趋势(魏永林等,2007)。近46年来,三江源区兴海县草原区平均气温上升了1.6℃,年降水量变化总体上成不显著的增大趋势,草原气候生产率呈增加趋势。在高寒草甸地区,总体上看,气候变化导致高寒草甸生态系统的生产力下降。曹立国等(2011)通过多种模型对锡林郭勒盟草地的气候生产力进行分析,结果表明,气候变化背景下,草地的季节生产潜力呈不同程度的下降趋势,水分条件是该地区草地气候生产力的主要限制因素。

同一草地的土壤物理性质在年际间变化不大,牧草生物量的变化主要由气候因素所决定,包括上一年气候条件所决定的牧草保存生物量和当年气候所决定的牧草生长量。中国的干旱、半干旱区草地,在未来降水增加不多的气候条件下,由于温度升高和耗水量增大,牧草产量将随有效水分的减少而降低(李玉娥等,1997)。气候暖干化导致的植被退化现象很明显,并由此带来生物总量的减少和草场载畜能力的降低(王谋等,2004)。

7.2 气候变化对草地牲畜的影响

牲畜是草地第二性生产力的载体。气候变化对牲畜的影响,除通过对牧草生长和品质的影响而间接影响牲畜生长发育外,还对牲畜生长发育和生产性能产生一系列直接影响,主要表现在气候变暖对动物疫病、牲畜生产性能、产肉量和繁殖等的影响;极端天气、气候事件对草地畜牧业的危害也有增大的趋势。

气候变化背景下,全球动物疫病的流行特点发生了明显变化,隐性感染病例增多;新老疫病同时共存又交叉发生。许多病原体在向更高纬度和更高海拔地区蔓延并不断发生变异,使动物疫病的发病率上升。过去的30多年中,又出现了40多种新病原。李晓锋等(2008)的研究认为,随着气候变暖,病毒、细菌、寄生虫和敏感源更加活跃,损害畜禽免疫力和对疾病的抵抗力,增加畜禽疾病的发生和传播机会,进而加重疾病发生的程度和范围,危害畜禽健康。

气候变暖,冬、春季气温升高,降雪减少,使牧区雪灾趋于减少,对母畜繁殖和幼畜成活率都有一定影响。其中气候变暖,母畜繁殖成活率呈明显的上升趋势。1996年以前,母畜繁殖成活率波动性较大,主要是由于冬、春季低温多雪所致;1996年以后,冬、春季气温在小振幅中持续上升,雪灾明显减少,母畜繁殖成活率持续在较低水平(张秀云等,2007)。在黄河首曲流域牧区,冬春季气候暖干化使藏系绵羊的羔羊成活率呈曲线增高趋势,每10 a增加7.19%,幼畜成活率自1984年以后一直保持在80%以上的较高水平(姚玉璧等,2007)。

气候变暖,冬季温度升高,雪灾次数减少,对牲畜越冬存活和生长十分有利。甘南高原自1986年以来,牲畜死损率呈明显下降趋势,牦牛和绵羊死损率每10 a分别下降0.987%和2.74%(张秀云等,2007;李红梅等,2010)。

气候变化对牲畜产肉量的影响是多样的(李红梅等,2010)。姚玉璧等(1995)通过积分回归分析发现,在高海拔的甘南高原,光、温和水对产肉量影响系数曲线呈波动变化。牲畜产肉量与1月和7月的气温成显著正相关,与6月的降水量成负相关。气温增高,降水减少,有利于牲畜抓膘育肥,但部分草场退化,牧草产量及品质下降,载畜量增加导致草场过牧,又限制了牲畜的抓膘育肥,从而使牲畜产肉量呈波动式变化,直接威胁畜牧业的可持续发展(张秀云等,2007;李红梅等,2010)。

气候变化背景下，中国极端天气气候事件频繁发生，与长期的气候事件相比，突发性的极端事件更容易对畜牧业造成影响①，尤其是对牲畜的健康和生存有很大的影响，是畜牧业生产必须防范的潜在风险。

7.3 气候变化与草地畜牧业非生物灾害

草地畜牧业自然灾害包括生物灾害和非生物灾害，本节阐述气候变化与非生物灾害的关系。有些非生物自然灾害主要影响牧草生长与产量，有些则直接危害牲畜健康与生命。前者如草原沙化与荒漠化、草原干旱等是通过降低牧草生物量而影响牲畜的生育和生产性能；草原火灾既烧毁牧草，也烧伤、烧死牲畜；冷雨对牧草基本无影响，但对春夏之交的牲畜健康危害极大。黑灾对于处在休眠期的牧草危害也不大，但可造成牲畜吃不到雪而干渴致病。

气候变化导致内蒙古草原的寒潮、大风、冰雹等灾害发生次数减少，但干旱、黑灾、草原火灾等增多。即使是对于发生次数减少的灾害，由于气候波动性加剧和牲畜的脆弱性增大，灾害损失也不一定都减少。

7.3.1 草原沙化与荒漠化

草原“三化”指草原的退化、沙化和盐碱化。草地退化是一个过程，严重的退化会导致荒漠化。在中国的北方牧区主要表现为沙化和碱化。

沙漠化是沙质荒漠化的简称。在干旱半干旱及亚湿润干旱地区的沙质地表条件下，由于自然因素或人类活动等因素的影响，破坏了自然生态系统的脆弱平衡，使原非沙漠地区出现了以风沙活动为标志的类似沙漠景观的环境退化过程。中国的土地荒漠化问题非常严重，荒漠化土地总面积为262.37万km^2，沙化土地面积为173.11万km^2。荒漠化土地主要分布于新疆、内蒙古、西藏、甘肃和青海5省②，这些省区也是中国草地畜牧业的主要分布地区。在半干旱气候背景下，草原地区沙化和荒漠化受到自然因素和人为活动的影响。草地过牧是沙化的主要人为原因。本来就很脆弱的半干旱草原，过度放牧使牲畜的采食量超过草地的自然生长量，使牧草生长受到抑制，导致草地牲畜承载力和次级生产力下降，牧草种群趋于简单，覆盖度下降，地面裸露增加，根系结持力下降，遇强风易导致风蚀（赵哈林等，1997）。

气候干暖化是草地沙漠化的驱动因素。草地沙漠化主要集中在干旱半干旱的西北地区，由于该区域处于大陆腹地，是全球同纬度地区降水量最少、蒸发量最大、最为干旱的地带。加上近几十年来的气候变暖，在降水量减少的地区，气候和土壤的干旱化加剧，植被盖度降低，土壤结构变得更加松散，加速了土地的荒漠化。沙质荒漠化在1975—2000年先增大，增大的面积为38821.3 km^2；后在2000—2007年缩小，缩小面积为32641.5 km^2，但从整体上来讲中国的沙质荒漠化呈小幅增大趋势，增大面积为6179.8 km^2。32年来，中度、重度沙质荒漠化的面积分别增大了26016.0和29992.3 km^2（崔瀚文等，2013）。中国广大西北地区与全国其他地区相比，未来气候将更暖更干，如果这个问题得不到充分重视，将会导致荒漠化进一步扩大（贺庆棠，2001）。草原沙化和荒漠化不仅影响到草地的生物量和生物多样性，同时也使载畜能力

① 刘春晖. 2013. 气候变化对阿拉善蒙古族传统畜牧业及其生计的影响研究. 中央民族大学硕士学位论文.

② 《中国荒漠化和沙化状况公报》，国家林业局，2011.

降低，影响牧民收入和牧区社会经济发展。

7.3.2 雪灾与寒潮

中国牧区的雪灾主要发生在内蒙古草原、新疆北部和青藏高原的部分地区。内蒙古牧区主要发生在巴颜淖尔、乌兰察布、兴安盟、锡林郭勒盟、鄂尔多斯和通辽的北部一带，发生频率在30%以上，其中以阴山地区雪灾最重最频繁。内蒙古雪灾可分为白灾和暴风雪灾害两种。白灾的危害主要是使得牲畜扒雪吃草困难，因冻饿交加而掉膘、患病甚至死亡。

白灾的形成，关键决定于积雪状况，另有资料分析表明，降雪越大，则积雪越厚；温度越低，则积雪维持时间越长(《中国气象灾害大典》编委会，2008)。在气候变化的背景下，近40年来内蒙古升温明显，冬季降水略有减少(丁勇等，2014；格日勒等，2006)，不利于白灾的形成；另外，冬季极端降水事件呈现出增多趋势①，在日均温度稳定低于-7℃时，容易形成“座冬雪”和白灾。以上气象因子和不断提升的御灾能力互相作用使得20世纪80年代以后，虽然雪灾发生的频次大幅度提高，但受灾面和受雪灾危害的程度却相对较低(娜日斯和王海军，2011)。

寒潮是冬季强冷空气活动导致的气温急剧下降。虽然气候变暖使得寒潮的强度减弱，次数减少，但由于气候的波动增大，对牲畜的危害仍不可忽视。尤其是秋末和早春，牲畜的适应能力较差，更容易受害，如2002年入秋以来，阿拉善牧区寒冷日数比以往增多，至11月，连续二十几天低温冻害，牲畜掉膘严重。暴风雪是大风、暴雪、强降温共同作用的结果。暴风雪可使牲畜受冻伤或受惊造成摔伤等。内蒙古地区的暴风雪主要发生在初春，其次为深秋到初冬。内蒙春季的降水呈现增多趋势，且降水增多显著区域和暴风雪多发区域部分重合(丁勇等，2014)。因此，内蒙古地区发生暴风雪的风险有所增大。

7.3.3 干旱与黑灾

旱灾是内蒙古地区次数最多，分布范围最广，影响程度最强的一种气象灾害。当冬季积雪过少或无积雪时，牲畜因缺乏饮水导致进食障碍、掉膘和体重下降，称为黑灾。气候暖干化将使北方温带草原的黑灾增多。但随着牧区打井抗旱工作的开展，现在内蒙地区抗“黑灾”的能力已大幅度提高，到20世纪80年代以后，“黑灾”对本区的影响已明显降低(《中国气象灾害大典》编委会，2008)。

夏季干旱也是草原退化的重要原因。单纯春旱时，牧草即使不返青也只是处于休眠状态，环境条件转好还可继续萌发生长。但后期严重干旱会导致牧草地上部和地下部均枯萎，如继续干旱，草地将发生逆向演替，直至沙化和荒漠化。如2008年，内蒙古中部的大部分地区春季和初夏降水较多，植被较好，但仲夏以后持续高温干旱，多年生牧草出现植株死亡，后果更甚于春旱。气候变化背景下，内蒙古夏季降雨量变化空间分布差异明显，局地增多或减少现象凸出，且降雨量减少区域多于增多区域(丁勇等，2014)。1981—2010年，内蒙古旱灾成灾面积上升，增长速率为61.59万$hm^2/(10\ a)$(周扬等，2013)，因灾造成的损失也呈现加重趋势(郑大玮等，2013)

---

① 白美兰．内蒙古地区极端降水事件分布特征及年代际差异．第26届中国气象学会年会气候变化分会场论文集．2009.

7.3.4 冷雨

冷雨是指在连续降雨的过程中(或雨后)伴随着较强的降温或冷风天气。湿雪多为雨夹雪,往往伴随冷雨而来,这种天气的气温比冷雨天气还要低。初春季节,牲畜体质较差,发生在春季的冷雨湿雪危害最大。

虽然近年来内蒙古牧区冷雨和湿雪的发生次数增多不明显,但由于冬春总体变暖,牧草返青和牧业生产活动提前,牲畜春季即使没有脱绒剪毛,皮层也会随温度升高逐渐发松,对于冷雨和湿雪的脆弱性增大(斯迪,2000);气候变化使得气象要素的波动性加剧,若发生冷雨和湿雪时,将造成更大的危害。

7.3.5 草原火灾

中国草原火灾易发区面积有4亿 hm^2,约占草原面积的1/3,以内蒙古草原最多,占火灾发生次数的95%以上。一年中以冬春旱季最易发生。除烧死牲畜和烧毁草场设施外,还使草原生态遭到破坏,长期难以恢复。1991—2006年全国平均每年发生重特大草原火灾26.13起,受害草原38.87万 hm^2,死伤224人,烧死牲畜39227头只(王宗礼等,2009)。

虽然由于草原火险监测预警体系和消防设施有很大改善,使重特大草原火灾有所减少,但气候暖干化仍然使草原火险和火灾次数呈增多趋势(王宗礼等,2009)。内蒙古草原是中国北方气候暖干化最显著的地区之一。由于积雪提前融化,春风一起,空气变得十分干燥,草原火灾风险比过去更加严峻。与内蒙古接壤的蒙古国与俄罗斯远东地区的气候同样呈现明显的暖干化趋势,近年来草原火灾频繁发生并经常蔓延进入中国,也增加内蒙古草原火灾风险。在内蒙古西部地区,由于气候变化引起的该地区降雨量的增大,草原得到恢复,牧草高度和盖度显著升高,地面可燃物增多,使内蒙古西部地区的草原火灾呈上升趋势(郑大玮等,2013;李兴华等,2014)。

草原火灾的发生大多具有人为因素,但气候条件仍是草原火险季节性变化的主要原因。春季干燥多风,是草原火灾的多发季节,其次是秋季降雪之前,通常以11月和4—5月为草原火灾多发期。干旱年火灾次数较多,如1994—1995年和2000年前后(郑大玮等,2013)。

7.4 气候变化与草地生物灾害

受全球气候变化的影响,北方大部分草地干旱加重,退化严重。冬季升温有利于虫卵越冬和鼠类与害虫的繁殖,加上天敌的减少,导致草原鼠虫的危害日益加重。

7.4.1 草原虫害

近几十年随着全球气候变暖,害虫有发生提前、休眠推迟、危害期延长、繁殖世代增加、虫量增加、活动范围北扩趋势,总体上对草原的危害加重。北方草原气候明显暖干化,暖冬使害虫越冬基数增大,干旱有利于大多数害虫的活动与繁殖(郑大玮等,2013)。

蝗灾是草原主要虫害之一,有研究表明气候变化会使中国的蝗灾更为严重,北方蝗灾一般发生在温暖干燥的年份，且历史上的大旱年大多也是蝗虫大发生年（伊多·莱文和郭等，2013；郑大玮等，2013）。近年来，内蒙古草原的气候干暖化有利于蝗虫繁殖和生存，种群数量急聚增大，蝗灾频繁发生。自 20 世纪 80 年代起，草原蝗虫害总体趋于上升阶段（兰斌，2006）①。1999 年以前，内蒙古自治区全区蝗灾面积尚在 200 万 hm^2 以内，至 2004 年成灾面积已达到 529 万 hm^2（陈素华和李警民，2006）。

7.4.2 草原鼠害

草地鼠害是指草地啮齿类动物大量啃食牧草的地上枝叶和地下根茎，推出土堆，造成牧草大面积减产甚至死亡的一种自然灾害。

气候暖干化与过度放牧的协同作用使草地植被退化，危害鼠栖息和繁衍提供了条件；而鼠害又进一步加剧草地退化形成恶性循环。近 30 年来，草原鼠害呈现逐渐加重的趋势，受危害面积已由 20 世纪 90 年代的平均 0.27 亿 hm^2 上升至目前的平均 0.40 亿 hm^2，每年鼠害造成的牧草经济损失超过 60 亿元（洪军等，2014）。

7.4.3 草原害草

草原上生长的各种植物并非都是有益的。超载过牧的退化草地，由于优良牧草被牲畜啃食殆尽，劣质牧草的比例增大，其中有些还是毒草，如狼毒、醉马草等。在气候暖干化草地退化的同时，在干旱年份有害毒草的比例也在上升（赵宝玉等，2011；王晓娜，2012；姚玉璧等，2007）。甘肃地区连年干旱少雨，引起肃北蒙古族自治县的 4670 多万亩天然草场上毒草大面积蔓延②。

7.5 草地保护经营适应对策

草地退化是气候暖干化等不利环境条件和长期超载过牧、滥垦、滥挖、滥伐等不合理人类活动共同作用的结果。在气候变化的背景下，草地保护和经营要从改良局部生境与改善经营管理、提高草地生产力两方面着手适应气候变化。

7.5.1 坚持草畜平衡

开展气候变化背景下的草地生产潜力评估，遵循草畜平衡原则，按照牧草再生能力严格控制载畜量。对于严重退化草地实行退牧还草，轻度退化草地实行季节性放牧和围栏轮牧；调整畜牧结构，确定合理的畜种比例，提高母畜比例，提高经济效益，减轻草地放牧压力，有利于植被恢复与可持续利用。

(1)退耕退牧还草

草地垦荒将多年生草地变为一年生农田是引起草地生态环境退化和荒漠化的主要原因之

① 兰斌，哈斯．内蒙古草原蝗虫害成因分析．中国气象学会 2006 年年会“灾害性天气系统的活动及其预报技术”分会场论文集，2006，1197-1198.

② 庄俊康．连年大旱 肃北草原毒草蔓延．甘肃经济日报，2010 年 11 月 10 日，002 版．

一。退耕还草和退牧还草是应对气候暖干化、恢复草地生态和保持草地畜牧业可持续发展的重要方式。如吉林省白城市自1998年被列为国家生态建设示范区以来截至2004年，已退耕还草还林4.37万hm^2，人工种草5.72万hm^2，改良草场2.27万亩①；新疆塔城地区额敏县从2003年起实施以生态保护建设为主的"天然草原退牧还草工程"，共完成草场围栏470万亩，工程区内草原平均盖度和高度明显提高(杜保军，2008)。退耕退牧还草一方面促进牧草贮备量增大、品质改善，另一方面有效增强抗灾能力，提高仔畜繁殖成活率和出栏率，实现可观的间接经济效益。

退牧后的草场在植被恢复到一定程度后应适度利用，否则会由于枯枝落叶覆盖、缺乏牲畜采食践踏刺激和粪便养分回归，导致牧草生长不良和新的草地退化。

(2)划区轮牧和季节性放牧

划区轮牧是根据牧草的生长状况和家畜饲料的需要，对草地进行分区，在一定时间内逐区循序轮回放牧，从而避免超载放牧，实现草地的持续利用。在气候暖干化的背景下，通过不同区域草地之间划区轮牧、转场轮牧和季节性放牧，使草地得以休养生息，不但可以有效减轻退化，还可以维持较高的生产力。

牧草的生长有明显的季节性周期，而牲畜对饲草是全年需求，草地超载主要发生在冬春。20世纪80年代，任继周(1978)提出了季节性畜牧业的概念，通过对不同牧场在不同季节的适度合理利用，保证草场的恢复和持续利用，减轻气候暖干化带来的不利影响。近年来，内蒙古牧区随着划区轮牧的实施，草原植被得到了较好恢复，牧草产量、盖度、高度和载畜量都有所提高，草地植被明显好转，生物多样性提高，野生动物如野鸡、沙半鸡、野兔等随处可见。草原生态环境的改善，大大提高了土壤的持水性和涵养水源的能力，有效地减轻了地表蒸发和水土流失，减少了地表径流(王亚梅，2006)。

(3)围栏放牧

围栏放牧是在划区轮牧的基础上进一步实行集约化经营的饲养方式。草地畜牧业标准化人工草地围栏分区轮牧技术是以建设标准化人工草地为载体，按照"以栏管畜，以畜管草，以草定畜，草畜平衡"的原则，科学测定草地载畜量，有计划地用电围栏和牧栏把草场划分为若干大小不等的小区，让牲畜在指定的小区内自由采食和轮牧，以满足维持其生长和繁殖的需要。

中国草原畜牧业长期采用靠天养畜的季节性游牧方式，超载过牧和草地退化严重。通过借鉴发达国家围栏放牧的做法可促进草地资源的可持续利用和草地畜牧业的集约化、现代化，有效应对气候暖干化。但不合理的长期围栏封育也会导致牧草场的退化。内蒙古大学2003年7月考察了部分围封30年未利用的边境草场植被状况，结果表明东乌旗边境围栏内大针茅变为优势种，羊草几乎消失，杂草数量增多，并未达到顶极群落，反而植被盖度变差，结构趋向单一，生物多样性降低，生物量下降②。这是由于长期不放牧，草地生态系统的营养循环被阻断，土壤营养匮乏抑制了牧草生长的结果。这是对气候暖干化采取过度适应措施，适应效果适

① 退耕还草 禁牧舍饲 建设草龙白城市草原生态建设稳步发展，网易科技报道，2004.

② 林达太，思和．中韩荒漠化防治合作第二届会议论文．自然之友．

得其反的典型案例。

7.5.2 调整草原火灾防御与扑救对策

草原火灾造成人民生命财产损失，破坏草原生态，降低畜牧承载力，促使草地退化。1993年，国务院颁布《中华人民共和国草原防火条例》，草原防火步入法制化轨道。在多年的防火实践中，已经积累了丰富的草原火灾防御经验，建立了比较完备的草原防火体系，包括落实草原防火责任制、完善草原防火法规制度、建立草原火险监测预警系统、制定应急预案、加强防火基础设施建设、提高牧民防火意识、规范扑救措施等。鉴于北方草原大部分地区的气候明显暖干化，除进一步强化已有措施外，还需要在全面评估气候变化背景下草原火灾的新态势与特点的基础上，做如下调整：

(1)根据春季升温幅度、降水减少程度和草原物候的提前，适当调整草原防火期和警戒期，大部分地区需要适当提前和延长防火期和警戒期。

(2)根据不同地区气候暖干化程度的差异，对重点防火区进行适当调整，加强气候暖干化特别显著地区的草原消防队伍与设施建设。

(3)加大边境地区的草原防火力度，尽可能减少境外草原火灾的蔓延。在边境草原建立宽度500 m以上的隔离区，铲除一切地面可燃物，加强对边境地区的火情瞭望与观察，做到早发现，早报告，早防御，尽量拒火情于国门之外。

(4)加强对牧民的防火意识与技能的培训，尤其针对气候变化带来的草原火灾新特点，普及相应的防御及扑救技术。

7.5.3 提高对气象灾害与生物灾害的抗御能力

加强对草地自然灾害和有害生物的监测，健全自然灾害和生物灾害的监测、预警和防治体系。针对气候变化背景下气象灾害的新特点，调整救灾物资储备和应急救援体系的布局；根据虫鼠害发生规律的变化，调整虫鼠害防治时期和方法，加强对蛇、鹰等天敌的保护。结合退化草地的恢复改良，破坏鼠类的生存环境。

增加投入，加强人工草地和饲料生产基地建设。单位面积人工草地的产草量和饲料作物生产基地的产出量可达天然草地的5～10倍(陈明，2002)，可以弥补由于气候暖干化导致的草地生物量下降，减轻放牧草场的压力，增加饲草储备还可提高抗御夏季干旱和冬春黑灾、白灾等自然灾害的能力。

建立、健全科学管理、保护、利用草地资源的法律、法规和规章制度，严禁滥垦、滥挖等对草地的破坏。

7.6 草地畜牧业饲养适应对策

现代畜牧业由舍饲畜牧业和草地畜牧业两大分支构成。两者在生产中经常被交叉运用，使效益更趋完善(任继周，2004)。把舍饲畜牧业的集约化经营和畜舍保护等优点与草地放牧利用天然资源的高效率和低成本优势相结合，是草地畜牧业的发展方向。草地畜牧业虽然在整个畜牧业总产值中所占比例小于农区舍饲畜牧业，但在草食动物畜牧业中具有特殊的优势，同时也是牧区居民的重要收入来源，草地畜牧业的适度发展对于保护草地生态系统，充分发挥其生态屏障功能也具有特殊的价值。草地畜牧业适应气候变化，要坚持草地畜牧业生产与生态环境保护的协调，通过生产条件建设、草地管理与畜群管理相结合，减少气候变化带来的不利影响，保障草地畜牧业生产的可持续发展。

7.6.1 加强牧业基础设施建设，提高牲畜防灾能力

中国北方牧区的冬季寒冷漫，长多风且常出现白灾。气候变暖虽然提高了冬春季平均温度，但温度的波动也更加剧烈，加强牧区棚圈建设是防御冷雨和湿雪及其他灾害的重要措施。为减轻牧区牲畜的越冬掉膘和降低死亡率，必须大力加强畜舍建设，营造舒适的小气候环境。一般羊圈如圈外气温为5℃，圈内可提高到10～15℃，牲畜热量消耗只相当于无圈条件下的70%左右。畜舍设计须因地制宜综合考虑，选择背风向阳地形，就地取材选用隔热挡风材料，兼顾夏季的遮阳降温和通风排湿。

为防御冬季经常发生的黑灾和白灾，还需要加强饲草料库和饮水点的建设。

气候变暖有利于动物疫病病原和寄生虫的传播，需要加强疫病监测防治体系和药浴池的建设。

7.6.2 调整畜群结构，提高畜群整体适应气候变化能力

畜群结构是指同种牲畜群体不同年龄、不同性别和不同用途牲畜各占的比重，包括适龄母畜、后备畜种、幼畜和育肥畜等，它决定着畜群质量、生产周期、经济效果和商品率的高低。牛、马、驼、山羊、绵羊等五畜是草原生态系统长期进化和自然选择的结果，其对不同牧草地选择性的差别，在灾害发生时的抗灾能力也存在差异。山羊和骆驼能够适应以灌木和旱生、盐生牧草为主的荒漠化草地；牛、马喜食高大、多汁、适口好的优良牧草，适宜在草甸草原放牧；绵羊善于食用短草，喜食多汁与有气味含盐或有苦味的牧草，适宜在各类草原，特别是干草原放牧。由于牛用舌卷草吃，采食能力低，雪灾抗灾力最弱。马是用嘴咬住拽草吃且奔跑能力强，在雪灾中的抵抗力最强，绵羊和山羊的抵抗力居中。因此，在发生雪灾后，牧民总是先放马破雪，再放羊，最后才放牧牛。随着气候的暖干化，部分原来的草甸草原转化为干草原，就需要减少牛马的比例，增加绵羊的比例；在由干草原转化为荒漠草原的地方，则应提高骆驼和山羊的比例。在雪灾经常发生的草原，牛的数量不宜过多。

此外，当地牲畜品种抗灾能力通常要强于外来品种。这是由于土种畜经过长期环境气候条件的驯化，形成了适应不良环境的体魄。因此，在草地畜牧业生产上，应以高产优质良种畜与本地土种畜杂交改良，以兼顾增产与抗逆。在引进高产良种的同时，也要保持一定比例的传统地方品种。

7.6.3 易地育肥，保护草场生态恢复

气候暖干化使内蒙古草地的生物量降低，冬春载畜能力进一步下降，实行易地育肥，是草地畜牧业适应气候变化的有效途径。采用异地育肥模式，秋季牧草枯黄后将架子牛羊输出到

农区，利用农区饲料资源快速育肥，满足圣诞、元旦、春节等节日消费高峰期的市场需求，由于实现了资源互补和优化配置，能取得最佳经济效益；同时，牧区由于载畜减少也有利于草场的生态恢复。

7.6.4 农牧结合，适应气候暖干化

农牧结合指的是种植业依据当地资源优势，结合社会对畜牧业的发展需求，优化种植结构，合理布局；同时，畜牧业依据种植业特点及自身资源优势，调整畜种和畜群结构，使种植业与畜牧业相互适应协调发展，以满足市场需求。在不增加或减轻资源压力的前提下，增加农畜产品的社会供给，实现农牧业可持续发展。

牧区可选择水分条件好、土壤肥沃的地段或与附近农区合作建立高产饲料基地，并在具备灌溉条件的牧区建设喷灌人工草地。在夏秋季节将收割的牧草和饲草进行青贮和加工，建设饲草料储备库，用于冬春禁牧期间的舍饲和实现以丰补歉，弥补灾年和灾区的饲草料不足，有效缓解极端天气气候事件多发带来的草地畜牧业生产不稳定性，保证区域畜牧业生产的可持续发展。

气候暖干化和垦殖系数过高导致的局地沙化加剧，同时也加剧了饲草料不足。内蒙古阴山北麓农牧交错区探索出为牧而农模式（即采用豆科牧草与饲料玉米、草谷子、青莜麦等间作轮作，所收获的产品均作为饲草料，农事作业完全为畜牧业服务）、农牧结合模式（即马铃薯与草谷子、莜麦等间作轮作，马铃薯作为经济作物出售，而莜麦、草谷子作为饲草料）等，既支持了当地农区和牧区畜牧业的发展，也适应了暖干化的气候，取得了很好的生态效益（赵沛义，2009；赵举等，2002）。

7.7 关键适应问题

7.7.1 适应工作存在的问题

（1）退化草地实行禁牧后，有些草场植被恢复，应根据气候变化条件下草场生产力状况重新调整基于草畜平衡的放牧政策，适度放牧，促进草地的健康与可持续发展，避免过度适应。

（2）制定系统配套的适应气候变化政策，不能将适应气候变化政策孤立。如减轻气候暖干化增大的草地超载压力，不仅只限于减少牧区人口，还应采取配套的政策和技术措施，提高综合适应能力。

（3）虽然提倡通过夏秋打草加工储备，用于冬春舍饲，以解决牧草与牲畜生物量错位的问题，但由于配套适应技术不足，缺乏机械和运输工具，人工打草效率不高，反而加速了近距离草地的退化，并造成远距离草地的资源浪费。

（4）牧区与农区易地育肥的区域合作适应机制与配套政策不完善，缺乏资源优化配置与协调发展的政策支持。

目前牧区与农区的易地育肥合作对象为自行选择，具有很大的盲目性。应在评估气候变化引起的不同类型牧区草地生产力与农区作物生产力变化的基础上，根据饲草料资源与区位条件，优化牲畜与饲草料资源的时空配置，从而确定易地育肥的最佳合作对象，并制定合理的扶持与鼓

励政策，使牧区和农区双方都能受惠，更好地发挥易地育肥措施适应气候变化的效益。

7.7.2 关键科学问题

(1)气候变化背景下的草畜平衡机制研究

现有草地载畜量为经验判定，缺乏科学依据。应根据气候变化背景下不同类型草地再生能力确定不同季节能够保持草畜平衡的合理载畜量指标。

(2)气候变化条件下的草地生态演替规律与适度利用

气候变化在很大程度上决定着不同类型草地的生态演替方向，进而影响到草地畜牧业的可持续发展前景。需研究气候变化条件下不同地区草地的生态演替规律与未来的生产潜力，对草地畜牧业的布局与发展规划作出适应气候变化的调整。

(3)气候变化条件下草地畜牧业灾害的新特征与减灾技术的调整

探讨气候变化条件下草地畜牧业的气象灾害、生物灾害和草原火灾发生的新特征，调整减灾对策和技术措施。

(4)适应气候变化的优良牧草与牲畜品种的选育

结合 CO_2 浓度升高与草地气候变化趋势，培育抗逆性强的高产优质牧草；根据气候变化条件下动物疫病发生趋势、草地生态状况与牧草质量等培育抗逆性强的优良牲畜。

(5)构建草地畜牧业适应气候变化的综合技术体系

探讨草地畜牧业适应气候变化的技术途径，构建草地畜牧业适应气候变化的综合技术体系。

参考文献

曹立国，刘普幸，张克新等. 2011. 锡林郭勒盟草地对气候变化的响应及其空间差异分析. 干旱区研究，**28**(5)：789-794.

曹艳芳，吴瑞芬，闫伟雄. 2008. 车前草物候变化特征及对气候变化的响应. 内蒙古气象，(6)：8-10.

陈明. 2002. 优质牧草高产栽培与利用. 北京：中国农业出版社.

陈素华，李警民. 2009. 内蒙古草原蝗虫大暴发的气象条件及预警. 气象科技，**37**(1)：48-51.

崔瀚文，姜琦刚，邢宇等. 2013. 32a 来气候扰动下中国沙质荒漠化动态变化. 吉林大学学报（地球科学版），**43**(2)：582-591.

丁勇，萨茹拉，刘朋涛等. 2014. 近 40 年内蒙古区域温度和降雨量变化的时空格局. 干旱区资源与环境，**28**(4)：96-102.

杜保军. 2008. 天然草原退牧还草工程对额敏县生态恢复效果研究. 中国畜禽种业，(17)：74-76.

格日勒，马清霞，吴向东等. 2006. 内蒙古北部牧区 2006 年春季干旱特征分析. 畜牧与饲料科学，(6)：29-31.

何京丽，珊丹，梁占岐等. 2009. 气候变化对内蒙古草甸草原植物群落特征的影响. 水土保持研究，**16**(5)：131-134.

贺庆棠. 2001. 气候变化与中国荒漠化防治. 北京林业大学学报，**23**(5)：61-65.

洪军，贠旭疆，林峻等. 2014. 我国天然草原鼠害分析及其防控，中国草地学报，**36**(3)：1-4.

黄瑞灵，周华坤，刘泽华等．2012．长江源区高山嵩草物候与生物量动态及其对气候变化的响应．西北植物学报，**32**(5)：1021-1026．

雷占兰，周华坤，刘泽华．2012．气候变化对高寒草甸垂穗披碱草生育期和产量的影响．中国草地学报，**34**(5)：10-18．

李红梅，李林，邓振镛等．2010．气候变化对青海高原及周边地区畜牧业的影响及应对措施．安徽农业科学，**38**(32)：18374-18377，18457．

李晓锋，陈明新．2008．全球气候变暖对我国畜牧业的影响与分析．中国畜牧杂志，**44**(4)：50-53．

李兴华，任丽媛，刘秀荣．2014．气候变化对内蒙古草原火灾的影响．干旱区资源与环境，**28**(4)：129-133．

李玉娥，董红敏，林而达．1997．气候变化对畜牧业生产的影响．农业工程学报，**13**(增刊)：20-23．

马文红，方精云，杨元合等．2010．中国北方草地生物量动态及其与气候因子的关系．中国科学：生命科学，**40**(7)：632-641．

娜日斯，王海军．2011．草原雪灾研究．内蒙古草业，**32**(2)：46-49．

任继周．2004．草业科学战略契机刍议//中国草业可持续发展战略-中国草业可持续发展战略论坛论文集，9．

任继周，王钦，年新待等．1978．草原生产流程及季节畜牧业．中国农业科学，(2)：87-92．

斯迪．2000．冷雨和湿雪对牲畜的危害及其防御．当代畜禽养殖业，(1)：13．

王明玖，何劲莉，成格尔等．2010．气候变化及其对内蒙古农牧业的影响．气候变化与生态系统响应论文集，213-221．

王明玖，张存厚．2013．内蒙古地区气候变化及对畜牧业的影响分析．内蒙古草业，**25**(1)：5-12．

王谋，李勇，白宪洲等．2004．全球变暖对青藏高原腹地草地资源的影响．自然资源学报，**19**(3)：331-336．

王晓娜．2012．干旱对苏尼特右旗草原生态环境影响分析，农业与技术，**32**(8)：194．

王亚梅．2006．内蒙古退牧还草工程中期效益分析．畜牧与饲料科学，(5)：44-47．

王宗礼，孙启忠，常秉文等．1991．草原灾害．北京：中国农业出版社，42，47．

魏永林，张盛魁，许存平等．2007．气候变化对海北地区天然草地生物量及生态环境的影响．青海气象，(2)：16-19．

魏玉荣，潘学标，敖其尔等．2007．草地牧草物候发育模型的应用研究——以锡林郭勒草原为例．中国生态农业学报．**15**(1)：117-121．

杨持，叶波，邢铁鹏．1996．草原区区域气候变化对物种多样性的影响．植物生态学报，**20**(1)：35-40．

姚玉璧，李玉清．1995．气候因素对牦牛产肉量的影响分析．中国畜牧杂志，**31**(1)：33-34．

姚玉璧，王润元，邓振镛等．2007．黄河首曲流域草原气候变化特征及其对牲畜生存的影响．中国农业大学学报，**12**(1)：27-32．

伊多·莱文，郭筝．2013．气候变化或使人类面临更严重的蝗灾．中国三峡，64-67．

张秀云等．2007．青藏高原东北边缘牧区气候变化及其对畜牧业的影响．草业科学，**24**(6)：66-73．

赵宝玉，尉亚辉，史志诚等．2011．我国西部草原毒草灾害状况及防控对策．中国畜牧兽医学会家畜内科学分会论文集，742-748．

赵哈林，根本正之，大黑俊哉等．1997．内蒙古科尔沁沙地放牧草地的沙漠化机理研究．中国草地，(3)：15-23．

赵哈林，周瑞莲，苏永中．2008．科尔沁沙地沙漠化过程中土壤有机碳和全氮含量变化．生态学报，**28**(3)：976-982．

赵举，郑大玮，妥德宝等．2002．阴山北麓农牧交错带带状留茬间作轮作防风蚀技术研究——内蒙古退牧还草工程中期效益分析．干旱地区农业研究，**20**(2)：5-9．

赵沛义. 2009. 作物残茬生物篱防治农田土壤风蚀及其影响机理研究——以阴山北麓农牧交错带为例[D]. 呼和浩特:内蒙农业大学博士学位论文.

郑大玮,李茂松,霍治国. 2013. 农业灾害与减灾对策. 北京,中国农业出版社.

郑景云,葛全胜,郝志新. 2002. 气候增暖对我国近40年植物物候变化的影响. 科学通报, **47**(20): 1582-1587.

《中国气象灾害大典》编委会. 2008. 中国气象灾害大典内蒙古卷. 北京:气象出版社.

周扬,李宁,吴吉东. 2013. 内蒙古地区近30年干旱特征及其成灾原因. 灾害学,**28**(4): 67-73.

竺可桢,宛敏渭. 1980. 物候学. 北京:科学出版社.

Menzel A. 2000. Trends in phonological phases in Europe between 1951 and 1996. *Int J. Biometeorol*,**44**(2): 67-75.

Sala O E, Parton W J, Joyce L A, et al. 1988. Primary Production of the central grassland region of the United States. *Ecology*,**69**:40-45.

第8章　大农业相关产业

前面章节主要分析了气候变化对农业有害生物防治、粮食作物生产、草地畜牧业生产的影响与适应对策。随着社会经济的发展和人们对农产品需求的不断增加，经济作物、园艺作物、畜牧业和水产养殖业生产规模不断扩大，农业专业化和现代化水平也越来越高，现代大农业系统已成为横跨一、二、三产业，兼具经济、社会与生态服务功能、高度发达的新型综合性产业。本章综述气候变化对大农业的影响与适应对策。本章的大农业包括从事植物性生产的种植业和林业，从事动物性生产的畜牧业、水产业和养虫业，农用微生物的生产；涉农第二产业的农业生产资料生产、农业基础设施建设和农产品加工等；涉农第三产业的农业技术服务、商业金融、新型农业和农业教育培训、农业科研、农业政策咨询与法律服务等。本章首先概要总结气候变化对大农业的整体影响，然后重点综述气候变化对经济作物(纤维作物、油料作物、糖料作物、茶叶和烟草等嗜好作物)、园艺业(蔬菜、果树、观赏植物、中药材)、农区畜牧业与养虫业、水产业、观光农业、农业服务业等的影响与适应对策，提出大农业相关产业适应气候变化的总体思路。

8.1　气候变化对大农业系统影响综述

8.1.1　大农业产业结构概述

农业系统是在一定自然条件和社会经济条件下，农业各部门的生产要素按各种比例、采用不同方式结合而成的系统。狭义农业仅指种植业，广义的大农业系统包括所有以生物为对象的第一产业部门和为农业服务或与农业配套的第二、第三产业部门，其结构如图8-1所示。

社会经济发展水平较低时，农业生产的目的只是维持温饱，大农业系统以粮食生产为主，其他产业比重很小。随着社会经济的发展，温饱问题基本解决后，人们对农产品的需求日益多样化、优质化，为满足市场需求，经济作物、园艺作物、畜牧业和水产养殖业生产规模不断扩大。随着农业专业化和现代化水平的提高，农用工业和服务业迅速发展。随着生活水平和科学文化素质的提高，农业服务功能已不限于满足生存需求，越来越多承担起生态服务与精神、文化服务功能。现代大农业系统已成为横跨一、二、三产业，兼具经济、社会与生态服务功能，高度发达的新型综合性产业。

图 8-1　大农业系统的结构

8.1.2　气候变化对大农业的总体影响

尽管现代农业与传统农业相比已有天壤之别，但仍然具有农业的基本特征，即以农业生物为生产对象和主要在露天条件下生产，因而仍然是对环境条件，特别是对气候变化敏感的产业。气候变化对大农业系统的影响可概括为：对农业生物的影响、对农事作业的影响、对生产要素的影响、对市场需求的影响等。

(1) 对农业生物的影响

1)对植物的影响

共性影响:CO_2浓度升高有利增强植物的光合速率和提高水分利用效率,其中C_3类植物更为敏感,但有可能增大碳氮比,使农产品的蛋白质含量下降。气温升高使植物发育加快,低温胁迫总体降低,高温胁迫趋于增大。植物病虫害向更高纬度和海拔扩展,危害期延长。

对于不同类型植物影响的差异:

①对于禾本科等有限生长的一年生春播作物,如不变换品种,由于发育加快,全生育期将缩短,有可能导致产量降低;改用生育期更长的品种后将具有一定增产潜力。

②由于冬半年气温升高大于夏半年,如果水分满足需求,早春播种的作物由于播期提前大于成熟的提前,全生育期将延长,有利于增产。但如降水减少,提早播种导致作物水分临界期提前到雨季之前,为避免干旱不得不推迟播种。

③具有稳定冬眠期的地区,越冬作物由于冬眠期缩短超过全生育期的缩短,有效生长期反而延长,在水分和光照等其他条件不变的情况下将有利于增产;没有冬眠期的地区则有效生长期会明显缩短,不利于增产。

④棉花、薯类等无限生长的作物,随着气温升高,生长期明显延长,累积生物量增大,必须适当降低密度。

⑤多年生植物和林木,随着气候变暖春季发育提前,秋季延后,一年中的有效生长期延长。如果光照、水分等其他条件满足,将有利于生物量的积累。

⑥园艺作物与大田作物相比暴露度降低,对于极端天气、气候的防御能力更强。但园艺作物通常要比大田作物更加脆弱,极端事件造成的实际损失往往更重。

⑦塑料大棚和日光温室等保护地生产由于暴露度低,受极端事件影响较小。但如极端事件导致设施破坏,由于作物更加脆弱,受害与损失要比大田作物更重。气候变暖对于高纬度、高海拔地区的保护地生产特别有利,但对低纬度冬季和中纬度夏季保护地生产不利。

2)对动物的影响

①共性影响:气温升高将减轻冷应激,增大热应激的风险。动物疫病与寄生虫病将向更高纬度与海拔蔓延。极端天气、气候事件增多也对动物养殖业不利,对畜舍、鱼塘等设施提出了更高的要求。

②畜禽等恒温动物:气温升高对发育速率没有明显影响,但对动物生理有明显影响。喜温的猪、鸡等动物在冷凉地区体能消耗减少,饲料转化率提高,越冬保温成本也可降低。但喜凉的奶牛在炎热地区如不采取降温措施,产奶量将显著下降;采取降温措施又将使得成本明显增大。

③鱼类等变温动物:气温升高将加快动物发育进程,养殖期可延长,有利于增产。但水温升高将增加快富营养水体的藻类繁殖,降低溶解氧的浓度,使泛塘死鱼的风险增大。

④养虫业:蜂、蚕等为变温动物,气候变暖使蜜蜂、桑蚕等养殖昆虫一年中的可生长期延长,发育加快,繁殖代数增加,同时也有利于蜜源植物和桑树的生长,有利于增产;但其天敌与病害的活动期也将延长,危害加重。夏季热胁迫也更加严重。

(2) 对农事作业与生产要素的影响

1)对农事活动的影响

气候变暖使气候寒冷地区的农耕期延长,随着种植制度和作物品种的调整,春季播种期大多提前，秋季收获期大多延后。高寒地区由于冻土层变浅，早春翻浆对田间作业和运输的影响有所减轻。极端天气不利于实施灌溉、施肥、施药、播种、收割等田间作业。

2）对生产要素的影响

土温升高将加快养分循环，使土壤有机质含量降低。气温升高将加快化肥与农药挥发与分解，可能降低使用效果，有些农药的毒性增强。由于种植期延长，生物量增大，对水分需求将增大；但农田蒸散强度下降和作物水利用效率提高对干旱又有一定缓解作用。气候变暖将增加工业与生活用水量，降水减少的地区灌溉可利用水资源将更加紧缺。气候变化使农用土地资源状况发生改变，高寒地区原来不能耕种或产量极不稳定的土地，农业利用价值将显著提高，海平面上升使近海平原的农田面临淹没或盐渍化的危害，极端降水事件特别是旱涝急转将增大山区水土流失的风险，气候干旱化地区的局部农田有可能加剧荒漠化进程。

(3) 对农产品生产贸易格局与市场需求的影响

气候变化对高寒地区农业生产总体有利，一些过去的不毛之地或低产地区的产量有可能大幅度增加，成为新的农产品输出地；气候过热或干旱化、盐渍化地区的产量将明显下降，粮食更加匮乏。农产品生产优势地的转移必将导致全球农产品贸易格局的改变。

气温升高影响人们的食欲和饮食习惯，高热量食物摄入减少，低热量食物和冷饮需求增大。但农产品蛋白质含量降低又迫使人们不得不增大摄入量来弥补。

气候变暖将减少纺织品需求量，从而影响到棉花等纤维作物的生产。

8.2 经济作物

经济作物指具有某种特定经济用途的农作物，具有地域性强、经济价值高、技术要求高、商品率高等特点，大多用作工业原料。经济作物的种类很多，我们只介绍以下几种重要经济作物的适应技术。

8.2.1 气候变化对纤维作物生产的影响与适应对策

棉花是种植面积最大的纤维作物。喜温、喜光，生长期较长，苗期较耐旱，具有无限生长的习性。气候变化对棉花生产有利有弊，不同棉区间差异较大，对棉花种植面积及分布、产量、品质及病虫害发生都会产生明显的影响（王友华等，2011）。

(1)气候变化对棉花生产的影响与适应

1）种植区域及分布的变化

随着气候变暖，棉花的生长期延长，可种植区域将有所扩大，种植北界北移，其中西北内陆棉区在灌溉有保证的前提下，种植面积将有大幅度的增大，北部特早熟棉区种植北界可北移100～200 km，黄河流域棉区虽然发棵提前，霜前花增多，有利于产量和品质的提高，但干旱、洪涝、高温和低温灾害可能更加频繁，病虫害加重，增加产量和品质的不稳定性，利弊相抵，种植面积不会有大的改变，主产区仍在冀东南和鲁西北等偏旱地区。长江流域棉区由于春末夏初和初秋连阴雨将增多，盛夏高温伏旱威胁加重，严重影响棉苗生长，导致烂铃和吐絮不畅，气候变化的影响弊大于利，种植面积将有所下降。

2)对棉花生长发育和产量品质的影响

生长期延长和CO_2浓度升高均有利于棉花光合作用和生物量的积累,气温升高使发育进程加快,伏前桃和伏桃增多。单株果枝数、果枝长度、有效铃数、铃重、籽棉和皮棉产量都可望增大,霜前花增多和纤维发育时间延长也有利于提高品质。但太阳辐射与风速减弱加重了田间郁闭,不利于光合作用,在阴雨天数增加的地区易导致植株徒长,夏季高温将增大呼吸消耗,加上旱涝、暴雨和连阴雨等极端天气的频繁发生,将导致蕾铃脱落和烂铃增多,使得产量和品质降低。

3)对棉花病虫害的影响

暖冬使棉铃虫越冬基数增大,春暖使其发生期提前,孵化率和虫株率提高,20世纪90年代以来华北棉铃虫危害明显加重。

气温升高同样有利于棉蚜的发生,由于CO_2浓度升高导致植株游离脂肪酸和游离氨基酸增加,可溶性蛋白含量降低,棉酚和单宁含量增大,也导致棉蚜种群发生和危害加重。但在降雨量和湿度增大的地区将受到一定抑制。

气候变暖还将明显加重干旱半干旱棉区红蜘蛛的危害。

(2)棉花生产对气候变化的适应对策

1)调整棉花生产布局。

气温升高和降水增多进一步扩大了西北棉区的优势,促使中国棉花生产重点明显西移,在节水和提高作物水分利用效率的基础上可以扩大种植面积。王建刚等(2009)发现随着气候变暖,新疆北部棉花种植北界可以推移到46°23′N。冀东南和鲁西北地区气候偏旱,棉花相对于其他作物也具有优势。春秋季降水明显增多和高温伏旱明显加重的长江流域部分地区棉花种植面积将会缩小。

2)利用冷尾暖头天气适当提前播种,争取早发棵早现蕾。热量偏少地区可采用早熟品种,覆盖地膜,温棚营养钵育苗移栽。长江中下游地区力争棉花早发有利于使现蕾期避开梅雨和使吐絮躲开秋季早霜冻。

3)选育抗旱、耐涝、耐热和抗虫等多抗性品种。

4)随着气候变暖,棉花发育提前,适当降低密度,加强整枝与化控。

5)加强极端天气的监测、预报和预警,为棉花播种、移栽、灌溉、施肥、收获、晾晒等农事作业提供趋利避害的适宜时机。加强病虫害测报与综合防治。

8.2.2 气候变化对油料作物生产的影响与适应对策

油料作物以生产植物油为目的,主要有油菜、花生、芝麻、向日葵、胡麻等。大豆和玉米也是植物油生产的重要来源,但通常作为粮食作物的副产品。

(1)气候变化对花生生产的影响与适应对策

1)气候变化对花生生产的影响

花生是北方暖温带地区最重要的油料作物,喜温,极不耐涝,苗期相对耐旱,但开花下针对干旱和高温十分敏感。葛道阔等(1997)的模拟研究显示,随着气候变暖,热量增加和CO_2浓度升高等有利因素不足以弥补雨养花生生育期明显缩短的不利影响,大多数产区的产量将明显下降,尤其是四川与黄淮产区。夏季高温导致受精不良甚至败育,产量将明显下降。地表高温干燥还使已受精果针在解除地表时灼伤而不能入土膨大。只有辽宁等北部产区由于原有热量不足，气候变暖有利于增产。全国花生适宜种植区将会北移。灌溉能在一定程度上减轻生育期缩短的不利影响，但产量在总体上仍呈下降趋势。

2)花生生产适应气候变化对策

①调整种植区域布局，适度向北扩种，南部气温过高和降水过多地区适当压缩。

②调整播种期，根据各地气候分别采取提前或推迟播期的措施以使开花下针期避开高温干旱。

③改善灌溉与排水条件，减轻旱涝灾害的损失，尤其在开花下针期遇旱要及时灌溉，遇涝要迅速排水。

④选育生育期更长和耐热耐旱的品种。

(2) 气候变化对油菜生产的影响与适应对策

1)气候变化对油菜生产的影响

油菜是南方和北方高寒地区主要油料作物，南方为冬油菜，北方为春油菜。油菜相对喜凉喜湿。气候变化给中国油菜生产带来了深刻影响(张树杰等，2012)。

①传统生产格局发生改变

气候变暖使生长期延长，近年来中国油菜种植区域分布“东减、北移、西扩”有明显变化，并向高纬度、高海拔地区发展。春油菜种植面积变化不大，青藏高原和内蒙古、新疆面积显著增大，东北因降水减少显著缩小。冬油菜种植面积明显增大，种植界限明显北移。长江中下游一直是冬油菜主产区，但近年来季节性干旱日益严重，加上油料进口增加，2003 年以后种植面积下降。

②单产增长趋缓。气候变暖在热量不足地区有利于增产，但在原有热量充足地区反而会导致减产。营养生长阶段的高温不利于产量形成，尤其花期的高温比灌浆期高温对籽粒产量形成的影响更大。由于高温胁迫加重，尽管近 30 年中国冬油菜平均单产大幅度提高，但年际波动很大，单产增加趋势正在减弱。

③油菜生产的不稳定性显著增大。高温、干旱和强降水等极端事件频发，近 30 年冬油菜平均单产的负向波动频率和幅度已大于正向，尤其是在近 10 年。东北、华北的干旱缺水和长江流域的伏旱加重，南方的洪涝加重，北方的极端降水事件也时有发生。虽然冬季变暖有利于多数地区冬油菜安全越冬，但在西南地区也经常导致早薹早花，易在早春受冻减产。初夏高温使生育期缩短甚至逼熟而造成产量和品质下降。

④病虫草害发生提前，危害加重。暖冬使病虫越冬基数增大，死亡率降低，发生期提前，危害期延长。温度和湿度升高为病虫害发生蔓延提供了有利条件。如长江流域冬油菜主产区的主要病害菌核病侵染期明显提前，常在幼苗越冬返青时发作；干旱条件下，原本对幼苗影响不大的食叶类害虫的危害也趋于严重；云贵高原和四川盆地的酸雨引起土壤酸化，使油菜根肿病日益严重。

2)油菜生产适应气候变化对策

①选育高抗品种。四川盆地、长江中下游和华南沿海以抗病、耐渍、抗旱、耐寒、抗倒、生育期短、适应机械化和轻简化生产的品种为主；黄土高原、黄淮平原和云贵高原亚区应以抗病、抗旱、耐寒品种为主；春油菜产区以抗旱、耐瘠、播种出苗抗冻品种为主。

②调整肥料运筹方式。针对气温升高加速养分和土壤有机质分解，采取有机无机结合，速

效长效结合，采用控释、缓释技术，适度深施，延长肥料有效利用时间，提高肥料利用效率。灾后及时追施速效肥以促进恢复生长。

③适期晚播。针对长江中下游播种期降水量偏少影响出苗和生长，冬季气温升高诱使早薹早花，适当推迟播期，并使用早熟品种和高效抗旱剂、种子包衣剂、抗蒸腾剂等，以提高种子发芽率。

④适当加大密度。减少单株分枝数，促进角果同期成熟，减少收获落粒损失，利于机械化收获，也可提高肥料利用效率，促进尽早封行，减轻杂草竞争。

⑤提早病虫草害防治，发生极端气候事件时更要及时防治次生病虫害（张树杰等，2012）。

8.2.3 气候变化对糖料作物生产的影响与适应对策

糖料作物以生产食糖为目的，以甘蔗和甜菜为主，甘蔗产区分布在华南，甜菜分布在黑龙江、内蒙古和新疆等高寒地区。此外，各地还种植一些甜高粱。糖料作物的产出包括生物量与含糖率两个方面。

(1)气候变化对甘蔗生产的影响与适应对策

1)气候变化对甘蔗生产的影响

甘蔗是多年生亚热带作物，全年分为蔗茎生长期和糖分积累期两个阶段。龙国夏等(1994)利用甘蔗主产区产量与气候资料统计分析发现，10 月平均气温和 11 月温度日较差与甘蔗糖分含量成显著正相关，10 月极端最低气温则成负相关。9—11 月温度日较差≥10℃为蔗糖分高值年。后期温度对蔗糖分含量起较重要作用。蔗糖分积累需要凉爽干燥天气，要求昼夜温差较大，雨日较少，光照充沛，各气象因子配合适宜。广西南宁等地糖厂榨季蔗糖含量与 10—11 月降水量及雨日、10—12 月平均相对湿度等成显著负相关，但降水量过少也导致含糖分下降。未来气候变化情景分析表明，华南蔗区特别是其南部热量可能偏高，降水将继续增加，对甘蔗糖分积累不利。但华中、西南蔗区和华南北部目前糖分积累时期温度偏低地区，未来将比较适宜，冬季水分条件也适宜糖分积累，甘蔗适宜种植区有可能向北推移。

2)甘蔗生产的适应对策

调整布局，适度北扩；加强秋季雨后排水降湿；适当推迟榨糖季节。

(2)气候变化对甜菜生产的影响与适应对策

1)气候变化对甜菜生产的影响

气候变化导致华北春旱加重，对播种出苗形成严重障碍，叶丛繁茂期和块根糖分增长期遇旱对产量有较大影响。目前降水趋势东多西少。未来除东北和西北部分地域外降水都将减少，干旱加重。但主产区黑龙江省降水将有所改善。随着温度升高，有可能产生高温危害。

李季贞(1993)认为，由于黑龙江省降水略有增加，褐斑病等病害有加重趋势。未来气候变暖后甜菜适种区可北移至 48°N 以南地区。

2)甜菜生产适应气候变化对策

①调整甜菜生产布局，适宜种植区进一步北移，尤其黑龙江省可称为甜菜种植基地。

②防御高温危害，培育选用耐高温品种。

③未来多数产区降水减少，干旱加重，要加强水利建设。

④推广秋翻、秋耙、秋施肥、秋起垄和地膜覆盖，实现一次播种保全苗。

8.2.4 气候变化对茶叶和烟草生产的影响与适应对策

经济作物还包括茶叶、咖啡等饮料作物、香料作物和烟叶等嗜好作物，种类繁多。本节只介绍播种面积较大的茶叶和烟草两种作物对气候变化的响应及适应对策。

(1) 气候变化对茶叶生产的影响与适应对策

1)气候变化对茶叶生产的影响

茶叶、咖啡、可可号称世界三大饮料作物，但只有茶叶在中国具有特殊的重要性，属“开门七件事”之一，更是牧民的生活必需品。

茶树是亚热带喜温灌木，相对耐荫，弱光与散射光下有利于增加茶叶中的含氮物质和芳香物质，形成优良品质。目前中国茶叶总产超过100万t，为世界第一。气候变暖使茶树的生长提前，生长期延长，产量增大，品质改善，供过于求的局面更加严峻。茶树种植向更高纬度与海拔扩展。由于茶叶采摘期提前，过去人们讲究清明前后品尝新茶，现在春节就有新茶上市，使得茶叶价格难以上涨。

影响茶树分布北界的主要限制因素是越冬冻害，目前山东省日照市已成为中国淮河以北的最大茶叶产区。如五莲县1970—2000年低温冻害时间越来越短。其中出现－10℃以下最低气温天数从20世纪70年代的91 d减少到90年代的26 d，－15℃以下低温天气90年代以后再未出现。日照市的降水持续减少，高温天气增多，对茶树的光合作用与品质均不利。但蒸发量有所减少，相对湿度变化不大，对高温干旱的威胁有一定缓解作用(朱秀红等，2003)

南方茶区气候也在变暖，以江西省修水县的宁红名茶为例，主产区稳定通过10℃提前9 d，茶叶生长季提前，生长期延长，生长最旺5、6月气温变化不明显，有利于产量和品质提高。冬季冻害减轻，夏季高温威胁加重。年降水量变化不大，主要生长季3—6月降雨充沛，有利于茶叶保持鲜嫩和优良品质。但相对湿度略有下降，日照时数增加，稍有不利影响(荣东红等，2012)。

极端天气对茶树的威胁加重，2008年的南方持续低温冰雪天气曾造成头茬茶叶基本绝收，有些茶树甚至被冻死。

2)茶叶生产适应气候变化对策

①调整生产布局。随着气候变暖，茶树种植可向更北、更高地区适度扩展，但应选择降水增加或至少下降不明显，相对湿度较大，多云雾的山区。

②调整采摘时间。由于茶树发育提前，春季采摘和茶园管理都要提前，过去以明前茶为新茶品牌，现在需要创造新的品牌。

③针对部分茶区夏季高温干旱加重，要在茶园中间植乔木遮阴，加强喷淋灌溉，以保持茶叶的产量和品质不下降。

④由于目前农药残留严重制约中国产茶叶出口量和市场对有机茶的需求旺盛，针对气候变暖导致茶树病虫害发生提前和扩大蔓延，要大力推广生物防治和综合防治，严禁滥用农药。

(2) 气候变化对烟草生产的影响与适应对策

1)气候变化对烟草生产的影响

烟草是中国最主要的嗜好作物，也是国家税收的重要来源。烟草喜温喜光，优质烤烟在整个生长期内对温度的要求前期较低，后期较高。气候变暖和CO_2浓度升高有利于增强烟草的光合作用与提高烟叶产量，提高作物水分利用效率，但也将导致碳氮比值升高，影响烟叶的品质。气候变暖将使烟草种植区向更高纬度与海拔扩展。气温升高后烟草病虫害的分布区扩大，繁殖代数增加，危害时间延长，受害加重（廖要明等，2003）。

如烟草主产区之一的河南省平顶山市1961—2008年年平均气温上升了0.70℃，春季和夏季延长，秋季和冬季缩短。年降水量虽然变化不大，但夏季暴雨增多，春秋季常出现干旱。大风雨、冰雹减少。随着气候变暖，近10年烟叶病虫害有明显加重趋势（李新等，2011）。

极端天气、气候事件对烟叶生产的威胁增大，如云南、贵州等西南烟区，冬春干旱明显加重，严重影响烟草幼苗生长。

气候变化导致烟草不同产区的气候资源与气象灾害发生特点的改变，从而影响到优势产区的转移。如张超等（2012）分析湖南省近50年来的气候变化特点，烟草大田期日照时数减少，降水量增大，尤其是成熟期。湘西北和郴州烟草种植适宜度降低，湘西南和长沙的适宜度提高，湘西中部、邵阳、永州南适宜度变化不大。

2）烟草生产适应气候变化的对策

①调整布局，适度北扩，但气候明显干旱化地区要适当压缩。

②选育相对晚熟、耐旱和抗病虫的品种。

③春旱严重地区适当推迟移栽期，使旺盛生长期与雨季基本吻合。推广地膜和秸秆覆盖，揭膜后要及时中耕培土，促进根系发育，增强抗涝能力。

④加强病虫监测，调整防治适期。北方烟田冬灌可消灭部分越冬害虫。

8.3 园艺业

园艺作物主要包括蔬菜、果树、中药材植物栽培、花卉和其他观赏植物，广义的园艺作物还包括茶园和热带经济作物种植园。与大田作物相比，园艺作物对物质与技术投入的要求更高，气候变化的影响也与对大田作物有所差异。

8.3.1 气候变化对蔬菜生产的影响与适应对策

（1）气候变化对蔬菜生产的影响

1）对生长发育、光合作用和产量的影响

气候变暖使蔬菜作物的可种植期延长，生长发育加快，加上CO_2浓度的增升，有利于增强光合作用和增加干物质积累。对于无限生长型的蔬菜作物，由于生长期延长，有利于提高产量。但对于有限生长型蔬菜作物，则由于发育加快导致生长期缩短，产量将会降低（付雅丽等，2009）。

2）对蔬菜生产布局的影响

虽然蔬菜作物的种类繁多，能够适应不同的气候，但需求量最大的是喜温果菜类和耐寒叶菜类。大多数耐寒叶菜类在平均气温5℃以下停止生长，大多数果菜类在平均气温25℃以上和多雨季节生长不良，导致中国大部分地区的蔬菜供应存在淡季和旺季的差异。长城以北存在漫长的冬淡季，夏季是蔬菜旺季；华北到江南则存在冬末早春和夏末初秋两个淡季和其间的两个旺季，但北方以冬淡季为主，南方以夏淡季为主；华南则以冬季为旺季，夏季为淡季（郑大玮等，1989）。随着气候变暖，夏淡季的发生区域将扩大，时间延长；冬淡季的范围将缩小，时间变短。夏淡季蔬菜生产基地向更高纬度与海拔转移和扩展，冬淡季生产基地也将由华南向西南和江南扩大。各类蔬菜的种植界限总体北移。气候变暖还导致冬季保护地蔬菜生产的规模扩大,极大地改善了冬季蔬菜市场供应(付雅丽等,2009)。

3)暖冬对蔬菜生产的影响有利有弊

冬季变暖有利于温室、大棚、地膜等保护地蔬菜生产,使产量增加,上市提前,保暖成本降低。但部分越冬蔬菜过早抽薹令品质下降或不利于越冬。有的蔬菜还因缺乏足够的低温刺激未能顺利通过春化,翌年结果不大,影响产量。冬季苗床温度过高促使菜苗发育提前并徒长,抗寒力减弱。

4)对病虫害的影响

温度升高还使病原菌和害虫安全越冬,春夏发生提前,分布范围扩大,繁殖世代增加,危害加重。CO_2浓度升高使得植株含碳量增高,含氮量下降,害虫通过增大采食量来满足对蛋白质的需求,也使得对蔬菜的危害加重。

5)极端气象事件的危害加重

气候变暖使得蔬菜夏季高温热害明显加重,台风强度增大也经常对沿海地区的蔬菜生产造成威胁。由于气候变暖,蔬菜作物在活跃生长之际突然遭遇强降温,对低温的抵抗力明显下降。虽然春季终霜冻结束提前,但蔬菜作物的播种、移栽和生长发育也同步提前,加上脆弱性增大,春季低温危害反而有加重趋势。

随着保护地栽培面积的迅速扩大和太阳辐射减弱,低温寡照成为大棚和日光温室蔬菜生产的主要灾害。沧州市调查自20世纪90年代以来低温寡照和冬季大雪天气有增加趋势(王琼等,2008)。

(2)蔬菜生产适应气候变化对策

1)调整蔬菜生产布局

利用中国幅员辽阔,各地气候差异大的有利条件,充分发挥各地气候优势,发展旺季蔬菜生产,压缩淡季生产,建立全国性的淡季或反季节蔬菜生产基地。随着气候变化,北方夏淡季和南方冬淡季蔬菜基地适当北扩。

2)适当调整播种期、移栽期和品种类型

随着气候变暖,冬季保护地蔬菜育苗期要适当推迟,选用冬性更强的品种,控制苗床温度和适时放风锻炼,以避免发育过快与徒长,春季蔬菜播种和移栽适当提前。秋季蔬菜播种根据秋季变暖程度适当推迟。

3)加强对高温热害的防御

夏季蔬菜生产推广遮阳网和适时喷淋降温。选育耐寒耐热蔬菜品种。

4)加强保护地应对极端天气的能力

针对各地不同气候变化特点改进大棚和日光温室的结构与材料,增强隔离热性和抗风、抗雪压性能,高寒地区应以耐寒叶菜类生产为主,如生产喜温果菜类应配置临时加温设备。建立健全蔬菜生产灾害性天气的预警机制。

5)改进蔬菜生产的病虫害防治

针对气候变暖加剧蔬菜病虫危害,加强高效、低毒、无污染新型农药和生物防治制剂的研发。根据病原和害虫发生规律的变化,调整防治时机和重点。大棚和日光温室要利用夏季高温闷棚进行土壤消毒。

8.3.2 气候变化对果树作物生产的影响与适应对策

(1)气候变化对果树生产的影响

果树生产对象为多年生乔木和灌木，大多为C_3植物，相当大部分在山区种植，气候变化对果树生产的影响与大田作物相比有许多不同的特点。

1)与大田作物相同的影响

气候变暖使果树的生长发育春季提前，秋季延后，全年生长期延长，加上CO_2浓度的升高，有利于增强光合作用和提高水分利用效率。冬季变暖使病虫害越冬基数增大，发生期提前并延长，世代增多，范围向北扩展，危害加重。

2)对果树生产格局的影响

中国果树优势带有两个，苹果、梨、桃、枣、核桃、板栗等温带果树主要分布在黄淮到长城附近的暖温带及中温带南部；柑橘、香蕉、菠萝、荔枝、龙眼等亚热带水果主要分布在华南到江南南部。气候变暖使果树种植区整体北移。如过去河北坝上地区和东北中北部只能种植太平果、海棠等小苹果，20 世纪 80 年代以后随着气候变暖和果树育种的突破，一些耐寒苹果品种秋栽成活率由 80 年代以前的 50%提高到 80%，坐果率和产量都明显提高(潘玉荣，2005)。华南的荔枝和龙眼却经常由于冬季变暖而缺乏必要的相对低温刺激，花芽分化少和不良，坐果率显著下降，形成“暖害”，迫使优势种植带北移。

3)对果树冻害与霜冻的影响

尽管冬春气候变暖，但果树冻害与霜冻并未减轻。王荣英等(2012)对衡水地区果树冻害的研究表明，晚秋初冬冻害与日平均气温骤降导致抗寒锻炼不足密切相关，与绝对最低气温关系不大。越冬冻害则与极端最低气温关系密切，与日平均气温降幅关系较小。因此，在气候变暖的背景下，果树越冬冻害总体减轻，但近 10 年受气候周期波动影响又有回升。晚秋初冬冻害则并未减轻。虽然初冬强冷空气侵袭延后强度减弱，但果树停止生长推迟，对气温突降更加敏感。

随着气候变暖，春季终霜冻结束提前，但果树萌芽和开花也明显提前。加上气候波动加剧，近十多年果树霜冻危害明显加重，2010 年 4 月 28 日和 2013 年 4 月 19 日黄河中下游平原降雪和晚霜冻发生之迟，危害之重都是历史上所罕见的。

4)其他灾害的影响

气候变化导致极端天气、气候事件频繁发生，危害加重。2008 年年初的南方低温冰雪天气也造成大面积果树受冻和枝干折断。长江中下游和江南夏季高温伏旱和西南冬春干旱有加重趋势，华北和黄土高原地区的气候明显暖干化，干旱缺水形势日益严峻。东南沿海台风强度明显增大，对果树生产的威胁增大。长江流域春夏洪涝频繁，旱涝急转易加重水土流失。

(2)果树生产适应气候变化的对策

1)适度调整果树种植区域分布

虽然气候变暖促使果树种植整体北移，但气候波动与极端事件仍导致果树冻害与霜冻的频繁发生。因此，在调整果树种植区域分布时应留有余地。20 世纪 90 年代以来，华南热带、亚热带果树的寒害在气候变暖的背景下却空前加重，原因之一就是过高估计了气候变暖的效应。在适度北扩的同时要充分利用冷空气难进易出和水体附近等有利地形，再结合应急防寒措施，方能取得最佳适应效果。

2）调整果树生产作业方法与时间

如随着气候变暖，河北坝上葡萄除一年生幼树仍需埋土越冬外，其他树龄常规管理即可越冬，幼树栽植改传统的春栽为秋栽，有利于根系发育和安全越冬。北方秋季浇灌冻水和培土时间应适当推迟，春季施肥、灌溉等管理则相应提前。由于开花坐果提前，收获也相应提前，要有计划栽植一些偏晚熟的品种，以利均衡上市。发育提前还使果实收获后的营养生长期延长，要注意掌握营养生长与生殖生长的平衡，适时整枝，防治枝叶徒长。

3）加强防冻防寒

气候变暖并未使得果树的低温灾害减轻，不少地区甚至有所加重。防御低温灾害，除果园建设合理选址和选用耐寒品种外，北方可将树干刷白，冬前及时浇冻水和培土，覆盖地膜、碎秸秆和干草。南方可采用浇水、熏烟、覆盖等应急措施。早春喷洒抑制生长剂推迟花芽分化也是防御霜冻的有效措施。果树开花期遭受霜冻后，如花药冻坏，柱头尚好，可放蜂或人工辅助授粉；如柱头损伤子房完好，有些果树可喷洒生长刺激素促进子房膨大结果。

4）北方果树加强抗旱

针对华北和黄土高原的气候暖干化，果树要推广节水灌溉和地膜、秸秆覆盖和盖草。冬季变暖有可能加大早春抽条的风险，冬前要及时浇好冻水和培土，必要时向树体喷洒抑制蒸腾剂。

5）南方果树高温热害的防御

针对长江流域高温伏旱加重，果园要种植高大的防护林，适当增大枝叶繁茂度。高温时采取喷淋措施降温。

8.3.3 气候变化对观赏植物生产的影响与适应对策

观赏植物包括花卉、草坪、观叶植物和景观树种，不同植物的生物学特性各异，气候变化的影响与适应对策也不尽相同。

(1)气候变化对花卉生产的影响与适应对策

1）气候变化对花卉生产的影响

花卉产业以生产色彩丰富的鲜花、干花和其他观赏植物提供人们美学的享受。随着人们生活水平的提高，花卉消费量迅速增长，目前中国已成为世界花卉最大生产国。在数十万被子植物中，花朵具有较大观赏价值，可用于花卉生产的不下几千种。按照其原产地气候可分为大陆东岸气候型、欧洲气候型(或温带海洋性气候型、地中海气候型、墨西哥气候型、热带气候型、沙漠气候型和寒带气候型。中国大部分地区属大陆东岸气候型，但也有少数地区属寒带气候型、沙漠气候型和热带气候型，此外，云贵高原的气候与墨西哥有相似之处。在自然条件下只有同一气候型的花卉才能正常生长和开花，其他气候型的花卉则需要在人工控制小气候环境下才能生长和开花(唐艳平，2005)。数十年尺度的气候变化一般还不至于导致一个地区气候类型的根本改变，但可以导致某种气候类型区的边界有所变动。气候变暖使各种植物的分布向更高纬度与海拔扩展，降水量的变化也将影响花卉观赏植物的分布。

气温升高使桃花、牡丹等长日照植物春季开花提前，菊花等短日照植物秋季开花延后，花卉生产与销售也需要随之调整。

气候变暖和 CO_2 浓度升高使植物的光合作用增强，枝叶更加繁茂，花卉生产容易发生营养生长与生殖生长的失衡。低纬度地区的有些植物可能因缺乏必要的低温刺激，不能顺利通过春化阶段而导致花芽分化不良。

气候变暖使同一种花卉植物的种植向更高海拔地区扩展，由于紫外辐射增强，花朵将更加鲜艳。但夏季炎热也将不利于喜凉花卉植物的生长发育。

气候变暖，提前萌芽使得早春开花的植物花卉观赏期得以延长，但晚春和初夏开花的植物则因发育加快，观赏期明显缩短。

冬季变暖还使得有些花卉植物过早萌芽，增加了早春霜冻危害的风险。

人工控制环境的花卉生产受外界气候的影响较小，但气候变暖将增加温室夏季花卉生产的空调降温成本，降低冬季温室保暖的成本。由于温室内的花卉植物要比自然条件下生长的植物更加脆弱，如果设置受损，损失将更加惨重。

气候变化导致极端天气、气候事件的危害加重，2008 年年初的南方持续低温冰雪天气使大量温室倒塌，花卉植物受冻减产甚至死亡（姚和金等，2009）。有的温室虽然植物受冻不明显，但持续低温寡照使发育迟缓，错过了春节上市最佳的时机，仍然蒙受了巨大经济损失。霜冻、暴雨、大风、冰雹、高温、干旱等灾害也经常使露天花卉遭受严重摧残、大煞风景。

气候变化还将增大花卉生产病虫害的危害。

2）花卉生产适应气候变化对策

①调整花卉生产布局，原有产地适度向北扩展。充分发挥各地气候资源优势，重点发展不同地区的特色花卉生产，尤其是高原地区。

②调整花卉生产的季节安排。针对当年气候冷暖对光照、温度、水分等环境因子采取调控措施，使各类花卉在气候变化背景下仍能应时开花投放市场。

③建立花卉生产极端天气、气候事件的预警系统，扩大保护地花卉生产，增强花卉生产抵御各种自然灾害的能力。

(2)气候变化对草坪产业的影响与适应对策

1）气候变化对草坪产业的影响

草坪在现代城市环境美化中具有不可替代的景观与生态效应，绿期长度是衡量草坪草美化与生态价值的主要指标。草坪草主要分为暖地型和冷地型两大类。前者适宜生长温度是 25～30℃，大于 38℃仍能生长而不黄枯；后者适宜生长温度是 15～20℃，低于－20～－30℃仍可越冬。冷地型草坪草在较低温度下能保持较长绿期，暖地型草坪草则在较高温度下能保持较长绿期。草坪草要保持鲜绿需要适宜的土壤和空气湿度。水分亏缺会导致枯萎甚至死亡，水分过高则失绿烂根，并诱发多种病虫害。由于不同类型的草坪草对环境条件的要求不同，不同气候区的主流草坪草种也有所不同（阎静等，1998）。

气候变暖将使高纬度地区城市的冷地型草坪越冬冻害减轻，春季返青提前，秋末停止生长推迟，全年的绿期延长。冷地型草坪草在低纬度地区更加不适应，长江流域的盛夏高温对暖地型草坪草的安全越夏带来一定威胁。温带和北亚热带地区兼有冷地型和暖地型草坪，未来冷地型草坪草的比重将有所降低。

华北和西北东部气候暖干化趋势明显，西南的冬春干旱和长江流域的伏旱也在加重。干旱缺水对城市草坪的发展是极大的制约。

2）草坪产业适应气候变化对策

调整草坪草的布局，华北到江南适当减少冷地型草坪的比重，增加暖地型草坪的比重。适度提早草坪栽植时间，北方适当推迟冬前浇冻水的时间。气候暖干化地区推广节水灌溉和利用城市中水灌溉，严重缺水地区要严格限制喜湿草坪的面积。长江流域要选用耐热草种，夏季及时喷淋降温。

8.3.4 气候变化对中药材生产的影响与适应对策

(1)气候变化对中药材生产的影响

气候变化对中药材的影响包括对药用植物的影响和对中药材市场需求的影响两个方面。

中药材形成受到多个外部环境因子的综合影响，包括温度、湿度、降水、风、地形、土壤、微生物等。中药材有效成分的形成、转化与积累受到外部环境的影响，不同的气候与水土条件通过影响中药材的化学成分而影响中药的药性发挥(唐仕欢等，2010)。通常地道药材都是在最适宜的气候与水土条件下栽植和炮制的。

气候变暖导致药用植物的发育提前，生长期延长。加上CO_2浓度升高将促进药用植物的光合作用。不同药材的入药器官和部位不同，枝繁叶茂对于以枝叶入药的药用植物是有利的，但对于以其他器官入药的药用植物则不利，需要加强对营养生长与生殖生长的协调。可种植区域北移，气候变暖使各种药用植物的可种植区域北移和扩大，但药用植物的种类很多，对气候与土壤的要求各异且十分严格，改变后的气候适宜区域不一定还能保持地道药材的效能。

气候变暖还将使药用植物的病虫害发生提前，范围扩大，危害加重。

气候变化对疾病传媒与人体健康的影响导致常发疾病发生改变，从而影响到社会对不同类型中药材需求的改变，如冬季变暖有利于减轻呼吸道和心脑血管疾病，夏季高温加剧易增大中暑的风险，气候变暖使得病菌和害虫等传染病媒介的传播提前并向北蔓延。

(2)中药材生产适应气候变化对策

随着气候变化，中药材生产基地的布局需要适当调整，总的趋势是向更高纬度与海拔转移。但传统地道药材的形成还与水土条件及栽培方式有关，需要进行认真的试验研究才能确定。针对气候变化影响中药材的药性，需要加强中药材药效机理的研究，探索在气候变化背景下保持和加强中药材药效的栽培措施。中药材是市场和单产年际波动最大的农产品，不少药农因盲目跟风造成当年种植中药材滞销而蒙受损失。因此，必须建立兼顾市场信息与气候信息的监测和预警系统。

8.4 农区畜牧业与养虫业

农区畜牧业以舍饲为主，饲料是农区畜牧业的物质基础，虽然暴露度小于草地畜牧业，但仍然受到环境变化的很大影响。气候变化对农区畜牧业的影响包括对饲料生产的影响，对饲养动物环境与生理的影响，对畜牧生产环节的影响和对动物疫病的影响几个方面。

8.4.1 气候变化对饲料作物生产的影响与适应对策

(1)气候变化对饲料作物生产的影响

从动物营养的角度，农区畜牧业的配方饲料包括以玉米为主的能量饲料、以大豆为主的蛋白饲料和含有维生素、矿物质、微量元素等的饲料添加剂。奶牛饲养还需要大量的青绿饲料，包括青饲玉米、燕麦草、苜蓿等。不同饲料作物对环境气象条件的要求不同，气候变化对不同地区饲料作物的影响也有很大差别。

气候变化对玉米生产的影响已在前面相关章节中阐述。总的看，由于热量条件改善，气候变暖和 CO_2 浓度升高有利于北方大多数地区玉米的增产，但降水量明显减少的地区和显著增多的地区对玉米生产都不利。气候变暖还使得玉米的可种植区域北扩，黑龙江北部和阴山北麓等原来热量条件不能满足玉米种植的地区，现在已经可以种植极早熟玉米品种。

气候变暖虽然同样有利于大豆的增产，但单产仍然明显低于玉米，在土地资源紧缺的情况下，各地为完成粮食生产任务，往往采取压缩大豆种植面积的做法，使得中国大豆从自给为主变成大量进口。

气候变暖使得南方双季稻产区的冬闲时间延长，有利于发展紫云英等短日期绿肥或饲料作物。由于青饲料只收获茎叶，不需要等到籽粒成熟，北方部分一年一熟区在前茬收获后的剩余时间也可以安排青绿饲料作物生产。

(2)饲料作物生产适应气候变化对策

目前中国粮食生产用于口粮只占较小部分，大部分用作饲料，但仍供不应求。随着气候变暖，要在气候变化有利地区扩大饲料玉米的生产，充分应用现代生物技术，加快高产大豆品种的选育，尽快改变蛋白饲料高度依赖进口的被动局面。随着作物生长期的延长，南方双季稻产区要利用冬闲种植绿肥和青绿饲料作物，北方一年一熟制地区的南部也要利用上茬收获后的剩余热量种植饲料作物。

气候变暖和 CO_2 浓度升高将使农产品的蛋白质含量降低，饲养动物的食欲也将随之改变。为此，要调整饲料配方，确保必要氨基酸和维生素的含量，增加炎热季节青绿饲料的供给。

8.4.2 气候变化对奶牛业的影响与适应对策

(1)气候变化对奶牛业的影响

随着人民生活水平的提高，对牛奶及其制品的消费日益增长，气候变暖会进一步增加人们对于奶制品的消费。现代奶牛业大多使用荷兰黑白花牛的改良种，由于原产西欧海洋性气候地区，喜凉怕热。气候变暖导致热应激增多，不利于大多数地区的奶牛生长和产奶。炎热天气将使产奶量下降或显著增加空调降温成本，并要求提供更多的青绿饲料。气候变化导致极端天气、气候事件的增多，使得冬季的冷应激仍经常发生。如北京地区 2000—2012 年统计，平均每年有 139 d 处于最高气温高于 25℃的热应激状态，有 36 d 处于最低气温低于 5℃的冷应激状态，两者之和接近全年天数近半(董晓霞等，2013)。

(2)奶牛业适应气候变化的对策

调整奶牛业的布局，向更高纬度与海拔扩展，控制低纬度炎热地区的奶牛业规模。改良奶牛舍的环境调控设施，尽量利用太阳能、蒸发水帘、加强通风降湿、在奶牛舍周围植树遮阳等手段达到降温目的以降低成本。调整饲料配方，增加青绿饲料的投喂。

8.4.3 气候变化对饲养动物生理的影响与适应对策

(1)热应激与冷应激的危害

气候变暖导致大多数地区饲养动物的热应激事件增多，气候波动加剧又导致中高纬度地区冷应激事件仍然频繁发生。

高温对饲养动物的影响首先是使食欲和饲料利用率下降，鸡增重率和产蛋率降低。高温还使公鸡的精液质量和母鸡受精率下降(穆淑琴等，1992)。由于鸡没有汗腺，炎热天气下要靠喘气蒸发水分来降低体温，呼吸频率由每分钟20多次加快到数百次，排出大量CO_2使血液中的H_2CO_3大为降低，导致对钙的吸收下降，蛋壳变薄。食欲下降导致产蛋量和增重下降，严重时甚至停止产蛋和体重反而下降。鸡过量饮水会导致腹泻和垫料潮湿，饲料容易发霉，鸡舍污染加重，疫病容易流行(赵公舜，1988)。

低温下虽然饲养动物的食欲增大，但体能消耗增加得更快，导致增重率和饲料利用率下降。个体越小，对寒冷的抵抗力越差。新生仔猪在−6℃将冻僵，−8℃可冻死；30日龄的仔猪冻僵和冻死的临界温度则分别为−8℃和−12℃。90 kg重的育肥猪在气温4℃时日增重只有适宜温度(21℃)下的一半。潮湿环境和有风时，猪的体能消耗更大(郭玉石等，2008)。仔猪在严寒天气易患黄白痢，是冬季主要的死亡原因。

(2)热应激与冷应激的适应对策

热应激天气下的适应，一方面要改良畜禽舍环境，另一方面要改善饲养管理。以养鸡为例，降低舍温的措施包括鸡舍阳面种树或搭凉棚遮阳、通风、喷水、舍顶刷白、设置水帘等；改善饲料营养的措施包括选用高能量低蛋白饲料，以植物蛋白饲料替代动物蛋白饲料，以颗粒饲料替代粉状饲料，改饲喂干料为湿料，改白天饲喂为早晚饲喂，补充KCl、$NaHCO_3$和含钙饲料，添加防病药剂；改进饲养管理的措施包括提供清洁饮水，适当降低饲养密度，加强鸡舍消毒，及时清扫鸡舍，防止噪声干扰等(孙景秀，2012)。

冷应激下的适应措施首先是加强畜禽舍的保暖。陕西省推广塑料薄膜覆盖的暖棚舍后，平均最高气温比敞棚高8.1℃，最低气温高3.9℃，养猪日增重提高133 g，每增重1 kg可节约饲料1.3 kg，仔猪成活率由54%提高到80%(张德英等，1999)。冬季畜禽舍地面要保持干燥，勤换垫料，堵塞漏洞，防风侵袭。适当增加精饲料和蛋白饲料的比例。

8.4.4 气候变化对畜牧生产环节的影响与适应对策

气候变暖使微生物的活动增强，高温高湿条件下饲料容易霉变，动物粪便容易发酵产生有害气体，畜禽舍环境容易被污染。

气候变暖对人们的食欲产生一定影响，炎热季节对牛羊肉等高热量畜产品的需求量将会下降，对奶制品的需求量将会增加。

冬季变暖使得高纬度高海拔地区依靠自然低温贮藏动物食品的条件变差，高温天气下制冷贮藏的耗能增大。

气候变暖使得动物春季脱毛、换羽、发情、配种的时间提前。

针对上述影响，农区畜牧业的相关生产环节要做出适当调整。畜禽舍要及时清扫和经常消毒。夏季要适当降低饲养密度，增加添加饲料的次数，但每次提供饲料量不宜过多。调整畜牧业结构，扩大奶牛业的规模，牛羊肉主要用于冬季市场供应。夏季充分利用遮阳、水帘、通风等降温手段以降低制冷能耗。春季人工受精、配种、剪毛、抓绒、产仔等生产活动的时间要根据当地回暖趋势适当提前，同时做好作业后的防寒保暖工作。

8.4.5 气候变化对动物疫病的影响与适应对策

(1)气候变化对动物疫病流行的影响

气候变暖导致病原体生物链和生物学特性改变，动物活动区域的变迁也给传染病传播流行创造了条件。病原体尤其是病毒突破原有的寄生、感染分布区域，生态环境的改变迫使自然疫源性病原微生物发生基因突变和重组、转移等遗传性变化，从不致病变成致病，或毒性增强引起新的危害。气候变化使得疾病防控更加困难，如禽流感当平均温度20℃左右时发生蔓延可得到有效控制，但气温上升和干燥有助于鸟类粪便挥发，加上候鸟迁徙时间和路径的变化，使得禽流感的传播更加广泛。气候变化使原本冬季死亡或休眠的传播疾病害虫能够安全越冬并提前活动，中国一度平息的血吸虫病近年来无论患病人数和钉螺面积都有回升趋势。气候变化引起的动物生存环境改变和脆弱性增大，也会增加疫病发生的风险。人类活动对野生动物栖息环境和生物多样性的破坏也导致人兽共患病发生和蔓延的风险增加（徐涤平等，2008）。

(2)动物疫病防控适应气候变化对策

随着气候变化引起动物疫病风险的增大，需要大力加强动物疫病，特别是人兽共患病监测、预警、检疫和防控体系的建设，调整重点疫病防控季节与区域。对发生重大疫情的畜禽场采取封锁、扑杀和消毒等措施。对国外已经发生，国内尚未发生的重大动物疫病和人兽共患病要尽早开展起病原特性、诊断方法、治疗药物及疫苗研制等的研究。

根据当地气候变化的特点，加强畜舍环境的综合治理，减少污染源和病原滋生地，加强畜舍清洁和消毒，严格防止候鸟粪便污染养禽场。

改进饲料配方，确保种畜禽和幼畜禽必要的活动空间，以增强动物对疫病的抵抗能力。严格限制抗生素的应用，防止因滥用导致病原耐药性的增强。

8.4.6 气候变化对养虫业的影响与适应对策

养虫业主要包括养蚕与养蜂，严格意义上不属畜牧业，但目前归口畜牧业管理。养蚕包括桑蚕与柞蚕，目的是利用蚕茧纺织丝绸；养蜂的目的是获取蜂蜜、蜂王浆、蜂蜡、蜂毒等蜂产品。蚕与蜂都是变温动物，容易受到环境变化的影响。气候变化还通过对养虫业所依赖的植物的影响间接影响到蚕和蜂的生长发育与生产性能。

(1)气候变化对养蚕业的影响与适应对策

桑树适宜在暖温带和亚热带栽植，桑蚕以桑叶为食料，在室内饲养，饲育适温为20～30℃。气候变暖导致桑树提前发芽和展叶，桑蚕适宜饲育期相应提前，发育加快。柞蚕以柞树叶为食料，在中温带半湿润气候的柞树林中放养，容易受到环境变化的影响与天敌的危害，仅在辽东等少数地区养殖。虽然气候变暖促使适宜养蚕区域整体北移，但华北和西北东部地区由于降水减少对桑树栽植不利，养蚕业有所萎缩，长江流域的夏季高温也不利于桑蚕养殖。

随着气候变暖和春季植物物候提前，蚕卵孵化、桑叶采摘和桑蚕、柞蚕饲养都要相应提前。

桑蚕随着个体长大和虫龄增加，饲育适温逐步降低，但环境气温却是逐步升高的。这就要求在蚁蚕期要加强蚕室保温，大龄蚕期要加强通风降温，尤其是春末夏初气温迅速上升之际。气候变化导致气温的波动加剧，给桑蚕饲养带来困难。因此要密切注意天气变化和桑树的发芽、展叶进程，调整孵化、饲养和上蔟的时间。要加强大风、寒潮、热浪、暴雨等极端天气事件的监测、预报和预警，及时采取防范措施。四川省南充市根据当地气候特点和桑树生长状况，将原有的春、夏、秋三季养蚕的秋蚕调整为晚秋蚕，使养蚕用叶与桑叶适熟高产期吻合，避开了恶劣气候的影响，还缓解了农蚕劳力矛盾。晚秋期留叶养树增加来年春叶和全年桑叶产量，有利于增加春蚕和全年蚕茧产量(罗华群，1997)。

(2)气候变化对养蜂业的影响与适应对策

气候变化影响到蜜源植物分布。随着气候变暖，同一种蜜源植物的分布向更高纬度与海拔扩展，温带植物的冬季休眠期缩短，蜜蜂冬季消耗减少，春季开花提前，某些植物的花期可能延长。降水增加的地区植被更加繁茂，但也可能使某些蜜源植物的竞争力减弱，湿润条件下花蜜的浓度也将降低。降水减少的地区蜜源植物的茂密程度下降，花期可能缩短，花蜜分泌量可能下降，但浓度可能提高。气候变暖导致植物开花期与数量的变化，使不同蜜源植物的适宜采蜜期发生变化。气候变化导致极端天气事件频繁发生，如气温剧烈变化、高温或低温胁迫、暴雨、大风，都会对蜜蜂的生存和采蜜活动造成不利影响。

由于气候波动加剧和不同蜜源植物的响应不同，对于流动养蜂要建立不同地区蜜源植物花期与花量的信息系统，以充分利用气候变暖带来的有利机遇和蜜源植物资源，避开极端天气事件。随着春季物候的改变蜂群北移相应提前，秋季适当延后。对于本地饲养蜜蜂，要根据蜜源植物的花期和数量以及种植机构改变情况合理安排全年生产。在气候干旱化和炎热地区不宜养殖西蜂。在只有一种主要蜜源植物的地区应以饲养适应性较强的中蜂为主，它饲养成本低，病虫害相对较少(梁以升，2004)。

8.5 水产业

8.5.1 气候变化对水生动物的整体影响概述

水生动物是渔业生产的主要对象，由于生活在水体中，其生长发育直接受到水环境因素的影响。气候变化引起水环境要素的改变，进而影响到水生动物的生长发育、繁殖和洄游习性。

(1)水温升高的影响

水生动物除鲸、海豚等少数哺乳动物外，绝大多数水生动物如鱼类、虾、蟹、贝类均属变温动物，体温随水温而变化。不同的水生动物及其不同发育阶段对水温有不同的要求。气候变暖引起水温的升高，使得水生动物生存的适宜水域发生改变，从而将导致渔业资源分布格局和渔业生产布局的改变，同一种水生动物将向更高纬度的水体或向冷水区迁移。水温的升高将使一年中水生动物的生长期延长，越冬休眠期缩短，发育加快，洄游活动提前。水温升高还会导致水体藻类植物生长发育的提前和加快，为水生动物提供更多的饵料，有利于增加渔业产量。但水温升高也将加强水体各种微生物的活动，加上人类向水体排放的大量污染物，使得陆地水体与近海容易发生富营养化，使水质恶化，不利于渔业生产。

在海洋上，水温的变化还引起洋流路径和强度的变化，进而导致海洋生物分布格局的改变。

(2)降水量改变的影响

降水量减少的北方地区由于径流减少和水体萎缩，迫使淡水养殖面积减少且不能及时更新。中国南方虽然降水充沛，但发生季节性干旱时同样制约着淡水养殖的规模，极端降水事件还经常冲击养殖水塘造成破坏和鱼类的流失。突发暴雨使近海养殖水体的水质变淡，对虾等养殖动物的身体被动吸入雨水膨胀可造成大量死亡。大量江河洪水入海也会造成海洋鱼类的不适应，使许多鱼类向低盐度海域转移。

(3)海平面上升的影响

海水温度升高的热膨胀和两极及高山冰雪融化使得全球海平面不断上升，风暴潮和海浪的危害加重，对海岸带生态系统和沿海养殖业构成威胁。

(4)溶解氧减少的影响

水温越高，水体溶解氧能力越低，加上气候变化导致的风速与太阳辐射减弱，水温升高导致藻类暴发性增长，使水体溶解氧更加低，极大增加了不利天气条件下泛塘死鱼的风险。

(5)水体酸化的影响

人类排放大量二氧化碳等温室气体，相当部分溶解到水体中，导致海洋与江河水体日益酸化，对海洋生物造成不利影响。

(6)极端天气、气候事件的影响

登陆中国的台风次数虽然变化不大，但强度明显增强，对近海养殖、远洋捕捞和沿海地区的淡水养殖业都构成了极大威胁。

陆地旱涝、低温与热浪的频繁发生明显增大了淡水养殖业的不稳定性。如2008年1月到2月上旬的南方持续低温冰雪造成淡水养殖鱼类的大量冻死。

8.5.2 气候变化对淡水养殖业生产的影响与适应对策

(1)气候变化对淡水养殖业的影响

气候变暖使养殖对象的生长期和摄食期延长，休眠期缩短，有利于增产，同时也有利于罗非鱼等热带性养殖对象北移，扩大养殖规模。但季节性干旱经常造成养殖水体的交换与调节发生困难。水温升高和向水体排放污染物增加使得水体富营养化问题日益凸出，夏秋炎热天气正是淡水养殖的用水高峰，但长江中下游许多地区有些地方甚至外塘水的水质还不如内塘水，养殖户有水也不敢用来更新鱼塘水体。发生季节性干旱时经常出现泛塘死鱼事故。高温天气下南方养殖水体的水温经常达到35℃以上，远远超出大多数养殖鱼类的适宜温度范围，甚至也超出罗非鱼的最适养殖水温。过高的水温使鱼类的消化力急剧下降，食欲下降甚至停止摄食(杨增锋等，2007)。张家港的调查表明，炎热天气下黄鳝会进入休眠，2006年由于炎热天气过长，河蟹与青虾的成熟提前，个头变小，单产和经济价值显著降低。台风、洪涝、热浪等极端天气对渔业设施和养殖对象的危害严重。气候变暖还使细菌、病毒和寄生虫等病原容易越冬，繁殖加快，各类水产病害的发生日益频繁(方德才等，2006)。

(2)淡水养殖业适应气候变化对策

调整淡水养殖布局与规模。北方淡水养殖要量水而行，南方要加强水环境保护，有条件的可打井以地下水补充旱季养殖水源之不足。随着气候变暖，喜温性鱼类的养殖可适当向北扩展。

改善养殖环境，如长江流域鱼塘推广改浅塘为深塘，改小塘为大塘，改死水塘为活水塘等“三改”措施，高温时期增加换水次数，加大渔业基础设施建设投入，添置增氧机、水泵、投饵机等渔业机械硬件，并采取植树、搭棚、清淤除泥、护坡固岸防渗等措施，以保持水质新鲜和降低夏季高温的危害。

高温天气下适当降低放养密度，根据天气掌握投饵次数和数量，天气闷热、水体溶氧低时少投或不投，用药前后少投；晴朗天气，昼夜温差大，水体清洁时可适当多投。适当降低饵料配方中的蛋白质含量，添加维生素。

贯彻“以防为主、以治为辅，无病先防、有病早治”的方针，加强高温季节的鱼病防控。由于上下水层的对流几乎停止，下层水体经常缺氧并分解出许多有害物质。应选用环保型底质改良剂，配合增氧剂和开动增氧机以调节水质，不提倡全池投放化学药剂，以免水质突变造成养殖对象的药物中毒或缺氧窒息。必须使用药物治病时可选用中草药拌饵投喂或小范围泼洒。

加强对暴雨、台风、热浪等灾害性天气的预测和预警，及时采取防范措施。

8.5.3 气候变化对近海养殖业的影响与适应对策

(1)气候变化对近海养殖业的影响

近海养殖包括在海岸带修池养殖对虾、海蟹等，在沿海养殖鲍鱼、贝类和网箱养鱼，还包括海带、紫菜等海水栽培植物。

气候变化对近海养殖业最大的不利影响是使海岸带灾害的风险增大。气候变暖导致海平面上升，台风、风暴潮、海浪等的威胁明显增大，尤其近年来强台风和超强台风频繁发生，严重摧毁海上养殖设施。近年来渤海、黄海的海冰呈回升态势，对近海养殖的威胁也很大。

海温升高和陆地向海洋污染物排放增加使得沿海赤潮发生频率增大，导致养殖对象缺氧窒息或因饵料不足而生长不良。

海水酸化导致珊瑚礁白化和萎缩，海平面上升导致红树林退化和消失。由于珊瑚礁和红树林是许多海洋生物的栖息地或附着地，将严重影响近海的生物多样性和鱼类产量。海水酸化还将严重影响海洋生物对钙质的吸收，从而影响到许多海洋生物的生长发育和繁殖。

海岸带的暴雨和洪水使养殖池的水体盐度发生突变，可造成对虾身体强烈吸水膨胀导致死亡。水温过高易导致缺氧窒息死亡(郑进春，2007)。

(2)近海养殖业适应气候变化的对策

调整近海养殖生产布局，养殖品种随着海温上升适度北扩，适度调整投苗和收获时间。

加强近海养殖设施的防风防浪加固保护。

加强台风、暴雨、热浪等灾害性天气与风暴潮、海冰、赤潮等海洋灾害的监测和预警，并及时传递到养殖户。

高温天气加强海岸带养殖池的水体换水次数，适当加大水深。投放饵料时间改在早晚。

加强海岸带环境保护，防止沿海水质的进一步恶化。及时清理近海漂浮污染杂物和油污。

8.5.4 气候变化对海洋捕捞业的影响与适应对策

(1)气候变化对海洋捕捞业的影响

1)对海洋渔业资源的影响

气候变暖导致海水升温,冷暖洋流的路径与强度也发生变化,导致不同鱼类适宜生活区域的改变,洄游路线发生改变,向更高纬度海域迁徙。某些传统渔场削弱或消失,某些渔场增强并出现一些新的渔场,引起世界渔业资源分布格局的改变,可能引发各国对海洋渔业资源的争夺和渔权纠纷。如随着气候变暖,中国舟山渔场的各种经济鱼类向外海和更高纬度迁移,渔业功能明显减弱。冰山消融为南极周围海域提供的营养物质促进了浮游生物繁殖,吸引了磷虾到来,又招来鲸类等大型动物,成为资源丰富的渔场。斑海豹每年冬季向中国沿海迁徙,在海冰上产仔与养育幼仔。海冰减少导致斑海豹无法找到合适产仔场,濒危程度明显加重(王亚民等,2009)。海温升高导致鱼类春季向高纬度海域的洄游提前,秋季向低纬度海域的洄游延迟,使传统的季节性渔场和渔汛期发生改变。

2)厄尔尼诺与拉尼娜现象的影响

气候变化与波动导致厄尔尼诺和拉尼娜等海温异常现象频繁交替发生。厄尔尼诺年赤道东太平洋海温异常偏高,涌升流减弱,西太平洋暖池向东扩展,暖水占据赤道中东太平洋,暖池和冷水舌辐合区东移,金枪鱼类中产量最高的鲣鱼高产渔场随之东移,经度重心明显东移至160°E以东,纬度在当年或次年偏北。拉尼娜年则相反,西太平洋暖池向西收缩,辐合区和鲣鱼渔场随之西移至160°E以西,纬度在当年或次年偏南(方海等,2008)。

3)海平面上升的影响

海平面上升使得风暴潮、海浪、海冰等海洋灾害对海岸和渔港设施的破坏力明显增大,但吃水加深也减少了低潮位时搁浅的危险。

4)极端天气、气候事件的影响

海水升温和气候异常导致热带风暴的强度明显增强,对海洋捕捞作业安全构成极大威胁。冷空气势力减弱导致部分海域秋冬浓雾增多,易酿成海难事故。

5)陆地水资源状况的影响

气候变化导致陆地降水时空分布更加不均,江河入海径流变化很大。如长江入海径流的季节差异明显增大,海河除上游发生暴雨天气外几乎没有径流入海。由于江河水中含有丰富的有机物,入海径流的减少或不稳定将影响到海洋渔业资源的季节分布改变和不稳定。江河中的污染物对河口附近海域和海岸带的海洋生物也构成了严重威胁。

(2)海洋捕捞业适应气候变化对策

调整海洋捕捞业的布局。由于长期掠夺式捕捞,中国近海渔业资源濒临枯竭。虽然国家规定了不同海域的休渔期,但由于气候变化的影响,仍不能改变近海渔业资源萎缩的趋势。为此,要积极开拓远洋渔场,特别是由于气候变化渔业资源增多的海域。

严格遵守休渔和禁止滥捕的有关规定,人工养殖鱼苗定时投放到沿海海域。

根据气候变化导致的渔业资源时空分布改变,及时调整渔汛期和重点捕捞作业海域。

加强渔港基础设施建设,改进渔船安全防护设施。加强海洋灾害和海上极端天气事件的监测、预报和预警,减少海洋捕捞业的海难事故。

8.6 观光农业

8.6.1 气候变化对居民出行规律与消费需求的影响

观光农业是以农业自然资源为基础，以农业文化和农村生活文化为核心，通过规划、设计与施工，吸引游客前来观赏、品尝、购物、习作、体验、休闲、度假，农业与旅游业相结合的一种新型生产经营形态。随着社会经济的发展与农业的现代化，农业的功能从单纯的经济功能扩展到社会功能、文化功能和生态功能，当代农业的范畴已不限于第一性生产，而成为集一、二、三产的综合型产业，尤以观光农业的发展迅猛。气候变化引起的居民出行规律和消费习惯改变极大地促进了这一转变过程。

随着气候变暖，高纬度、高海拔地区的居民冬季交通条件改善，出行活动增多。低纬度地区夏季高温时段的出行将减少。

随着人们生活水平与教育水平的提高，人们消费农产品不仅是为了解决温饱，而且越来越讲究质量与特色。与农业生产相联系的农业生态景观和农业文化，人们也越来越愿意观赏和体验。工作时间的缩短，节假日增多和交通条件的改善，也使得人们拥有更多的时间到农村和农田。

8.6.2 气候变化对自然物候与农业景观的影响

观光农业与自然物候和田园景观密切相关，气候变化已经引起自然物候和农业景观的很大变化。徐雨晴等(2004)指出，自20世纪60年代以来，随着中国大部分地区的升温及秦岭以南广大地区的降温，东北、华北及长江下游地区的物候期提前，西南东部、长江中游及华南地区的物候期推迟。但近年来，西南、华南的气候也在变暖，春季物候有提前趋势。在中国，如果年平均温度上升1℃，各种木本植物物候期春季一般提前3～4 d，秋季一般推迟3～4 d，绿叶期延长6～8 d。大部分植物始花期提前3～6 d。气候变暖还使北方冬季封冻期和积雪期缩短。

观光农业的不少项目是与植物的春季展叶、开花、结果，秋季叶片变色和冬季冰雪相联系的，气候变化导致植物的生长发育进程和物候发生变化，最佳观赏或体验期也会相应改变。北京郊区尽管种植冬小麦的经济效益不高，但由于是冬季唯一能够覆盖土壤并保持一定绿色的作物，具有遏制本地起沙尘，拦截外来沙尘等生态效益和景观效果，政府给予农民一定的生态补偿，仍保留较大种植面积。

气候暖干化地区的水资源日益紧缺，使得北京西郊玉泉山下专供皇宫的京西稻无水可种，天津小站稻种植面积大幅度萎缩，华北明珠白洋淀的水面不得不依靠调黄河水来维持。

8.6.3 观光农业适应气候变化对策

调整观光农业旅游项目的布局和时间。随着气候变暖，如清明踏青、北京平谷的桃花节、洛阳的牡丹节等活动都需要适当提前并根据当年气候适当调整，秋天观赏红叶的最佳时期相应延迟，冬季欣赏冰雕、雪雕、冰灯、雾凇及开展滑冰、滑雪等活动的时期缩短或向更高纬度和海拔转移。北京市的香山红叶观赏期比20世纪50年代推迟了5～7 d，观赏期只有十多天。

北京市气象局利用郊区不同海拔高度的物候差异，建议园林部门种植有关树种，使红叶观赏期扩展到从9月上旬到11月上旬的2个月之久。

气候变化导致极端天气事件增多，对观光旅游者的人身安全造成一定威胁。北京市在开发山区沟壑经济时，不少观光农业旅游点设在沟边，在2012年7月21日的特大暴雨山洪灾害中受到严重摧残并发生多起伤亡事故。擅自攀爬野长城的游客因雷击造成伤亡也已发生多起。因此，随着观光农业规模的日益扩大，必须加强对极端天气事件的监测、预警和加强对景点的管理。

观光农业必须具有特色才有吸引力。许多名特优农产品的形成都与当地特殊的气候优势有关。随着气候变化，某些名特优农产品有些可能增强，可以扩大生产规模；有些则可能削弱，需要研发相应的栽培技术或向更适宜的地区转移。

8.7 农业服务业

农业服务业是指为农业生产产前提供生产资料，产中提供技术服务和产后提供运输、贮藏、初加工、包装、营销和金融等多服务性产业的总称。广义的农业服务业还包括农机制造、农业基础设施建设、农用化学品生产和农产品加工等工业部门，由于篇幅所限和文献缺乏，本节暂不讨论。

8.7.1 气候变化对农业技术服务业的影响与适应对策

(1)农机服务业

气候变化导致种植结构和作物布局的改变，加上作物发育进程和土壤状况的改变，都要求农机服务的内容做相应调整。如气候变化有助于东北平原增产并成为中国最大的商品粮基地，需要投入更多的大型农机以利发展规模经营。黄淮海平原冬小麦播种期明显推迟，成熟期略有提前，播种机和收割机等大型农机服务的调动和布局要相应调整。冬季变暖使冬旱明显加重，但隆冬季节又不宜灌溉，北京、天津等地研制了镇压器，显著缓解了冬旱威胁。气候变暖使得土壤有机质加速分解，而传统的农户养猪积肥已不可行，秸秆粉碎还田成为补充土壤有机质的主要途径，需要研发高效的秸秆粉碎机。作物生育期的延长使得耗水量增大，苗期中耕促根下扎是提高植株抗旱能力的有效措施。但目前大多数农户种完地就出去打工，需要研发推广中耕机。长江流域秋季连阴雨是影响小麦苗期生长的主要障碍，过去往往到阴雨天只好烂耕烂种，苗情很差。现在江苏省研制了摆播机，在稻茬麦田过湿的情况下仍能掌握合理的行、株距。气候变暖使高纬度、高海拔地区的冻土变浅，早春翻浆提前，播种机必须趁冻土尚坚硬时方能承载。

(2)土壤与农用化学品

农用化学品包括化肥、农药、兽药、薄膜、饲料添加剂等。

1)肥料。在市场经济条件下，由于农产品几乎全部输出而带走大量养分，必须通过从外界投入化肥或有机肥来补偿。王秀兰等(1996)的实验表明，在450～1125 kg/hm^2施肥水平下，每升温1℃，氮释放量平均增加4%，释放周期缩短3.6 d。气候变暖使得土壤有机质加速分解，化肥加快挥发，而且现在大多数农民是在播种时一次施足底化肥，然后出去打工，不再追肥。由于化肥养分主要在苗期释放，到作物旺盛生长时期缺肥严重，产量和肥效都不高。为此，已经研制了缓释化肥，使供肥高峰与作物旺盛生长时的需肥高峰吻合，但还需要进一步降低成本才能大面积推广。畜牧业生产的主体已由户养改变成工厂化规模养殖，大量畜禽粪便成为主要的农业自身污染源，气候变暖更加剧了畜禽粪便排放后对环境的污染程度。如何高效利用畜禽粪便资源又不污染环境，欧洲各国采取限制养殖规模，以用作农田有机肥作为主要去向，中国则主要用于设施农业。

2)农药和兽药。气候变暖使得农药和兽药的挥发与分解加快，短期内毒性增强。同时，作物和动物发育进程及有害生物的发育进程也有所改变。为此，需要调整喷洒农药和服用兽药的对象与时机，尽量使用高效低毒农药、兽药和生物农药、生物兽药。

3)农膜。气候变暖有利于中高纬度地区发展冬季设施农业，对农膜的需求量迅速增大。目前，“白色污染”已然成为影响土地可持续利用的重大障碍。需要研制增温保墒效果不亚于一般薄膜和成本较低的绿色可降解环保薄膜来替代普通薄膜。

4)饲料添加剂。气候变暖对饲养动物的食欲和养分需求都会产生一定影响，热胁迫增加，以作饲料的粮食蛋白质含量下降，需要对饲料配方进行调整，增加必要氨基酸的含量和有助于应对热胁迫的安全药物。

(3)作物栽培和动物饲养技术咨询

气候变化，特别是极端天气、气候事件增多，要求对常规的再配合饲养技术做出调整，大力加强针对气候波动和极端事件的应变栽培技术和饲养技术的研发和咨询。

(4)水利和气象部门

水资源管理部门要针对气候变化引起的水资源时空分布格局改变，调整农用水资源的季节和区域分配方案，大力推广农业节水技术。气象部门要加强灾害性天气的监测、预测和预警，积极开展农业气候资源开发利用业务与服务。

(5)有害生物防控

植保和兽医部门要根据气候变化引起有害生物发育和时空分布的改变，调整防控策略、重点对象和最佳时机。

8.7.2 气候变化对农业产后服务的影响与适应对策

农业产后服务业包括运输、贮藏、加工、产后处理与包装及营销。气候变暖将改善高纬度高海拔地区的交通条件，但大风、暴雨、雾霾等极端事件对运输的影响将增大。气温升高后农产品易加快后熟和霉变，对产后处理和贮藏提出了新的要求。高寒地区过去主要依靠自然低温贮藏，以后不得不到更高海拔寻求可自然贮藏的地点。本地农产品的冷藏耗能和成本都会增加，对加工防腐和包装的要求也会提高。鲜活农产品大力发展采收、处理、包装、运输、贮藏一条龙的冷链势在必行。

8.7.3 气候变化对农产品营销和贸易的影响与适应对策

市场经济条件下农产品行情动态多变，气候变化和极端事件更增加了农产品产量和品质的不稳定性。很多农民经常因市场行情突变，虽然获得丰收但卖不出去，反而要赔本。同一种农产品在不同年份的产量和品质也有很大波动。为此，必须建立能通达所有农户的市场与气象信息系统，根据市场行情和气象条件选择适宜种植的作物或饲养动物。需要注意的是市场信息往往具有一定的滞后性，短期气象预测还比较准确，长期预报目前还不过关。因此，还需要对各种农产品生产的市场风险和自然风险进行分析评估，选择风险较小、收益较大的决策方案。千万不要跟风，轻信所谓"致富信息"。市场波动有一定的周期性现象，通常在市场行情开始上升时选择最为有利，在行情最好时却需要慎重。气候波动也有一定的准周期性，除干旱在北方是常态外，其他气候现象连续发生的概率较低，大多会向相反方向转化。如久旱之后要警惕暴雨洪涝的出现，气温反常升高往往是冷空气到来的前兆。

气候变化引起许多农产品优势产地的转移。如俄罗斯与加拿大可耕种土地会大幅度增多，谷物出口有可能大幅度增加。热带地区的粮食生产有可能进一步萎缩，缺粮问题更加凸出。西欧大面积扩种油菜和美国大量玉米作为生物燃料生产，引起世界粮食和油料市场格局的改变。厄尔尼诺年赤道东太平洋渔获量大幅度下降，赤道西太平洋的渔业资源却显著上升。因此，需要研究气候变化对世界主要农产品生产和贸易格局的影响，修改原有的国际贸易对策。国内农产品贸易也与此类似，随着气候变暖，东北粮食生产的优势将更加凸显，华南的冬季生产也将更加红火，西南冬春干旱有加重和常态化的趋势，将严重影响冬淡季蔬菜的生产与输出。由于新疆的气温升高和降水增加，在修建控制性拦蓄工程和大力推广农业节水的前提下，有可能适度扩大耕地面积，大量输出商品粮、棉与特色瓜果。由于气候变化导致的资源优势和主产区转移，国内农产品贸易格局也要调整。

8.7.4 气候变化对农业金融和保险业的影响与适应对策

气候变化引起农业生产格局的改变必然会影响到农业金融服务的调整。东北等商品粮基地的拓展和现代化，特别是规模经营的迅速推进，要求提供更大的金融支持。黄土高原和西南岩溶山区等气候变化敏感脆弱地区为稳定脱贫和巩固现有减贫成果，需要提供小额贷款。气候变暖有利于设施农业的发展，需要大量的资金投入，但只要市场对路，回报也是丰厚的。上述种种都需要金融产业调整支农对策，更好地促进农业的产业化和现代化。

极端天气、气候事件频发和危害加重，迫切要求全面开展农业保险业务。但小规模经营条件下开展灾害保险业务困难很大。一方面要积极推进土地流转和适度规模经营，另一方面也要探索在经营规模较小情况下，开展农村合作灾害保险的路子。

8.8 大农业适应总体思路

气候变化对大农业的所有产业和相关行业都产生了深刻的影响，有些是直接的，有些是间接的；总的来看，暴露度和脆弱性越大，受到的影响也越大。但与粮食作物和草地畜牧业相比，研究的深度和广度都比较欠缺，有些领域几乎找不到相关文献，只能根据常理推论。随着社会经济发展和人民生活水平的提高，经济作物、园艺业、畜牧水产养殖业和农业服务业在大农业中的比重将不断增大，需要加强这些产业和领域气候变化影响与适应对策的研究，以满足人民日益增长的对多样化农产品数量和质量的需要以及对大农业生态效益和社会效益的追求。

大农业适应气候变化需要加强研究的关键科学问题包括：主要经济作物和园艺作物对于气候变化的脆弱性与风险，养殖动物适应气候变化的机理，气候变化对涉农二、三产业的影响与适应对策等。

参考文献

董晓霞，刘浩森，张超等. 2013. 北京市气候变化对奶牛热冷应激的影响. 农业工程学报，**29**(16)：198-205.

方德才，季建科. 2006. 高温对虾蟹养殖的危害及其预防. 科学种养，(9)：36-37.

方海，张衡，刘峰等. 2008. 气候变化对世界主要渔业资源波动影响的研究进展. 海洋渔业，**30**(4)：363-369.

付雅丽，刘铁铮，牛瑞生. 2009. 气候变化对蔬菜产业发展的影响及对策. 河北农业科学，**13** (11)：25-26，56.

葛道阔，金之庆. 1997. 气候变化对我国花生生产的影响. 江苏农业科学，**13**(1)：55-59.

郭玉石，孙健. 2008. 北方寒冷气候对养猪的影响. 养殖技术顾问，(11)：1.

李季贞. 1993. 未来气候变化对黑龙江省甜菜种植业的影响及对策. 中国甜菜糖业，(5)：45-47.

李新，孔银亮. 2011. 气候变化对平顶山烟叶生产的影响. 安徽农业科学，**39**(19)：11436-11437.

梁以升. 2004. 气候及蜜源变化后的养蜂策略. 养蜂科技，(4)：14-15.

廖要明，周小蓉. 2003. 气候变化对我国烟草生产及其适生地选择的影响研究. 中国生态农业学报，**11**(4)：137-138.

罗华群. 1997. 调整养蚕布局，提高蚕茧质量. 蚕学通讯，**17**(4)：50-52.

穆淑琴，李千军. 1992. 气候因素对养猪生产的影响(综述). 家畜生态，**13**(1)：44-48.

潘玉荣. 2005. 气候变暖对寒地果树的影响. 河北林果研究，**20**(4)：382-383.

潘志华，郑大玮. 2013. 适应气候变化的内涵，机制与理论研究框架初探. 中国农业资源与区划，**34**(6)：12-17.

荣东红，章祖武，秦国换. 2012. 气候变化对宁红茶产量及品质影响分析. 科技传播，(17)：58，38.

孙景秀. 2012. 夏季蛋鸡高产技术措施. 湖北畜牧兽医，(9)：32-33.

唐仕欢，杨洪军，黄璐琦. 2010. 论自然环境因子变化对中药药性形成的影响. 中国中药杂志，**35**(1)：126-128.

唐艳平. 2005. 花卉与气候型. 花木盆景(花卉园艺)，(6)：8.

王建刚，王建林，徐建春等. 2009. 气候变化对北疆北部棉花生产的影响及对策. 中国农业气象，**30**(增1)：103-106.

王琼，杜成华，周连科. 2008. 影响大棚蔬菜的气象灾害变化特点及对策. 气象科技，**36**(4)：458-461.

王荣英，李春强，吴雁等. 2012. 气候变化对果树冻害的影响及其防御对策. 安徽农业科学，**40**(9)：5310-5312+5316.

王修兰，徐师华. 1996. 气候变暖对土壤化肥用量和肥效影响的实验研究. 气象，**22**(7)：12-16.

王亚民，李覆，陈巧媛. 2009. 气候变化对渔业和水生生物的影响与应对. 中国水产，(1)：21-24.

王友华，周治国. 2011. 气候变化对我国棉花生产的影响. 农业环境科学学报，**30**(9)：1734-1741.

徐涤平，杨克礼，熊忠良等. 2008. 全球气候变暖对动物疫病的影响. 安徽农业科学，**36**(33)：14560- 14561.

徐雨晴，陆佩玲，于强. 2004. 气候变化对植物物候影响的研究进展. 资源科学，**26**(1)：129-136.

闫静，简慰民，周有芬等. 1998. 中国草坪气候区划探讨. 南京气象学院学报，**21**(3)：370-376.

杨增锋，陈永兵. 2007. 气候持续变暖对淡水养殖的影响极其对策措施. 中国水产，(10)：75-77.

姚和金，陈志军，周伟. 2009. 极端温度气候下园林花卉苗木业抗灾现状及对策. 广东园艺，**31**(6)：46-48.

张超，彭莉莉，黄晚华等. 2012. 1961——2010年湖南气候变化特征及其对烟草种植的影响. 湖南农业大学学报(自然科学版)，**38**(5)：482-486.

张德英，汤祺，段玉兰. 1999. 塑料暖棚养猪效果. 青海畜牧兽医杂志，**29**(4)：23-24.

张树杰，李玲，张春雷. 2012. 播种期和种植密度对冬油菜籽粒产量和含油率的影响. 应用生态学报，**23**：(5)：1326-1332.

张树杰，王汉中. 2012. 我国油菜生产应对气候变化的对策和措施分析. 中国油料作物学报，**34**(1)：114-122.

赵公舜. 1988. 炎热气候与养鸡. 养禽与禽病防治，(2)：19-20.

郑大玮. 1990. 蔬菜淡旺季的气候成因及实现周年均衡供应的途径. 中国农业气象，**11**(3)：59.

郑进春. 2007. 根据气候状况安排对虾养殖生产. 河北渔业，(5)：25.

朱秀红，周秀君，韩贵. 2003. 日照市气候变化及其对茶树生长的影响. 山东气象，**23**(4)：32-33.

第9章 农业生态系统

农业生态系统由农业环境因素、生产者、消费者和分解者四大基本要素构成。气象因素是农业环境因素的重要组成部分，是农业生态系统最活跃、最直接的影响因子。热量、光照、水分、气流和大气成分等气象要素的量值和时空分布发生变化，将对生态产生全方位和多层次的影响。气候变化是生态演变最重要的自然驱动因素之一。

近几十年来，中国气候变化呈现出气温升高、强降水事件频率上升、区域降水变化的季节波动增大和年际变率增大等特点，给中国的农业生态环境带来了巨大影响。气候变暖后使作物生长期延长，种植区域北扩，农业发展空间拓宽；农田土壤过程与土壤肥力发生显著变化，农业病虫害发生范围扩大。北方气候暖干化还直接影响到农田蒸散，加剧水土流失和荒漠化的发生和发展。随着农业自然环境条件的变化，农业生态系统的结构与功能也随之发生变化。

本章综述气候变化对农业环境（大气环境、土壤环境、水环境）、农业生态系统时空分布与结构的影响，总结当前农业生态保护与环境治理方面（水土保持、荒漠化防治、农业污染控制、生物多样性保护等）适应气候变化的对策，提出农业生态系统适应气候变化工作中存在的问题与关键科学问题。

9.1 气候变化对农业环境的影响

9.1.1 温室效应及对大气环境的影响

自1750年以来，化石燃料消耗、土地利用改变等人类活动导致地球大气中温室气体浓度急剧升高。2011年CO_2、CH_4、N_2O的浓度依次为391 ppm[①]、1803 ppb[②]和324 ppb，分别超过工业化以前水平的40%、150%和20%（IPCC，2013）。

大气中温室气体浓度急剧升高的原因，是由于地球系统的源汇失衡，温室气体源的增加远超出汇的吸收能力。人类释放的氟氯烃和N_2O等物质导致平流层O_3浓度降低，导致到达地面的短波紫外辐射增大，对农业生态系统构成威胁（尹微琴等，2012）；与此同时，近地面的O_3浓度升高对农作物造成伤害（娄运生等，2013）。

人类大量排放污染物导致大气中气溶胶浓度升高，削弱太阳辐射，其“阳伞效应”的制冷作用远不及温室气体产生的升温。太阳辐射的减弱对光合作用有一定的抑制，不少气溶胶物质还加重大气污染，对农作物和动物造成伤害（付洁，2014）。

CO_2浓度升高对作物最直接的影响是对光合作用的施肥效应。一般认为，C_3植物一般随

① $1ppm=10^{-6}(V/V)$

② $1ppb=10^{-9}(V/V)$

CO_2浓度升高，光合速率提高明显，净光合生产力提高；C_4植物则对CO_2浓度升高的反应不及C_3植物敏感。由于同等光合速率下的气孔开度变小，单位光合产物的蒸腾速率下降，从而作物的水分利用效率提高。在CO_2浓度升高的情况下，作物吸收的碳的增加超过对氮吸收的增加，使体内C/N比升高，蛋白质含量降低，从而影响作物品质。以大豆和小麦为例，CO_2浓度倍增条件下，大豆氨基酸和粗蛋白含量会分别下降23%和0.83%，冬小麦籽粒粗蛋白和赖氨酸会分别下降12.8%和4%。总的来讲，CO_2浓度升高有利于作物干物质积累，提高产量，提高水分利用效率，但同时会对作物品质产生一定影响（柴如山，2011）。

9.1.2 气候变化对土壤环境的影响

土壤环境包括物理环境、化学环境、生物环境等。土壤物理环境包括土壤质地、温度、水分、结构及其他成分等；土壤化学环境包括土壤物质的化学组成及污染状况等；土壤生物环境包括土壤微生物、土居昆虫及其他生物。气候变化直接影响各土壤环境要素的演变，特别是影响土壤肥力状况和矿化过程等。

土壤肥力是指土壤提供充足水分、养分和有利于农作物生长发育的土壤理化及生物环境的能力。土壤养分转化过程依赖温度和水分，高温加快土壤养分的矿化过程和有机质分解，如不采取秸秆还田、增施肥料等措施土壤肥力会降低；高CO_2浓度又有利于增加土壤碳储存，加强作物固氮能力。实际发生的土壤有机质状况改变取决于当地的气候条件、土壤环境与人为措施的综合影响，各地情况会存在很大差异，需要大力加强监测与研究。温度升高导致富饶的东北黑土地肥力迅速下降，气候变暖有可能使南方丘陵地带的红黄壤分布范围逐渐扩大，气候明显暖干化的东北西部和内蒙古中西部盐碱化有可能加重。大多数案例显示，人类活动具有改良与培肥土壤的能力，因此，应当有计划地采用使土壤持续生产力最优化的土壤管理方法，适当抵消由于气候变化引起农业土地的退化（王义祥等，2006；薛建福，2013；李广，2012）。土壤物理、化学和生物环境在很大程度上决定了土壤水分、养分的可供性和周转效率。有研究表明大气CO_2浓度升高、气候变暖改变土壤微生物群落结构（张卫健等，2004），引起一系列土壤生化过程的连环效应，加快土壤养分的固定或矿化，形成新的根际养分利用模式，影响作物生产力（张乃莉等，2007）。由于不同土壤环境具有不同的土壤微生物区系，气候变暖将有利于喜温微生物的繁衍、抑制喜凉微生物的活动，气候暖干化地区好气微生物的比率增高、南方暖湿化地区嫌气微生物的比率增高。有关气候变化对土壤环境影响的研究还很薄弱，需要大力加强。

9.1.3 气候变化对农业水环境的影响

农业水环境包括土壤水分状况、近地面空气的湿度、灌溉水源、地下水状况、养殖水面等。气候变化对农业水环境的影响，包括对作物需水量和蒸散的影响，对农用水资源和水环境的影响，对养殖水体的影响等。气候变化对农业水环境的影响还往往与人类活动的影响交织在一起，需要进行归因研究。

(1)对农业用水的影响

降水是农业水资源的源泉。近50年中国降水变化趋势有明显的区域特征，1956—2008年的降水趋势表现为西部地区降水普遍增加，东部从黄河流域到东北呈减少趋势，长江流域及华南地区为增加趋势。1951年以来，全国气象干旱面积呈现增加趋势，1968年以后，华南沿海和北方夏季径流减少，长江流域湖泊与湿地萎缩。随着华北、东北和西南的气候暖干化和长期的超采地下水，这些地区的农业可利用水资源量明显减少，干旱缺水日益常态化。长江中下游虽然全年降水略有增加，但湖泊与湿地的减少与河床淤积使水体的调蓄功能明显下降，季节性旱涝灾害有加重趋势。

(2)对土壤水分状况的影响

农田干旱是否实际发生主要取决于土壤水分状况。气候变化对中国各地的土壤水分状况已经产生了显著的影响。近20年中国大部分区域存在土壤干化趋势(Nie, *et al.*,2008)，中国东部中纬度地区春季土壤湿度变率最大，与东北和西南地区的土壤湿度呈现反相变化，东部中纬度地区春季土壤偏湿时，西南和东北地区偏干①。长江流域以北地区夏季土壤湿度有逐渐降低的趋势(杜川利等，2008)。20世纪80年代以来西北东部和华北干旱化趋势不断加重(马柱国和符淙斌，2006)。近20年华北地区土壤水储量总体呈减少趋势，土壤变干最显著的两个中心区域分别为京津唐地区和山西西部，次显著中心为内蒙古东部；在0～50 cm范围内随深度增加，土壤水储量减幅逐渐加大，且春秋季减幅大于夏冬季(赵秀兰等，2006)。春季整个中国东部地区的土壤存在不同程度的干化现象，其中深层变干趋势较浅层更加明显，尤其是东北地区。西南地区从1976年以后也存在一个较显著的长期变干趋势(左志燕和张人禾，2008)。

由于土壤湿度直接影响着地表向大气输送的感热、潜热和长波辐射通量，同时也影响着土壤本身的热力性质和水文过程，使地表的各种参数发生变化，大面积的土壤湿度改变也会反过来影响气候变化(马柱国等，1999)。

(3)人类活动与气候变化的综合影响

人类活动对于农业水环境的影响包括工业与城市用水增加对农业水资源的挤占，掠夺式开发水资源导致下游农用水资源的短缺或枯竭，大量排放污染物导致农业用水和养殖水体的水质恶化等。但气候变化还进一步扩大了上述无序人类活动的负面影响：气候变暖使工业冷却用水和生活用水量剧增，进一步挤占农业用水；水温升高加速污染水体微生物的繁殖，使农业用水和养殖水体的水质更加恶化。

9.2 气候变化对农业生态系统分布与结构的影响

农业生态系统是在一定的农业地域内，由农业生物及其生存环境所构成的功能整体，是在人类生产活动干预下形成的一种人工生态系统。其中农业生物包括农作物、林木、养殖动物和农用微生物，农业生物的生存环境包括土壤环境、水环境、近地面大气环境和生物环境，人类生产活动包括农业生产资料、农业设施、农事活动和经营活动等。

气候变化对农业生态系统的结构、功能和演化都产生了深刻的影响，突出表现在对农业生态系统时空分布和结构的影响。

9.2.1 气候变化对农业生态系统时间分布的影响

气候变化引起农业生态系统、各子系统和要素的时间分布发生改变。

① 左志燕．2007．我国东部土壤湿度异常对东亚夏季风的影响．中国科学院研究生院博士论文．

首先是各类农业生物，如各种作物、林木、畜禽、鱼类、昆虫的春季发育期和物候提前，秋季延后；畜禽的发情期和鱼类、昆虫的繁殖期也相应改变。

其次，农业生物的生存环境也发生了显著的时间变化，如植物病虫草害和动物疫病的发生，春季提前，秋季延后。天敌生长发育的变化通常要滞后于有害生物。春季土壤解冻提前和秋季封冻延后明显影响土壤耕作。降水的变化还会影响到雨季与旱季、河川径流、地下水位和土壤水分的季节变化。上述变化必然引起春耕、播种、灌溉、授粉、收割、植保、饲养、防疫、剪毛等农事活动时间的相应调整，农产品销售、运输、加工、贮藏等经营活动的时间也会随之调整。如气候变暖使得植物的春季开花提前，秋季延后，使养蜂业的全年采蜜期得以延长。冬季变暖使得华北不加温大棚的冬季蔬菜生产与上市成为可能。候鸟迁徙时间春季提前，秋季延后，影响到禽流感传染期与防疫工作部署的改变。近海鱼类洄游春季提前，秋季延后，海洋捕捞的鱼汛期和休渔期也相应调整。

目前有关气候变化对农业生态系统时间分布的影响，研究较多的是对于农作物发育期的影响。气候变暖使植物的物候与和作物春播提前，但在气候暖干化地区由于土壤水分不足，有的牧草返青反而延迟，有些春播作物为躲避“卡脖旱”宁愿推迟播种，如内蒙古中部的春小麦和华北部分山区的春玉米。气候变暖在大多数情况下会使作物的全生育期缩短，但由于冬半年升温要比夏半年更加明显，有些早春抢墒播种的作物全生育期将会延长。华北的冬小麦虽然秋播比过去明显延迟，夏收有所提前，但由于冬季休眠期的缩短超过全生育期的缩短，有效生育期在气候变暖的背景下反而延长。关于气候变化对冬小麦、玉米、水稻等主要作物发育进程的影响已有许多研究，(李宗粪等，2008；帅细强，2011；李荣平，2009；李正国，2013)这里不再赘述。

9.2.2 气候变化对农业生态系统空间分布的影响

气候变化对农业生态系统的空间分布也产生了显著影响。气候变暖使喜温作物的分布和多熟制种植区整体向北移动，喜凉作物向更高纬度与海拔地区扩展。如甘肃省棉花适宜区种植海拔高度升高 100 m 左右，面积扩大 10 倍。复种作物适宜区海拔高度升高 200 m 左右，复种面积扩大 4～5 倍(邓振镛等，2007)。茶树属亚热带灌木，过去只限于淮河以南种植，现在已扩展到山东南部与河南中部。华南的热带经济作物种植也明显北扩。气候暖干化使内蒙古草原的牧草种群向旱生化演变。气温升高使西部高山和高原的林线与人工林分布明显上抬。过去在华北北部冬季温室蔬菜生产必须室内加温，现在的日光温室可以在不加温的情况下冬季生产喜温果菜类，在辽宁，不加温的大棚冬季可以生产耐寒蔬菜。1998 年春季华北北部异常暖湿，北京郊区冬小麦发生一种过去只在热带地区才有的病害。

动物的分布也有明显改变。气候暖干化与超载放牧加速了内蒙古草原的退化，迫使牧区整体向东南移动。气候变暖还使作物病虫害的越冬基数增大，发生区域北扩。许多害虫的发生区域也有向北扩展的趋势，如内蒙古阴山以北地区在 2000 年前后出现蚜虫，这是该地区过去从未见到过的。

目前中国有关气候变化对粮食作物布局影响的研究较多(赵秀兰，2010；矫江等，2008；刘德祥，2005；刘彦随，2010)，但有关气候变化对经济作物及畜禽、鱼类、昆虫等动物分布的影响研究较少。

9.2.3 气候变化对农业生态系统结构的影响

除种植结构及作物、品种布局的时空变化外，气候变化对农业生态系统结构的影响还表现在对整个大农业系统结构的影响上。整个大农业包括植物性生产、动物性生产和农用微生物生产三个组成部分。气候变暖有利于降低冬季畜禽御冷能耗，提高饲料转化效率，但夏季炎热会影响动物的食欲和降低饲料转化效率，这就要求调整不同季节的饲料配方和饲料作物的种植结构。气候暖干化使内蒙古草原发生退化，为弥补草原生产力的下降，需要扩大人工草地与饲料作物生产，开展牧区与农区合作的易地育肥。热量条件改善和 CO_2 浓度升高有利于提高作物的生物学产量，为充分利用剩余秸秆资源，除推广粉碎还田外，利用秸秆发展食用菌栽培应运而生、发展迅猛。气候变暖使农作物、病虫害、天敌三者之间的关系发生明显改变，通常作物抗性和天敌数量的变化会滞后于有害生物的改变，需要加强抗病虫育种和有害生物天敌的保护与人工繁殖。气候变暖改善了高寒地区的通达性，有利于这些地区的特色农产品向外运输与销售。

总之，气候变化对农业生态系统结构的影响十分复杂，目前只是对种植结构的变化研究较多，对其他方面影响研究的文献很少，尤其是对农业生态系统各子系统和要素之间关系影响的研究非常薄弱。

9.3 农业生态保护与环境治理

9.3.1 气候变化与水土流失治理

水土流失是世界上的主要灾害之一，它破坏土地资源，造成生产力衰退；耗损有限水资源，形成干旱、洪涝等灾害，引起生态环境恶化，严重地威胁着人类的生存与发展。据联合国粮农组织估算，全世界约有 2500 万 km^2 土地遭受水土流失，占陆地总面积的 16.7%，每年流失土壤 260 亿 t。中国是世界上水土流失最为严重的国家之一，侵蚀遍及全国，而且强度高、成因复杂、危害严重。据全国第二次水土流失遥感调查，20 世纪 90 年代末全田水土流失总面积 356 万 km^2，其中：水蚀面积 165 万 km^2，风蚀面积 191 万 km^2（吴发启，2003）。

水土流失是不利的自然条件与人类不合理的经济活动互相交织作用产生的。不利的自然条件主要是地面坡度陡峭，土体的性质松软易蚀，高强度暴雨，地面缺少林草等植被覆盖；人类不合理的经济活动诸如：毁林毁草，陡坡开荒，草原上过度放牧，开矿、修路等生产建设破坏地表植被后不及时恢复，随意倾倒废土弃石等。

水土流失是气候引起的一种普遍而严重的农业环境问题。按水土流失成因，中国可划为三大水土流失类型区，即新疆、甘肃河西走廊、青海柴达木盆地，以及宁夏、陕北、内蒙古、东北西部等地的风沙区，是风力侵蚀为主的类型区，其中风力侵蚀最为严重的沙漠及沙地，面积达到 109.5 km^2；青藏高原和新疆、甘肃、四川、云南等地分布有现代冰川的高原、高山，是冻融侵蚀为主的另一个类型区，其中现代冰川面积约 5.865 万 km^2；其余的所有的山地丘陵地区，则是以水力侵蚀为主的第三个类型区，是危害最严重的侵蚀类型，其中侵蚀严重的面积约有 150 万 km^2，主要分布在黄土高原与西南喀斯特地区，也是生态最脆弱、贫困人口最集中的地区。

由水土流失成因可以看出，气候变化对水土流失有重要影响。影响水力侵蚀的气候因素主要有降雨量、降雨强度等。影响风蚀的主要因素有风力大小、降水等。风力越大，风蚀越强。当前，气候向着变暖方向发展，变暖后土壤蒸发能力增强，土壤变干，更容易被侵蚀。气候变化导致极端降水事件的增多，特别是在旱涝急转的情况下，前期干旱造成表土十分疏松，突降暴雨可造成土壤严重的冲刷和流失。

水土流失反过来又对局地气候产生影响，由于植被的退化和下垫面性质的改变，将导致碳汇功能下降，并加剧局地气候的恶化（焦居仁，2011）。

水土流失的治理是中国可持续发展所面临的一项紧迫而艰巨的战略任务。当前，一方面要充分利用高新技术，采取工程措施、生物措施和耕作措施等多种措施，重点加大对黄土高原区、西南喀斯特岩溶地区、北方风沙区综合治理力度，提高植被覆盖率。加强水土流失的综合治理，建设基本农田，解决农民生计问题，改广种薄收为精种高产稳收，改单一农业经营为农林牧副渔业全面发展；陡坡地退耕还林还草，恢复植被，从源头上治理水土流失；在荒山荒坡和退耕地上，实行乔灌相结合，形成多层次，高密度的防护林体系。另一方面，要搞好综合治理规划，合理利用土地，提高土壤肥力，建设水土保持生态型农业（田卫堂等，2008）。

针对气候变化带来的水土流失新特点，在气候明显暖干化的黄土高原，要重视深层土壤出现干层的问题，植树种草都要考虑土壤水分的承载能力，密度不宜过大，人工林在树木长大后要及时间伐。新栽植树种、草种要选择耐旱灾品种。西南岩溶山区要针对旱涝急转加剧水蚀的问题，加强灾害性突变天气的监测和预警，并在坡地等营建生物篱加强拦截，在有条件的地点兴建拦蓄工程，集蓄雨季水分用于旱季。

9.3.2 气候变化与荒漠化防治

土地荒漠化不仅威胁到人类的生存环境，而且已成为制约全球经济发展和社会稳定的障碍因素。根据联合国统计资料，全球受到荒漠化威胁和影响的面积共有 45.6×10^6 km^2，约占全球土地面积的 35%，其中极端干旱荒漠化土地占 17%，荒漠化程度很高的土地占 7%，荒漠化程度高的土地占 36%，中度荒漠化土地占 40%。根据《中国荒漠化和沙化状况公报》①，中国的土地荒漠化问题非常严重，荒漠化土地总面积为 262.37 万 km^2，沙化土地面积为 173.11 万 km^2。荒漠化土地主要分布于新疆、内蒙古、西藏、甘肃、青海 5 省（区）。

气象因素是诱发荒漠化最重要的因素和动力之一。恶劣的气候条件（如大风、干旱）可以导致荒漠化的发生。反过来，当荒漠化土地达到一定面积和程度时也会对该区域气候条件产生一定的影响，促使气象条件进一步恶化。

气候变化对荒漠化的影响表现为：风速减弱导致沙尘暴的减少，气候暖干化导致内蒙古中西部草原退化、荒漠化风险加大。经过 20 多年的综合治理，虽已初步遏制荒漠化蔓延的势头，从 2005 年至 2012 年，中国荒漠化土地减少 1.25 万 km^2，沙化土地减少 8587 km^2（侯天琛，2013），但西北仍然存在水资源无序开发和破坏植被的现象，局部地区荒漠化现象恶化，如甘肃民勤县局地荒漠化加剧，主要是由于人口增多、水资源利用不当及土地开垦过度造成的②。这些人为因素增加了耗水量，民勤县过度抽取地下水，生态环境进一步恶化，形成恶性循环。国家对此高度重视，采取了一系列遏制沙化趋势的措施，如合理分配水资源，禁止超采地下水；调

① 《中国荒漠化和沙化状况公报》，国家林业局，2011.

② 甘肃日报：http://gsrb.gansudaily.com.cn.

整产业结构，发展节水高效农业；加速防护林体系建设等。

荒漠化地区既是一个脆弱的生态系统，也是一个宝贵的生态系统，其生态环境的好坏对周边地区和下游地区生态环境有重要的影响，因此，对荒漠化地区的防治有非常重要的环境、经济和社会意义。防治荒漠化的目的是：防治和减少土地退化；恢复部分退化的土地；复垦已荒漠化的土地。而防治荒漠化的对策主要有：控制农林牧水工程符合生态系统的结构和功能，合理利用水土资源；实行“生态系统管理”，促进系统内的良性循环；传统知识与现代科学技术相结合；完善政策措施和加强科学管理（王澄海，2003）。

在气候变化的情况下，气候暖干化的内蒙古中部与黄土高原北部等荒漠化威胁地区，退耕还林还草要选用耐旱树种草种，灌溉面积扩大只能量水而行和建立在大力推广节水灌溉与栽培技术的基础上，严禁超采地表水和地下水。新疆和青海西部等地区要利用降水和融雪增加的有利条件恢复植被，但扩大灌溉面积和绿洲范围不能超出水资源承载能力。坚持按流域统一配置水资源，防止上游过度拦蓄利用造成中下游水资源枯竭和土地荒漠化。

9.3.3 气候变化与农业污染控制

(1)农药过量使用与控制措施

气候变暖后，暖冬有利于农作物病虫源（菌）的越冬、繁殖，使其为害的地理范围扩大、程度加重。温度升高延长了害虫的活动期（金飞，2010）；病虫的为害期延长，繁殖代数增加，作物受害程度加重；高 CO_2 浓度有利于小麦条锈病的越冬、越夏和南下流行，加重杂草蔓延，黏虫在各地的年发生将普遍增加一代（《气候变化国家评估报告》编写委员会，2007）。气候变暖使农药的挥发和分解加快，为治理不断加重的病虫草害，加大了农药使用量，加重了农药污染。科学用药，有效预防农药污染是应对气候变化，保护农业生态环境的客观需要。对于农药污染的防治措施可归纳为三方面：1）控制和消除污染源。控制和消除污染源是防止污染的根本措施。比如控制进入土壤中污染物的数量和速度，使其在土体中缓慢地自然降解，以免产生土壤污染。2）提高土壤净化能力。增加农田土壤有机质含量，砂掺黏和改良砂性土壤，可以增加或改善土壤胶体的性质，增加土壤对有毒物质的吸附能力和吸附量，从而增加土壤环境容量，提高土壤的净化能力。3）其他防治污染的措施。施用化学改良剂、生物改良措施，控制氧化还原条件，改变耕作制等。

(2)化肥过量使用与控制措施

气候变暖使速效氮肥的挥发和分解加快。在15～28℃条件下，气温每升高1℃，能被植物直接吸收利用的速效氮释放量将增加约4%，释放期将缩短3.6 d；气温增加2℃或4℃，氮素每次使用量需增加8%或16%左右（翟盘茂等，2009）。因此，要想保持原有肥效，每次施肥量将增大。CO_2 浓度升高，将促使农产品中的C/N比增大，蛋白质含量降低，为保持农产品的品质，也不得不加大N肥的投入。

减轻和防治化肥产生的环境污染，一方面，要改良土壤、培肥地力，消除土壤对作物生长不利的障碍因素，有效地防止肥料的淋失、逸失以及化肥不良副成分在土壤中的积累；另一方面，控制施肥总量并注意平衡施肥，以减少过量化肥的流失。此外，还需要改进灌溉、耕作技术和栽培管理，提高作物对养分的利用效率。

(3)大型畜牧场的污染与控制措施

中国畜牧业发展迅速。随着人们生活水平的提高、对肉蛋奶的需求量不断增大，畜牧场的规模越来越大、集约化程度越来越高。畜禽饲养及活体加工过程中产生的大量排泄物和废弃物，对环境的污染问题越来越突出，成了农业环境的一个巨大污染源。

畜牧业环境污染可以归结为：臭气、水体富营养化、疫病等问题。当前畜牧场污染控制较多的是从畜牧场选址、管理、废弃物处理等角度考虑，对于气候变化因素考虑较少。事实上，气候变暖、极端降水事件增多等，会加剧畜牧业对环境的污染，加剧疫病的传播。温度升高会加快畜禽粪便的分解产生和排放大量臭气，危害人畜；极端降水事件会将畜禽粪便冲进河流造成水体污染，甚至影响地下水质。为此，必须加强对大型畜禽场粪便污染源的监测和管理，推广普及清洁生产技术，实现畜禽粪便的无害化、资源化利用。

(4)白色污染与控制措施

气候变暖，为充分开发利用农业气候资源发展农业生产提供了机遇。由于增产效果明显，这些年地膜覆盖技术在中国农业生产中迅速普及，地膜覆盖面积超过了 2 亿亩，涉及棉花、玉米等 40 多种农作物，相当于中国 18 亿亩耕地红线面积的 1/9。白色污染已成为中国农业生产的一个严重环境问题。温度升高、紫外辐射增强有利于地膜的分解，但在暖干化地区微生物减少对地膜分解不利。应当加强地膜的回收和再利用，在暖干化地区给予政策倾斜推广可降解的生物地膜。

9.3.4 气候变化与农业生物多样性保护

生物多样性分为自然生物多样性和农业生物多样性。自然生物多样性在 30 亿～40 亿年前随着生命的出现就已存在。而农业生物多样性是在 300 万年前随着人类的出现才开始逐渐形成和发展，是人类与自然相互作用的结果和人类文明的重要成就。农业生态系统从各类自然生态系统开发出来，并与自然生态系统重叠、交叉(王勇，2008；陶战，1995；陈欣等，1999)。从研究层次看，农业生物多样性可分为四个层次，即作物品种遗传多样性(种内多样性)、物种多样性(包括半家化栽培种、栽培种和受到管理的野生种)、农业生态系统多样性和农地景观多样性(陈海坚等，2005)。

中国农业历史悠久，农业生物极其丰富，主要表现为几个特点(李华锋，2010)：一是栽培物种和养殖物种丰富。据调查统计，起源于中国的栽培物种达 237 种，养殖家畜家禽品种 590 种，许多世界重点保护的动物以农区为主要栖息地；二是野生生物种类繁多。农业生态系统中分布着大量珍稀、濒危的重点保护物种；三是名优特物种丰富；四是生境类型特有，中国农区有许多重点珍稀、濒危物种富集的特有生境。此外，随着农业种植区域土地集约化利用程度提高，形成了栽培作物单一分布的局面，成为中国农业生物多样性的另外一个特点。

气候是影响生物多样性的主要自然因素，气候要素的变化将引起生物多样性的改变(吴建国，2008)。大量观测表明，气候变化已经对生物多样性产生了极大影响，包括物种的物候、行为、分布和丰富度、种群大小和种间关系、生态系统结构和功能等都已经发生了不同程度的改变，甚至引起个别物种的灭绝(IPCC，2002)。主要表现为：(1)生境退化与丧失。由于气候变化，生态系统的生态环境发生变化，有些逐渐退化甚至消失，栖息于其中的物种受到生存威胁。(2)物种分布范围的变化。物种的分布是与一个区域内生态因子长期作用达到平衡的结果，气候的变暖打破了这种平衡，迫使许多物种向更高的纬度和海拔迁移。冬小麦种植范围北移就是一个明显例证。当物种无法再迁移时，就会造成地方性的甚至是全球性的灭绝。(3)生物物候期的变化。全球范围内，大于 80％物种的物候期每 10 年提前或延后了 2.3～5.1 d，仲夏之前开花的物种物候期提前，仲夏之后开花的物种物候期延迟。物候期的提前或延迟，可能引起其他物种的入侵和群落组成与结构的变化。(4)对动物繁殖的影响。动物的繁殖是其生活史中对气候变化最敏感的时期，微小的气候变化都可能对其繁殖成功率及后代产生影响。(5)物种灭绝速度加快。许多物种已经适应了非常独特的气候条件，任何微小的变化都可能意味着我们会永远失去这些物种。(6)病虫害增强。很多野生动植物病虫害对温度、降雨量和湿度非常敏感，气候变暖可以增加病原体生长率和存活率、疾病的传染性以及寄主的易受感染性，这些因素的共同作用对生物多样性产生了影响。

中国地处中纬度生态脆弱地区，国土跨越多个气候带，是世界公认的气候变化敏感区和脆弱区之一。气候变化已经对中国的生态系统和生物多样性造成了严重影响。气候变化使部分动物、植物和真菌等物种处于变异和濒危的境地。农业可利用的野生生物物种减少、土生物种变得不适宜，使农业物种、遗传多样性减少；农业种植结构和工厂养殖业结构单一化，使农业生态系统的抗逆性、稳定性显著下降①；过量使用农药杀伤害虫天敌，破坏生态平衡，同时会使害虫产生抗药性，加剧病虫害，而且使用农药会污染环境和农产品(马建列，2005)；过量使用化肥在改良土壤的同时也会导致生境的中性化，降低生物多样性(姜俊红，2005)；气候暖干化导致农业生态系统内的各种植物向旱生化方向演替，草场退化严重，退化草地毒草、害草比例增大(赵慧颖，2008)；水产养殖喜温物种增多，喜凉物种减少(兰杰，2013)，海洋渔业资源和珍稀濒危生物资源衰退(傅东平，2011)。

目前，中国对于农业生物多样性的保护还仅仅处于起步阶段，全社会的保护意识相对薄弱，亟待提高(李华锋，2010)。适应气候变化的农业生物多样性保护对策如下(蔡蕾，2007)：

1)促进农业生物多样性受气候变化影响及其反应的研究。根据物种、群落及生态系统分布、组成结构等基础资料，研究农业生物多样性受气候变化的影响及其反应，尤其应加强长期、大尺度、区域性的研究，提高预测未来气候变化对农业生物多样性影响的能力。

2)建立完备的监测体系，以便及时监测气候变化对物种丰度与分布、生境范围与状况、生态系统结构与功能等的影响。监测系统应包括定点的监测网络及强大的分析系统。

3)制定应对策略，减轻气候变化对农业生物多样性的影响。识别对气候变化比较敏感的生态系统，如干旱半干旱区生态系统、高山生态系统等；确定受气候变化影响较大的脆弱物种，找出影响其分布和丰度的主要气候因子。制定系统的策略和计划应对气候变化，使气候变化对生物多样性的影响最小化。

4)把气候变化对农业生物多样性影响的考虑纳入相关国家政策、方案和计划中。在所有的农业生物多样性保护政策、方案和计划中都要考虑未来气候变化的影响，要将短期内保护脆弱生态系统和物种的努力与帮助生物多样性适应气候变化的长期目标结合起来。尤其要加大对容易丧失的本地物种的保护，本地物种在高产优质方面往往不及人工培育的优良品种，但抗病能力强，是宝贵的遗传基因资源，在生产实际中往往追求经济效益而忽略对这些本地种的保留，从适应气候变化的角度应当大力加强保护工作。

5)加强宣传和教育，提高公众意识。农业生物多样性是与每个人息息相关的事，农业生物多样性的保护又依赖全社会的共同努力。可以利用媒体宣传、学校教育、社区学习等多种方式提高公众的认知与参与度，积累解决气候变化与农业生物多样性保护问题的民间资源。

---

① 中国畜牧业信息网 http://www.caaa.cn/show/newsarticle.php? ID=248701.

9.4 关键适应问题

9.4.1 适应工作中存在的问题

农业生态系统是受人类强烈干预的人为控制系统，也是自我调节机制较为薄弱的生物系统，是全球气候变化的主要承受者（于贵瑞，2003）。以上分析表明，气候变化对农业生态系统的结构与功能产生了重大影响，加剧了农业污染、水土流失、土地荒漠化、农业生物多样性减少等生态与环境问题。多年来，中国在生态治理上已经取得了举世瞩目的成就，但目前在农业生产实际中片面追求高产而忽视对农业生态与环境保护的例子屡见不鲜，在当前气候明显变化的情形下问题表现尤为凸出。

(1)仍然存在依靠掠夺性开发自然资源和牺牲环境发展农业的现象

华北在暖干化日趋严重的情况下靠超采地下水维持小麦的高产；东北地区牺牲湿地和生物多样性而盲目扩大水稻种植；西南的冬春干旱一方面是由于降水减少，另一方面，被破坏了的脆弱的农业生态系统对干旱的调节作用减弱也是一个重要的原因；由于气候变暖后农药、化肥挥发分解加快而大量增施导致农业环境污染等。

(2)在气候变化背景下如何开展生态农业建设思路尚不清晰

生态农业的观念早在 20 世纪 30 年代就已经提出并进行了生产实践，20 世纪 70 年代由于生态环境问题的日益凸出而在全世界受到空前的重视①，从 20 世纪 80 年代开始在中国也实施了不少的生态农业项目、建立了相当数量的生态农业示范基地，已建设有 101 个国家级生态农业县，但全国的生态农业建设还远远不够②（付万春，2012；乔桂银，2009）。气候变化为生态农业建设注入了新元素、添加了新内容，但对于气候变化背景下如何开展生态农业建设的思路尚不清晰，研究文献不多。发展多学科交叉综合的生态农业理论和综合技术体系以支撑生态农业建设、完善法律法规保障生态农业建设、提高金融信贷社会化服务体系等促进生态农业建设，在适应气候变化的同时建设生态农业、在建设生态农业的同时提高适应气候变化的能力，充分发挥两者的协同效应保障中国农业的可持续发展，是我们今后需要大力加强的工作，任重而道远，还有很多的工作要做。

(3)农业生物多样性保护亟待加强

农业本地物种抗病抗逆能力强，是宝贵的遗传基因资源，但在高产优质方面往往不及人工培育的优良品种，在生产实际中往往追求经济效益而忽略对这些本地种的保护。随着气候变化的加剧，病虫害、干旱、高温、冷害、盐渍化等对农业生产的影响越来越大，需要重新认识挖掘这些本地物种的抗病抗逆价值，通过先进的基因技术使这些本地物种的优越性在适应气候变化方面发扬光大。从适应气候变化的角度应当大力加强本地物种的保护工作。

目前作物种植品种单一化导致农业种植业对于气候变化脆弱性增大，在遭遇极端气候事件引起的农业气象灾害后，救灾作物品种资源与种子贮存不足。应当加强救灾种子库的建设，

---

① 百度文库 http://wenku.baidu.com.

② 中华人民共和国农业部 http://www.moa.gov.cn/zwllm/zwdt/201303/t20130306_3239499.htm.

根据不同区域特点建立品种资源区域分类中心，尽可能多地保留多样化的救灾作物品种以应对日益加剧多发的气候灾害。农业部正在建立救灾种子库，保留救灾品种，在灾害发生时尽可能地为农民挽回经济损失。但是仍然存在很多问题，如储备量不足，储备补贴低，品种不合理，储备管理不规范等。未来应进一步完善救灾备荒种子库的建设与管理(于竞，2013)。

(4) 探讨适应气候变化的荒漠化治理新模式

荒漠化治理对于农业可持续发展的重要性不言而喻。气候变化条件下极端气候事件的频发和加剧，荒漠化加剧并出现新特征。针对荒漠化出现的新特征，在气候变化导致的荒漠化高风险地区有计划地调整治理规划，探讨新的适应气候变化的荒漠化治理模式，实现适应气候变化与荒漠化治理的双赢或多赢。目前已有一些典型的成功案例，如在南方石漠化地区种植竹子、紫苏等经济作物，在甘肃推广沙棘的种植，既治理了水土流失，又减轻泥石流的危害、减轻干旱的危害，改善当地的生态，又给农民带来经济效益，帮助脱贫。这方面的例子要大力挖掘和应用推广。

(5)加强对病虫害与外来生物入侵的监测

CO_2浓度升高、温度上升、加之不合理的农作物种植结构与布局，不排除某些目前次要的病虫害或新发病虫害发展为严重为害农业生态系统的病虫害，对此应当保持高度的警惕，加强监测预警是我们的首要选择。CO_2浓度升高和变暖气候条件下，C_3类杂草的蔓延、外来有害生物的入侵也是需要我们高度警惕的，要加强监测。

9.4.2 关键科学问题

与其他领域相比，气候变化对农业生态系统的影响和适应机理的研究相对薄弱，特别是以下几个方面：

(1)CO_2浓度升高的综合效应及其利用

CO_2浓度升高一方面有利于提高光合作用速率和作物水分利用效率，但这些效应是否存在趋于饱和与报酬递减现象尚不清楚；CO_2浓度升高还可能降低农产品的蛋白质含量，增大C3杂草的竞争力，改变有害生物的习性。要对CO_2浓度升高对于不同作物和不同产业的综合效应进行评估，研发高光效的优质高产作物新品种，充分利用CO_2浓度升高所带来的有利因素、最大限度地减轻不利影响。

(2)土壤微生物对气候变化的响应及调控机制

目前对气候变化对土壤微生物区系构成影响的研究很少。土壤是无机自然界和有机自然界结合的中心，是生态系统中物质和能量转化的枢纽，而微生物既是土壤形成过程的作用者，又是土壤的重要组成部分。正是由于微生物在土壤中的作用才支撑起整个的农业生态系统。因此，气候变化对土壤微生物的影响，应该是气候变化影响农业研究中重要的基础性内容，而当前研究恰恰忽略了这个作用非常关键、意义非常重大的科学问题，这是我们今后应该高度重视的研究工作。

(3)气候变化条件下农业生态系统演替规律与突变机制

注重短期效益而损害长远利益、注重经济效益而忽视生态效益，是气候变化条件下农业生态系统保护的最大障碍。加强气候变化条件下农业生态系统保护工作的针对性，必须加强气候变化条件下农业生态系统的演替规律与突变机制的研究。气候变化深刻地影响着农业生态系统的演替，但目前这方面的研究极少。尤其是加强气候变化所可能导致农业生态系统的突变，带来的不可预知的、潜在的、毁灭性的生态灾难的研究工作，应是我们工作的重中之重。如气候变化超过什么样的阈值时会导致某些农业生态系统的崩溃，气候变化条件下会不会造成有些有害生物天敌的灭绝或超级危险病虫害的发生和动物疫病的蔓延，土壤微生物区系的变化会不会严重影响作物的产量等。对于未来可能的气候突变带来的生态灾难要未雨绸缪，提早研发关键应对技术，做好必要的物资和技术储备，当灾难来临时能够从容应对，防患于未然。

参考文献

蔡蕾. 2007. 2007年国际生物多样性日：生物多样性与气候变化. 环境教育，(5)：12-17.

柴如山，牛耀芳，朱丽青等. 2011. 大气 CO_2 浓度升高对农产品品质影响的研究进展. 应用生态学报，**22**(10)：2765-2775.

陈海坚，黄昭奋，黎瑞波等. 2005. 农业生物多样性的内涵与功能及其保护. 华南热带农业大学学报，**11**(2)：24-27.

陈欣，唐建军，王兆骞. 1999. 农业活动对生物多样性的影响. 生物多样性，**7**(3)：234-239.

邓振镛，张强，刘德祥等. 2007. 气候变暖对甘肃种植业结构和农作物生长的影响. 中国沙漠，**27**(4)：627-632.

《第二次气候变化国家评估报告》编写委员会. 2011. 第二次气候变化国家评估报告. 北京：科学出版社.

杜川利，刘晓东，WU Wali. 2008. CLM3 模拟的 1979-2003 年中国土壤湿度及其对全球变暖的可能响应. 高原气象，**27**(3)：463-473.

付洁，尚可政，王式功等. 2014. 我国沙尘气溶胶的特性及其影响的研究进展. 安徽农业科学，**42**(12)：3673-3677，3713.

付万春，丁森林. 2012. 我国生态农业推广研究. 安徽农业科学，**40**(22)：11456-11458.

傅东平. 2011. 广西应对气候变化的政策选择研究. 经济与社会发展，**9**(1)：9-11，28.

侯天琛. 2013."僵化"的大地：土地荒漠化及其治理. 生态经济，(10)：18-23.

姜俊红，金玲，朱朝荣等. 2005. 农业活动对农田生态系统物种多样性的影响. 中国农学通报，**21**(7)：385-386+408.

焦居仁. 2011. 气候变化与水土保持生态建设对策. 办公自动化，(6)：4-7.

矫江，许显斌，卞景阳等. 2008. 气候变暖对黑龙江省水稻生产影响及对策研究. 自然灾害学报，**17**(3)：41-48.

金飞. 2010. 气候变化趋势对农作物病虫害发生趋势的可能影响. 科技传播，(8)：83，93.

兰杰. 2013. 现场细节管理是决定养殖成败的关鍵. 当代水产，(7)：66，69.

李广，李玥，黄高宝等. 2012. 不同耕作措施旱地小麦生产应对气候变化的效应分析. 草业学报，**21**(5)：160-168.

李华锋. 2010. 浅论我国农业生物多样性保护. 农业环境与发展，**27**(2)：11-13.

李荣平，周广胜，史奎桥等. 2009. 1980-2005 年玉米物候特征及其对气候的响应. 安徽农业科学，**37**(31)：15197-15199，15267.

李正国，杨鹏，唐华俊等. 2013. 近 20 年来东北三省春玉米物候期变化趋势及其对温度的时空响应. 生态学报，**33**(18)：5818-5827.

李宗龚，段金省，黄斌等. 2008. 气候变化对陇东塬区农作物生长发育的影响与对策研究. 干旱地区农业研究，**26**(2)：219-224.

刘德祥，董安祥，邓振镛. 2005. 中国西北地区气候变暖对农业的影响. 自然资源学报，**20**(1)：119-125.

刘彦随,刘玉,郭丽英. 2010. 气候变化对中国农业生产的影响及应对策略. 中国生态农业学报,**18**(4):905-910.

娄运生,韩艳,刘朝阳等. 2013. UV-B增强下施硅对大麦抽穗期光合和蒸腾生理日变化的影响. 中国农业气象,**34**(6):668-672.

马建列,白海燕,陈毅仁等. 2005. 生物多样性在农业害虫防治中的应用. 世界农业,(5):50-51.

马柱国,符淙斌. 2006. 1951-2004年中国北方干旱化的基本事实. 科学通报,**51**(2):2429-2439.

马柱国,魏和林,符淙斌. 1999. 土壤湿度与气候变化关系的研究进展与展望. 地球科学进展,**14**(3):299-305.

《气候变化国家评估报告》编写委员会. 2007. 气候变化国家评估报告. 北京:科学出版社.

乔桂银. 2009. 生态农业发展的制约因素与对策建议. 中央社会主义学院学报,(6):95-99.

帅细强,邹锦明,谢佰承等. 2011. B2情景对湘鄂双季稻发育期及产量的影响. 中国农学通报,**27**(33):121-126.

陶战. 1995. 我国乡村生态系统在国家生物多样性保护行动计划中的地位. 农业环境与发展,(4):5-7.

田卫堂,胡维银,李军等. 2008. 我国水土流失现状和防治对策分析. 水土保持研究,**15**(4):204-209.

王澄海. 2003. 气候变化与荒漠化. 北京:气象出版社.

王义祥、翁伯琦、黄毅斌. 2006. 全球气候变化对农业生态系统的影响及研究对策. 亚热带农业研究,**2**(3):203-208.

王勇,骆世明. 2008. 农业生态服务功能评估的研究进展和实施原则. 中国生态农业学报,**16**(1):212-216.

吴发启. 2003. 水土保持学概论. 北京:中国农业出版社.

吴建国. 2008. 气候变化对陆地生物多样性影响研究的若干进展. 中国工程科学,**10**(7):60-68.

薛建福,赵鑫,Shadrack Batsile Dikgwatlhe等. 2013. 保护性耕作对农田碳、氮效应的影响研究进展. 生态学报,**33**(19):6006-6013.

尹微琴,张贤臣,王小治等. 2012. O_3浓度升高对麦季土壤-植株系统中微量元素的影响. 农业环境科学学报,**31**(11):2094-2100.

于贵瑞. 2003. 全球变化与陆地生态系统碳循环和碳蓄积. 北京:气象出版社,57-59.

于竞. 2013. 黑龙江省国家救灾备荒种子储备利用情况及建议. 种子世界,(11):4-5.

翟盘茂,李茂松,高学杰. 2009. 气候变化与灾害. 北京:气象出版社.

张乃莉,郭继勋,王晓宇等. 2007. 土壤微生物对气候变暖和大气N沉降的响应. 植物生态学报,**31**(2):252-261.

赵慧颖,乌力吉,郝文俊等. 2008. 气候变化对呼伦湖湿地及其周边地区生态环境演变的影响. 生态学报,**28**(3):1064-1071.

赵秀兰. 2010. 近50年中国东北地区气候变化对农业的影响. 东北农业大学学报,**41**(9):144-149.

赵秀兰,延晓冬. 2006. 近20年华北地区土壤水储量变化趋势及水分管理与调配对策. 气候与环境研究,**11**(3):371-379.

左志燕,张人禾. 2008. 中国东部春季土壤湿度的时空变化特征. 中国科学(D辑):地球科学,**38**(11):1428-2437.

IPCC. 2002. Climate Change and Biodiversity, IPCC technical paper V. *Cambridge, Cambridge University Press*.

IPCC. 2013. Summary for Policymakers. //Climate Change 2013: The Physical Science Basis. Contribution of Working Group I to the Fifth Assessment Report of the Intergovernmental Panel on Climate Change. Cambridge: Cambridge University Press.

Nie Suping, Luo Yong, Zhu jiang. 2008. Trends and scales of observed soil moisture variations in China. *Adv Atmos Sci*, **25**(1):43-58.

第10章 区域典型适应案例

气候变化的影响具有显著的区域特点，且呈现损失日趋严重的趋势。近几年发生的典型的农业气象灾害，如2006年川渝大旱、2008年南方冰冻雨雪灾害、2010年北方的低温冻害和西南地区的严重干旱，2012—2013年的冬季北方出现极寒天气，内蒙古牧区发生60年以来最严重的雪灾，2013年南方高温伏旱，2014年北方干旱，都给农业生产造成了严重影响。中国地域辽阔，环境复杂多样，各地气候条件和未来可能的气候变化差异巨大，而各地的社会经济发展水平又决定了各地具有不同的适应气候变化能力，因而各区域对气候变化的影响表现出不同的脆弱性，区域适应问题更加错综复杂，适应的难度更大。在采取适应气候变化的行动时，应当根据区域具体问题的特点，有针对性地制订适应气候变化的对策，强化区域的适应示范行动。

本章首先概述区域适应气候变化的突出问题，然后选择黄淮海冬小麦霜冻害防御、热带作物种植界限北扩、华北节水、东北作物与品种布局、棉花主产区西移、宁夏压砂瓜种植、川中丘陵地区种植结构调整、西藏河谷农业开发、黄土高原集雨补灌等九个典型案例，尝试分析区域适应问题，分析已经采取的适应措施及效果、存在的问题与今后适应工作的建议，最后通过对9个适应案例的分析总结“渐进适应”与“转型适应”两种适应方式，为其他地区的适应提供借鉴参考。

10.1 区域适应气候变化问题概述

从近几十年的生产实践可以看出，升温促进东北地区的粮食增产、黑龙江水稻种植面积的扩大，改良作物品种在东北适应气候变化实践中起着至关重要的作用，但农业生产和重工业基地的大量消耗引起水资源紧张、生态环境的破坏，特别是湿地面积的缩小和功能的丧失等日益严重的问题。

华北地区是中国重要的粮食生产基地，巨大的农业灌溉用水量与该地区有限的水资源量形成强烈的反差，超采地下水维持农业高产的模式在华北暖干化日益严重的趋势下难以为继，水资源短缺矛盾日益突出，由于物候提前和气候波动增大，冬小麦霜冻害呈加重趋势。

西北地区具有降水稀少、蒸发强烈、温差大及风沙多等典型的大陆性干旱气候特征，气候变化对社会经济和生态环境系统具有深远影响。适应气候变化的战略任务是建立水资源短缺应变体系、保护和改善绿洲生态系统、加强气候变化及其影响的监测预警。节水与旱作是西北地区农业适应气候变化的关键问题，东部黄土高原应发展集雨补灌旱作技术，西部绿洲应发展节水灌溉与农艺技术。

长江中下游地区的气候变化整体呈现暖湿化趋势，洪涝与季节性干旱都有所加重，高温伏旱、洪水、台风等极端气候事件的增多，严重影响农业生产。水体升温导致水质恶化，还经常造成泛塘死鱼。提升区域防灾减灾能力，开发应变适应技术，建立完善的农业生产保障体系，是该地区适应气候变化的当务之急。

西南地区地形复杂，气候多样，雨量局地差异显著，空间分布不均，旱、涝频繁发生，尤其是冬春季节性干旱明显加重。极端降水事件加剧岩溶地区的石漠化，气候变化还导致农业生物多样性下降和外来有害生物入侵。针对西南地区立体气候特征，因地制宜调整农业布局与种植结构，加强生态综合治理，如四川丘陵梯田水改旱、岩溶山区营建生物篱和小型水利工程等。

由于气候变化，青藏高原的高寒草地退化严重，草畜不平衡矛盾凸出，虫鼠害猖獗。但气候变暖也为发展河谷农业提供了机遇。应加强草地与三江源生态保护和虫鼠害综合防控，坚持草畜平衡，促进退化草地恢复。推广先进农艺，充分发挥高原优越的光热资源优势，大幅度提高单产。

气候变暖有利于华南热带、亚热带作物种植北扩和冬季蔬菜生产，但气候波动加剧又增加了冬季寒害风险。海平面上升和台风活动增强使大风、洪涝与风暴潮等农业气象、海洋灾害加重。应调整作物布局，充分利用背风向阳有利地形，避免过度北扩。加强极端天气气候事件与海洋灾害的监测预警和防灾工程建设，提高应对能力。

10.2 黄淮海小麦霜冻害防御

黄淮海是中国冬小麦主产区，春季霜冻害是冬小麦生产的主要灾害之一。气候变暖虽然总体上导致终霜冻日期提前，但由于春季物候提前、气候波动加剧，植株脆弱性增大，生产实际上冬小麦春季霜冻害增多，霜冻害加重。本节以黄淮海地区为例分析变暖条件下霜冻害发生的新特征、采取的适应措施及效果，以及适应中存在的问题和改进建议。

10.2.1 黄淮海冬小麦霜冻害发生的事实分析

黄淮海冬小麦霜冻害20世纪50年代到60年代中期是多发期，60年代后期到70年代末是少发期；80年代在平均值左右波动，90年代有加重的趋势；进入21世纪以来局部地区霜冻害发生频率显著增大、危害程度明显加重。如河南商丘地区1980—2001年统计分析表明，20世纪90年代晚霜冻发生频率是80年代的1.88倍，其中小麦拔节提前年份，晚霜冻发生的频率在66.7%以上（冯玉香等，1999；罗新兰等，2011；闫世忠等，2002；庞锡富等，1994；胡新，2001；姚景珍等，2011）。虽然黄淮海平原南部春季气温明显高于北部，但由于小麦发育早、降温幅度大，霜冻危害明显比北部严重。造成这种现象既有气候变化的因素，也与栽培管理及品种的调整有关。

作物霜冻害主要发生在秋春两季，但对于冬小麦而言，由于苗期对低温不敏感及冬前的抗寒锻炼，在生产上秋霜冻对小麦的危害并不大，只是过早播种的旺苗容易在初冬受冻，但由于明显晚于初霜冻发生日期，只有高强度的低温才会造成危害，通常纳入冻害范畴，不再作为霜冻害讨论。春季霜冻害发生频率更高、危害也更重，这是由于小麦麦苗随着气温的升高和发育进程而抗冻能力逐渐降低，气候变暖后小麦的发育期提前，一旦遭遇倒春寒，很容易遭遇霜冻害。加之气候波动性增大，在前期较高温度下生长的麦苗，抗寒性要明显低于在前期较低温度下生长的麦苗，一旦遭遇霜冻，脆弱性更大，受害会更严重。

黄淮海冬小麦春季霜冻害加重，除气候因素外，也存在人为管理上的原因。由于变暖越冬冻害有所减轻，为充分利用变暖增加的热量资源，黄淮海地区普遍采用冬性减弱的小麦品种，有利于延长穗分化期，增加籽粒数，黄淮麦区的春性品种比例由原来的7%提高到25%，但穗分化提前后小麦的抗寒性也明显下降；此外，氮肥用量大幅度增加、春季灌水量增加也使小麦的抗寒性有所下降。

10.2.2 抗霜冻害适应措施

减轻黄淮海地区冬小麦的春季霜冻害，一方面要合理选用抗寒品种，并改进栽培管理，以增强植株的抗寒性；另一方面，要采取调节农田小气候的措施。

(1)选育抗霜冻丰产小麦品种

品种的抗寒性主要取决于其发育特征和独立的抗寒性基因。一般来讲，小麦在营养生长阶段的抗寒性较强，而进入生殖生长阶段后抗寒性降低。冬性小麦品种与光周期敏感的品种由于发育期较晚，抗霜冻性强于春性品种及光周期不敏感的品种，但发育过晚使穗分化期缩短，因此在生产上选用品种是要兼顾抗寒性与丰产性，根据当地的霜冻风险和变暖后的生产潜力做出合理决策。另外，小麦中还存在着独立于发育阶段的抗寒基因（Tondelli，*et al.*，2011）。在小麦抗霜冻育种中发现竖叶型、分蘖力强、叶色深绿的品种比披叶型、分蘖力差、叶色黄的品种抗霜性要强（胡新，1999）。

(2)加强防御霜冻害栽培管理措施

合理施肥，培育壮苗。通常小麦壮苗的抗寒性要明显好于旺苗和弱苗，目前生产上氮肥过量施用，磷、钾肥和有机肥不足，是霜冻灾害加重的重要原因之一。为减少冬小麦霜冻害，需要确定合理的氮磷钾肥配比，增施有机肥。

调整播期。在黄淮海麦区，通常春霜冻害最严重的是过早播种的旺苗，尤其是气候变化使得秋冬变暖，麦苗更容易旺长年。因此，防御春霜冻害，首先要避免过早播种，晚播虽然可以推迟小麦拔节期，躲过晚霜冻多发时段，但过晚发育会使穗分化期缩短而导致粒数减少，而且还增大了灌浆期遭遇干热风危害的风险，因此在生产上要提倡适时播种，并随着气候变暖适当推迟播期。目前在黄淮地区的适宜播期分别为：半冬性品种为10月8—12日，春性、弱春性品种为10月15—25日，以后可根据冬前积温的增加和对叶龄的要求对播期做出进一步的调整。

控制播量。播量过大时，小麦叶片容易蹿高徒长，分蘖和根系生长却受到抑制，苗情素质差，对春霜冻的抵抗力下降。适当降低播种量，单株分蘖增加，次生根多，抗冻能力增强，而且由于主茎和分蘖之间穗分化的低温敏感期存在时间差，也有利于减轻霜冻损失。以河南豫麦18为例，于10月10日播种，遭受2月底3月初两次霜冻后，基本苗150万、225万和300万株/hm^2的主茎幼穗冻死率分别为20.3%、45.5%和82.4%（皇甫自起等，1996）。但也不宜播量过低，否则会影响穗数、产量降低。

加强耕作与灌溉防霜冻措施。播前深犁耙透，达到上虚下实，返青后及时划锄，促进根系发育；冬前和早春对旺长麦田及时镇压抑制徒长，避免过早拔节；表土紧实有利于深层土壤热量向上传导，减轻霜冻危害。霜冻来临前浇水可提高地温1℃～3℃，并缓冲温度骤变，空气中水汽增多还能减少地面的有效辐射，具有明显的防霜效果①。

① http://baike.baidu.com.cn/view/9021710.htm.

(3)采取应急补救措施

及时调查灾情，根据麦苗灾情采取措施，一般受损冻伤麦苗及时浇水追肥促进麦苗恢复①。孕穗期受冻后，可喷施叶面肥和生长刺激素，提高结实率。死苗严重基本绝收的，要当机立断根据剩余积温改种春播作物。

10.2.3 存在问题与建议

随着气候变暖和气候波动加剧，农民在适应气候变化的生产实际中感到无所适从，调整小麦品种和播期存在很大的盲目性。过度适应与适应不足交替发生，或者为防御春霜冻害过分晚播或选用冬性很强的品种，或为躲避干热风等后期灾害又过分强调早播和选用春性强的品种，从而人为加重了灾害损失。为避免盲目适应，加强气候变化条件下冬小麦霜冻害发生机理和生产潜力的研究，为采取合理的适应措施提供理论依据。同时，加强春霜冻的监测、预警和诊断，及时采取防霜冻和补救措施。在小麦品种选用中，多考虑高产因素，对抗寒性考量不足，加强兼顾高产优质与抗霜冻性品种的选育，组装与良种配套的栽培管理技术体系，保证小麦稳产高产。

10.3 热带作物种植界限北扩

气候变暖有利于中国热带作物种植的北扩。中国热带地区气候资源与国外相比，存在着热量和水分条件不足的缺点，在全球气候变暖趋势影响下，将明显改善中国热带地区的气候条件；在单位土地生产力提高的同时，其适宜种植区域将进一步扩大；受热量条件不足限制较大的热带作物品种，其产量可能会明显地提高。如天然橡胶种植，在热量条件提高的情景下，气候生产力明显提高，年割胶时间延长，寒害发生频率降低，单位土地种植株数增加。因此，积极利用丰富的气候资源将是热带作物生产应对气候变化的主要方向之一。

10.3.1 热带作物种植界线北扩的事实

中国热带地区在全球气候变暖的趋势下也呈气温升高的趋势。20世纪80年代以来，中国热带地区除四川外都表现逐渐气温升高的现象；升温速率为0.1～0.2℃/(10 a)(李勇等，2010；任崇，2002)。同时，降水量、雨日、蒸发都出现不同程度的变化。

在气候变暖背景下，热带地区的农业气候资源发生了明显改变。李勇等(2010)研究发现，在气候变暖背景下，中国热带作物种植北界发生了明显的变化。1981—2007年的种植北界位置，与20世纪50—80年代相比，大约北移了0.86个纬度，适于种植热带作物区域的面积增加了0.81万km^2。从年代际比较结果来看，热带作物种植北界北移现象明显且速率呈增大趋势，20世纪90年代较80年代的平均北移速率为0.03个纬度/a，2000—2007年较20世纪90年代的平均北移速率达到了0.06个纬度/年。例如，云南省瑞丽在20世纪90年代和时段2000—2007年已演变为新的热带作物种植区域。气候变暖对不同作物的影响不同，例如：冬季变暖可使茶芽提前萌发，新梢生长延长而增产，茶区随着北亚热带界限北移(杨书运等，2008)。

① http://www.wuhanagri.gov.cn/.

10.3.2 热带作物种植界线北扩的效益

天然橡胶树在18℃为正常生长的临界温度，26～27℃时橡胶树生长最旺盛。当林间气温<5℃时，橡胶树便会出现不同程度的寒害；0℃时树梢和树干枯死；<−2℃时，根部出现爆皮流胶等严重寒害现象。

中国在20世纪60—70年代在热带地区对天然橡胶进行了大面积种植，但在广西南部、广东东部，福建西部等地区由于热量条件不够丰富导致寒害特别严重，有效割株保存率低，后来在农业结构调整的趋势下逐渐完全淘汰。但是在20世纪90年代末期开始，受气温升高热量条件改善及天然橡胶种植经济效益提高、抗寒技术进步等因素影响，这些地区都开始重新种植。在2008年特大寒害的影响下，胶园仍然保持较好的商业种植价值。

在云南，天然橡胶种植规范规定种植高度海拔不能超过850 m，但有当地农民种植的案例表明，在海拔1300～1400 m种植的胶树仍然可以产胶。另外，过去认为在中国由于寒害重没有商业种植价值的油棕，调查发现在24°N仍然可以正常开花结果。

荔枝是世界上对气候条件要求最严格的热带亚热带果树之一，受热量条件限制它的分布范围极其狭窄。在中亚热带地区，由于冬季气候寒冷、出现霜冻，0℃以下的天气就能使其受害，因而不能安全越冬(陶忠良等，2001)；在热带地区，多数年份由于冬季温暖，妨碍花芽分化，导致荔枝树不开花或坐果率不高，使得产量低而不稳，这些原因迫使荔枝高产地区只能局限于一个较小的范围。目前荔枝栽培仅能在福建、广东、广西的部分地区获得较高的产量。

海南是中国荔枝的原产地，在20世纪80年代前，海南中晚熟荔枝仍然有较大规模，在琼山区永兴镇就是历史悠久的中晚熟荔枝产区。进入20世纪80年代后，永兴地区年平均气温升幅达1.63℃(陶忠良，1997)，随着气温的明显升高，永兴镇的中晚熟品种荔枝已经很少开花；目前整个海南岛普遍种植早熟品种避免暖害，淘汰了中晚熟荔枝品种。

10.3.3 存在问题与建议

随着气候的变暖，极端天气事件发生的强度和频率也随之发生变化，热带作物种植北界的北移会导致寒害的频率增大。研究表明，敏感区域的寒害明显重于非敏感区域，其发生寒害和发生重度以上寒害的风险分别比非敏感区域高3.0倍和3.5倍(李勇，2010)。气候变暖背景下，由于在寒害发生前，热带作物往往处于较温暖环境下保持活跃生长状态，植株的脆弱性更大，造成的损伤要比气候变化前同等低温下更大。气候变暖和热带低压登陆海南岛的次数成正相关，从而增加了橡胶等热带作物的风害威胁(刘少军等，2013)；中亚热带的柑橘产区高温干旱危害是柑橘生产的限制因素(于沪宁，1995)；荔枝受到暖害的影响越来越显著，由于冬季缺乏寒冷刺激，导致荔枝开花结果减少，严重影响荔枝的产量(匡昭敏等，2004)。同时，热带地区气候变暖将会使害虫的发育速度加快，繁殖代数增加，害虫越冬界线北移地理分布范围扩大，增加病虫害发生、流行的概率。病虫害危害加剧，需要增加农药施用量，不但提高农业生产的成本，而且造成农药残留污染，破坏农业生态与环境。气温、降水的变化还会加剧生物入侵、加快杂草生长，改变土壤的营养成分和酸碱度，从而引发生态问题。

为避免人为的过度适应，应加强脆弱性和风险研究，充分利用冷空气难进易出的有利地形种植热带作物；加强防寒新技术研发，构建热带地区作物生产适应气候变化的技术体系；加强热带病虫害发生演变规律的研究，为有效防治提供依据。

10.4 华北节水

华北地区是中国重要的粮棉油主产区之一。截至2006年，区内总人口2.83×10^8人，占全国的21.5%；耕地面积2253.35×10^4 hm^2，占全国的18.5%；GDP为5.85×10^{12}元，占全国的25.5%；粮食、棉花、油料产量分别为全国的24.2%、38.4%和32.4%（于静洁和吴凯，2009）。华北地区的农业生产在保障中国粮食安全及社会经济的可持续发展方面的地位举足轻重。

10.4.1 气候暖干化加剧华北农业水资源紧张

水资源短缺长期威胁着华北农业及经济的可持续发展。华北地处季风带，属半干旱半湿润气候区，年降水量500～800 mm，从东南到西北递减。本区水资源具有两大显著特征，第一，水资源总量匮乏。2006年中国水资源公报显示，该区水资源量为660.6×10^8 m^3，只有全国的2.6%；人均水资源量为234 m^3，远低于500 m^3的严重缺水线，是中国的严重缺水地区（于静洁和吴凯，2009）。第二，水资源时空分布不均。该区水资源在时间分布上具有明显的季节性，70%以上的水量集中于7—9月，但农业生产最需水的季节是3—5月；本区耕地面积约占全国的28%，而水资源仅占全国的6%。华北地区的水资源短缺形势由于长期以来得不到缓解，加之经济高速发展和城镇化进程加快，导致工业和城市用水挤占农业用水，农业用水又挤占生态用水，最终导致生态环境恶化，引发一系列严重后果：海河主要支流下游出现季节性断流，河流自净能力下降，水质恶化，河流水生态系统遭到严重破坏；海河、黄河入海流量大幅度降低，河口水生态日益恶化；地下水严重超采，造成地下水位持续下降，年均下降0.5～3 m，形成多个以城市为中心的区域性地下水漏斗区，导致滨海区海水入侵、地下水咸化等地质环境问题（刘颖秋，2004）。这种以牺牲环境为代价换取的经济发展显然是不可持续的。

华北水资源短缺属于资源性短缺，在今后相当长时间内短缺态势难以逆转。更为严重的是，未来气候变化可能会使华北的水资源供需关系更为恶化。大量观测资料表明，华北地区近50年来呈明显暖干化趋势，高温、干旱等极端气候事件增多（《第二次气候变化国家评估报告》编写委员会，2011；马洁华等，2010）。未来华北暖干化的趋势还会延续，农业用水量增大与农业可供水量减少的矛盾会日益凸出，农业生产面临严重水资源短缺的挑战。

10.4.2 华北农业节水适应措施与效益

华北是中国农业节水技术应用较发达的地区，早在20世纪70年代就开展了多项节水技术研究，80年代以后全面开展了农业节水技术试验示范，特别是在井灌区推广的低压管道输水和田间小畦灌等技术，取得了显著效果。从90年代开始，进一步将节水工程技术、农艺技术和管理技术有机结合，并大面积推广田间灌溉科学用水技术，如小麦优化灌溉。因此在工程、农艺、生物、管理等各种节水措施方面，华北都走在全国前列。目前华北平原有效灌溉面积2.4亿亩，节水灌溉工程面积约9000万亩。其中渠道防渗控制面积2500多万亩，低压管道输水灌溉面积5000万亩，喷、微灌1500万亩。全区亩均用水量295 m^3，在国内属于灌溉用水效率较高的地区。

华北主要种植作物为冬小麦、夏玉米。水稻种植比例虽然不高，但绝对面积仍然可观。华北的京津唐地区属于华北北部平原的中粳优质米亚区，历来是传统优质稻米产区，远到“南苑稻”、“玉堂稻”和“清水稻”，近到“唐山大米”、“天津小站米”等都是久负盛名的优质稻米（张士功等，2003）。然而，日益加剧的水资源供需矛盾使华北的水稻种植面临困境。水稻是高耗水作物，京津唐地区水稻净灌溉定额为 4650 m^3/hm^2，远高于小麦的 2100 m^3/hm^2 和玉米的 1800 m^3/hm^2，其单季稻的水分利用率仅为 0.71 kg/ m^3，而冬小麦和玉米分别为 1.32 kg/ m^3 和 1.72 kg/ m^3（张士功等，2003）。从水资源利用适应气候变化的角度来看，调整水稻的种植面积最为有效。北京和天津在水稻种植结构调整方面均取得了显著效果。

北京市水稻的种植自 1971 年至 2010 年为种植面积减少阶段，由 6.45 万 hm^2 下降到 0.03 万 hm^2，年减少 0.1336 万 hm^2。特别是在 1999—2003 年，当地政府加大了结构调整力度，水稻面积由 1.92 万 hm^2 压缩到 0.16 万 hm^2，平均每年压缩面积 0.448 万 hm^2。这包括 2001 把包括京密引水渠沿线在内的 0.5 万 hm^2 水稻全部改种其他节水作物。京密引水渠沿线的水稻种植历来依靠密云水库的来水灌溉，每年的用水量都达上亿立方米。2001 年引水渠停止给农业供水后，京密引水渠沿线密云、怀柔、昌平、海淀等区县的水稻已全部改种果树、苗圃。仅海淀区在 2001 年就将 0.17 万 hm^2 水稻调整为林木、苗圃，并全部采用了喷灌、微灌、管灌等高效节水技术，节水效果明显。往年京密引水渠沿线海淀段水稻的年用水量达 1500 万 m^3，而改种节水作物后只用水 210 万 m^3，节水达 86%。北京市冬小麦经历了类似的结构调整，种植面积由 1992 年最高峰时期的 19.11 万 hm^2 减少到 2010 年的 6.16 万 hm^2。特别是通过 1999—2003 年的强力结构调整，小麦面积由 16.8 万 hm^2 压缩到 3.58 万 hm^2，平均每年压缩 3.387 万 hm^2。通过压缩高耗水作物，扩大雨热同步和秋熟作物，节约了宝贵的水资源，使长期以来农业用水占全市用水总量 50% 下调到 25%～30%。

天津市是一个水资源严重短缺的滨海城市。近年来，天津市依据水资源状况进行了种植结构的调整，优质、高产、高效、低耗水农作物的种植比例大幅度提高。天津市水稻种植面积从 1997 年的 6.64 万 hm^2 历史峰值减少到 2010 年的 1.58 万 hm^2，相应地耐旱的棉花种植面积由 0.44 万 hm^2 增大到 5.18 万 hm^2，并于 2004 年达到峰值 8.69 万 hm^2。种植结构的调整取得了较好的节水增产效果。经测算，全市年节水达到 7 亿多立方米，年增加农业生产能力折合粮食 1.38 亿千克，估算直接增加经济效益可达 2.77 亿元。

河北省大部分为冬小麦一夏玉米的一年两熟制地区，水稻有少量种植，主要分布在唐山、秦皇岛两市的滨海各县。随着社会变革、经济发展及水资源短缺的加剧，作物种植结构不断发生变化，高耗水的水稻和小麦面积都经历了增加—减少—再增加—再减少的大致过程。其中第二个阶段的面积下降是为适应水资源短缺而主动采取的种植结构调整所致。水稻由 1999 年的 15.47 万 hm^2 下降到 2010 年的 7.97 万 hm^2，总计压缩 7.5 万 hm^2，平均每年压缩 0.5356 万 hm^2，其中 1999—2003 年的压缩力度最大，平均每年 1.9117 万 hm^2。小麦由 1998 年的 276.22 万 hm^2 下降到 2010 年的 241.58 万 hm^2，总计压缩 34.64 万 hm^2，平均每年压缩 2.76 万 hm^2，其中 1998—2004 年的压缩力度最大，平均每年 11.157 万 hm^2。压缩的水稻和小麦主要用于扩大夏玉米和棉花的面积，夏玉米面积自 2000 年的 247.86 万 hm^2 增大到 2010 年的 300.86 万 hm^2，11 a 总计增加 53 万 hm^2，年平均递增 5.422 万 hm^2；棉花面积自 1999 年的 26.66 万 hm^2 增加到 2004 年的 66.91 万 hm^2，5 a 总计增加 40.25 万 hm^2，年平均递增 8.067 万 hm^2，此后面积稳定在 57.35～69.0 万 hm^2。

秸秆还田也是华北地区农业生产在适应气候变化过程中较为成功的经验。秸秆还田技术应用之前，主要处理方式为焚烧，这既造成农业资源浪费，又污染环境，曾经困扰中国农业生产和环境保护很长一段时间(汪芳等，2007)。秸秆还田一方面可减少土壤水分无效蒸发，从而改善作物根区的水分环境；其次可以改善土壤结构，增加有机质含量和土壤微生物数量，以及调温、抑制杂草等多种作用，有助于建立良好的土壤生态环境，是培肥农田地力、改善土壤质量和提高农田水分生产效率的重要手段。因此，秸秆还田是华北农业实现高产、稳产、高效、可持续发展的重要途径之一。

华北地区人均占有耕地少，复种指数高，倒茬间隔时间短，加之秸秆碳氮比高，不易腐烂。所以秸秆还田常因翻压量过大，土壤水分不适，施氮肥不够，翻压质量不好等原因，出现妨碍耕作、影响出苗、烧苗、病虫害增加等现象，有的甚至造成减产。为避免这些不利因素，中国农业科学院土肥研究所等单位研究了中国农业主产区的秸秆还田适宜条件，使秸秆还田各项技术定量化，为大面积推广秸秆还田提供了技术保障。

华北的秸秆还田模式主要包括小麦留高茬免耕覆盖还田、麦秸覆盖还田、玉米秸秆粉碎翻压还田、玉米秸秆整株翻压还田、玉米秸秆覆盖还田(曾木祥等，2001)。最后两种覆盖方式都有良好的蓄水保墒作用，适宜在华北北部的山西、内蒙古推广使用，是当地抗旱保苗增产的重要措施。华北地区除高寒山区，绝大部分地区可采用秸秆直接粉碎翻压还田。水热条件好，土地平坦，机械化程度高的地区更加适宜。因此这种还田模式在华北应用最广泛，其具体操作方法为：用人工或机械收获玉米穗，用拖拉机牵引粉碎机将玉米秸粉碎均匀，抛撒地面，粉碎程度约 10～15 cm，还田量约 6000～9000 kg/hm^2，最好配施农家肥(30000～37500 kg/hm^2)和化肥(氮素 90～120 kg/hm^2，磷素 90～112.5 kg/hm^2)，用重型拖拉机耕翻约 20 cm 以上，然后耙耱整地，机播下种。一年一熟地区翌年春天播种前采取顶凌耙地，播后镇压等措施进行保墒，但不得二次深耕。此项技术的增产幅度在 5%～31.6%，平均增产 13.6%。

河北省土壤基础肥力不高，土壤有机质含量平均 1.2%，邯郸、邢台仅 1%左右，尤其是土壤速效钾呈普遍下降趋势。因此河北省十分重视秸秆还田技术的推广，玉米和小麦两种作物秸秆还田的应用比例分别为 75%和 91%(彭世琪，2001)。据试验，实行秸秆还田一般能增产 10%以上，坚持常年秸秆还田，不但在培肥阶段有明显的增产作用，而且后效十分明显，有持续的增产作用。

山东省也是秸秆资源丰富的省份，小麦、玉米秸秆干物质总产量分别为 2227.76 万 t 和 1816.17 万 t。山东省秸秆还田主要经历了三个阶段：20 世纪 80 年代小麦高留茬阶段；20 世纪 90 年代为小麦联合收获还田快速发展、玉米秸秆还田稳步增加阶段；21 世纪为小麦联合收获还田普及、玉米秸秆还田快速发展阶段。目前小麦、玉米秸秆还田的比例分别在 70%和 50%以上，取得了土壤有机质、速效钾每年分别提高 0.02%和 5～10 mg/kg、粮食增产 15%的显著效果。

10.4.3 存在问题与建议

华北节水走在全国的前列，要在这样的高起点上进一步适应气候变化，华北比其他主产区面临的问题更严峻，必须采取深层次的综合节水适应技术。尽管华北的节水技术应用程度高，但重工程、轻农艺的观念依然存在。节水措施多采用渠道衬砌、管道输水、喷滴灌等工程措施，而对投资少、见效快的农艺及管理节水措施的重要性认识不足，造成农业生产中节水但不高效的后果。因此，如何在现有工程节水基础上，更好地融入农艺及管理节水措施，以形成更为有效的深层次综合节水适应技术，对华北应对未来不利的气候条件至关重要。超采地下水、流域上下游无序争水问题也还很凸出，要加强水资源的管理。

南水北调为华北经济社会发展带来了难得的历史机遇，怎样做好与本地水资源的优化配置，在气候变化条件下如何进一步进行农业种植结构的优化调整，需要深入研究及在生产实践中进行探索。CO_2浓度升高，气孔开度变小，作物的蒸腾发生变化，探讨气候变化条件下的农艺节水技术途径与潜力，是需要深入研究的科学问题。

10.5 东北作物与品种布局

10.5.1 东北气候变化事实

近50年来，东北地区年平均气温、年平均最高气温、年平均最低气温均呈明显上升趋势，气候趋势倾向率分别为0.3℃/(10 a)、0.2℃/(10 a)、0.4℃/(10 a)，四季的气温均呈升高趋势，其中春、秋、冬季升高显著；年降水量呈略减少趋势，减少速率为15 mm/(10 a)；在降水量减少的同时降水日数也在减少，减少速率为2 d/(10 a)(赵春雨，2009)。从年降水量变化的区域分布来看，除黑龙江的漠河呈略增多以外，其他大部分地区都呈减少趋势，尤其是黑龙江东部、吉林西部以及辽宁东南部地区减少明显。气温升高、降水减少，东北地区气候变化总体上向暖干化方向发展(廉毅等，2007)。未来预估东北气温还会明显上升，土壤湿度将可能降低(赵宗慈和罗勇，2007)。

10.5.2 作物与品种布局调整

东北地区粮食生产以玉米、大豆、水稻和春小麦为主。气候变暖使得农作物生长发育条件得到改善，作物与品种布局发生变化，农作物种植面积扩大，全区耕地面积由1980年的1708万hm^2增加到1996年遥感调查的3098.32万hm^2，增加81.4%(石淑芹等，2008)。20世纪80年代以来东北地区春季提前，生长季延长、生长季内总积温增加、>10℃积温带北移，玉米和水稻晚熟品种的种植范围出现北移和东扩。同时黑龙江省水稻种植比例显著增大，小麦种植比例明显缩小，从以小麦和玉米为主的粮食作物种植结构调整为以玉米和水稻为主(谢立勇和冯永祥，2009)。另外，为了最大限度地利用气候变暖所增加的热量资源，玉米品种由特早熟和早熟品种改为增产潜力更大的中晚熟品种。以松嫩平原南部为例，由于生长季提前，盛夏热量资源充足，一些中晚熟的品种被推广和应用。与此同时，在升温背景下，近几十年来东北地区多次发生大范围严重的低温冷害，部分区域低温冷害的发生有频繁和严重的趋势；并且气候变化导致降水波动加剧，东北地区农业用水矛盾更为突出，因此育种在以往针对高产优质的基础上，更加注重耐旱、耐涝、耐低温冷害品种的培育(矫江等，2008)。

在气候变化影响下，温度和热量条件在发生改变，作物生长发育进程也相应改变，东北地区作物与品种布局调整不但有效地利用了增加的热量资源，并逐步发展出适应当地自然条件的作物栽培新技术。一方面，通过开展气候区划的细化工作，将整个东北地区按照每100℃·d积温划分出若干积温带，为该区域作物与品种布局调整提供科技支撑。另一方面，调整作物与品种播期，推广地膜覆盖、秸秆还田、保护性耕作与促早熟技术以及注水播种机应用(杜开阳等，2009)，大力发展优质专用品种，积极选育作物新品种，加快农业的专业化、产业化和机械化进程(21世纪议程管理中心,2011)。

10.5.3 存在问题与建议

随着气候变化,近些年东北地区作物布局与品种布局有了较大的调整,一方面充分利用气候变化所带来的光热资源,另一方面也受到降水减少的限制,气候变化背景下极端气候事件(干旱、洪涝、冷害等)以及病虫害影响加剧。通过分析东北品种变化趋势,发现存在以下问题,并提出相应建议。

气候变暖导致水稻适宜种植区域扩大,近年来水稻面积及其晚熟品种不断向北部和东部扩展,造成部分地区过度北扩,冷害时有发生。对于这种情况,可以考虑在过度北扩区域适当减少水稻种植比例,改种大豆等耐寒作物;同时合理进行水稻品种布局和早中晚熟品种搭配,北部和东部低温冷凉的地区应适度压缩水稻偏晚熟品种比例。另外,加强生产管理,提高水稻生产的抗低温能力。

随着气候变化,降水量的减少和降水强度的变化加剧了东北地区农业用水矛盾。部分地区出现水稻的过度扩展,与当地的水资源不匹配,更加剧了农业用水紧张局面;另外,为了种植水稻,侵占湿地,破坏当地的生态环境。针对这种情况,必须加强管理,严格控制水稻种植面积的扩展。

气候变暖使得东北玉米病虫害暴发频繁,近年来玉米螟、大斑病等在东北大部分地区发生,部分年份造成了严重损失。一方面需要改进栽培措施,选择抗逆性好的品种;另一方面加强对病虫害的预防,在病虫害发生之前或发生早期就采取及时的措施,因为后期防治的难度更大。

10.6 棉花主产区西移

华北是棉花的主产区。根据张海等(2001)的统计,北方棉区(冀、鲁、豫、晋、陕、甘、辽宁)20世纪70—90年代中期棉花种植占全国棉花种植面积的50%以上、产量在20世纪80年代末占全国棉花总产的60%以上。20世纪90年代棉铃虫危害严重,华北棉花种植急剧减少,而与此同时,气候变暖加之技术进步,新疆棉花种植大面积扩展,棉花种植主产区在全国范围内实现战略性西移。

10.6.1 华北棉铃虫爆发促使棉花主产区西移

棉铃虫食性杂,繁殖力强,抗药性上升快,是华北农业生产的主要害虫。自1964年起,棉铃虫的发生量呈明显上升趋势。1970—1972、1982、1986、1989—1991年多次连续发生,危害越来越严重,终于导致1992年的特大爆发(盛承发,1992)。

华北棉区气候变暖,加之种植结构的改变,是棉铃虫爆发的条件。20世纪80年代末至90年代初,棉麦两熟制面积迅速扩大,1988年黄淮海棉麦两熟面积约为1700万亩,1989、1990、1991年分别增至1860、2500、2900万亩,同时冬季保护地栽培面积迅速扩大,作物布局的这种改变使棉铃虫的栖息、避敌取食及繁殖场所扩大、时间延长,以及作物高产新品种的推广,作物生长旺盛、营养丰富,为棉铃虫的取食和生长发育提供了更优越的条件,加之1991—1992年的冬季气温偏高,棉铃虫越冬死亡率低,春季气温回升平稳,使越冬蛹羽化时间又提前了7～10 d,取食小麦的第一代幼虫在麦前顺利入土化蛹,同时小麦生长后期气象添加温和,第一代幼虫密度大,生长发育旺盛,这一切的因素叠加,导致了1992年华北棉铃虫的特大爆发(盛承发,1992)。即使是华北棉区北缘的河北固安县,早发棉田百株累计卵量也达1000～3000粒,是当地历史最高水平的5～10倍。华北棉区1992年棉铃虫爆发导致棉花减产70万t,折合经济损失约为130亿元人民币(谢宝瑜等,1996)。

10.6.2 新疆气候条件适宜使棉花主产区西移成为可能

新疆光照充足、热量丰富。太阳辐射量5400～6500 MJ/m^2,日照时数2500～3360 h,无霜期约200 d(朱朝阳等,1999),适宜棉花生长。在气候变暖的背景下,新疆的气温明显上升。以新疆农八师垦区为例,21世纪的前10年平均气温比20世纪60年代升高了1.5℃(杜红等,2012),加之新疆社会经济发展和农业结构的调整、农业科学技术的研究和推广应用,棉花种植技术有了极大提高,棉花单位面积产量不断提高。良种繁育、矮化密植、地膜覆盖、节水、集约化经营、病虫害防治技术的调整、科学施肥等生物技术的广泛应用,单位面积产量从1990年的1146 kg/hm^{2}增加到2001年的1412 kg/hm^2(马琼和喻晓玲,2005)。

新疆棉区播种面积在20世纪70年代只占全国播种面积的1.2%,80年代约5%,90年代约28%,相应地产量占到全国总产的24.8%,2001年新疆棉花产量达到157万t,占全国总产量的35%左右。截至到2011年,新疆棉花连续19 a实现面积单产、总产和调出量达全国第一,棉花直接年产值600～700亿元,棉花已经成为新疆的支柱产业之一。2012年,新疆棉花种植占全国棉花种植面积的35%,产量占全国总产量的50%①。新疆棉花经济的总收入是油料作物的1.59倍,甜菜的3.10倍,果用瓜的1.45倍(新疆维吾尔自治区统计局,2003),新疆已经成为中国生产条件最优越、潜力巨大的高产优质棉区,也是中国唯一的长绒棉产区(文启凯等,2001)。棉花西移战略的实施,保障了中国棉花供应,提高了棉花品质,促进了新疆的经济发展。

10.6.3 存在问题与建议

新疆种植业比重偏高,种植业产值在大农业中的比重为77.59%(轩新玉,2001),而在种植业中又以粮棉为主,粮棉播种面积占农作物播种面积的74.17%。长期大面积种植单一作物,会削弱农田生态平衡,引起作物病虫害大发生。为了保持大面积连作棉花的高产不断增加化肥、农药、地膜的施用量,造成有害化学物质在土壤中的大量残留,土壤严重污染。为扩大农业种植面积过度垦荒加剧荒漠化危害。棉花生产主要依靠灌溉,水资源紧缺限制了棉花生产规模。由于水资源分布的不均衡性,加之各流域大面积种植棉花,用水量大,用水比较集中,各植棉区不同程度的出现了缺水、争水的局面。未来新疆棉花生产应根据流域统一管理水资源分配合理规划棉花种植规模,提高棉花生产的集约化水平,大力发展节水灌溉农业,加大生态保护力度(马琼和喻晓玲,2005)。

棉花种植产区从华北、长江流域棉区向新疆的转移,是适应气候变化整体转移战略举措的一个典型案例,充分体现了适应气候变化的"趋利避害"原则,对今后适应气候变化具有借鉴和指导意义。

---

① 新疆棉花学会专家解读今年棉花种植对策——http://www.cast.org.cn/n35578/n38755/14776142.html,2013年06月07日.

10.7 宁夏压砂瓜种植

10.7.1 气候变暖促进压砂技术在宁夏的推广

压砂种植是一种蓄水保墒旱作种植模式，属于土壤覆盖制度之一。土地压砂一是可以提高地温，利用砂石这种热量不良导体，将白天吸收的太阳辐射热能传入到下层土壤，就可积累热量，耕层土壤温度提高 2～3℃，满足硒砂瓜喜温的生长需求；二是可以蓄水保墒，在地表铺压砂石层，隔断了土壤的毛细管，减弱了土壤水分的蒸发，同时砂石可以全部接纳储存降水，避免地表径流损失，压砂地 0～100 cm 土壤平均含水量较土田提高 3.93%～11.84%；三是可以抑制地表盐碱的积累；四是砂石中含有丰富的钙、磷、钾、钠等农作物生长需要的营养物质，同时含有人体必需的锌、硒等微量元素，通过风化和雨水冲洗，沉积到土壤中，利于农作物根系吸收。

压砂种植技术最早在甘肃中部地区应用，在甘肃叫"砂田"，主要用于种植生育期较短的甜瓜。随着气候变暖，在宁夏与甘肃交接的低海拔地区该技术也得到应用，利用砂田种植西瓜。在 20 世纪 90 年代之前，宁夏农民曾经尝试在高海拔地区应用该技术但未成功。在 1986 年前后，宁夏气候有一次明显的气温跃变，跃变后年平均气温升高了约 1.0℃（王连喜等，2011），压砂技术在高海拔地区的应用成为可能。过去这些地区几乎是不毛之地，现在利用压砂技术种植西（甜）瓜。宁夏大面积压砂种植于砂砾淤积丰富的香山冲积扇区域，当地群众把经过风化、被山洪冲刷到山沟里淤积的以石炭系为主的岩石碎片，拉运铺压在灰钙土土壤上形成厚 10～15 cm 的石子地，用于种植西（甜）瓜。压砂种植具有节水、增温、保墒效果，已成为干旱地区群众适应环境及气候变化的主要技术措施之一。

10.7.2 压砂瓜种植技术应用情况及效益

宁夏压砂瓜集中连片区分布在环中卫香山地区，地处蒙古高原与黄土高原的过渡地带。该区降水稀少，平均降水量不足 200 mm，但光照充足，有效积温高，昼夜温差大，年均日照时数 2800～3000 h，≥10℃的有效积温 2500～3200 ℃·d，无霜期 140～170 d。昼夜温差为12～16 ℃，对瓜类糖分积累、果实着色、风味增加、品质提高十分有利。借助压砂覆盖栽培显著的增温、保水、压碱的功效，能有效协调和改善西（甜）瓜的生长环境，在很大程度上满足了西（甜）瓜对水、热、气、肥、光的要求，适于瓜类生产。20 世纪 90 年代以后，压砂西（甜）瓜产业得到迅猛发展，在中卫市环香山地区形成东西长 78 km，南北宽 16.5 km 的西（甜）瓜种植带，总面积达 1287 km^2，成为西北地区最大的压砂西（甜）瓜种植带，取得了显著的经济效益。2008 年资料表明，宁夏中卫环香山地区压砂西（甜）瓜种植面积达到 6.67 万 hm^2，总产量 120 万 t，销售总额 7.2 亿元，瓜农户均收入 1.7 万元，农民收入水平比宁夏平均水平高 44.0%。

10.7.3 存在问题与建议

随着气候变暖，中部干旱带暖干化趋势明显，2009 和 2010 年宁夏压砂瓜种植核心区生长季降水量仅为 60 和 86 mm，需要补充灌溉才能维持压砂西瓜的正常生长，压砂西瓜产量也因此受到很大影响，这就给传统的压砂种植提出了挑战。另外，宁夏中部干旱带压砂西甜瓜种植一般年份从 4 月上旬末开始，宁夏压砂瓜的种植较易受到冻害的威胁。要使压砂瓜不受干旱和晚霜害，需要对压砂种植的保水、保温、施肥等保护性栽培技术进行改进，对西(甜)瓜品种进行调整以适应气候变化。

压砂地寿命长达 30～40 a，长期连续种植西(甜)瓜，面临营养缺乏、病虫害滋生潜伏、水分限制、洪水冲刷或淤漫加速砂地老化等问题，需要科学规划压砂地种植、便于田间管理压砂地铺设及耕作的机械化作业，坡地、山坡地、山前洪积扇等易受洪水冲积的地块在修建压砂地前，应首先进行防洪坝和排水系统规划，防止洪水冲刷或淤漫压砂地；有补水条件的地区应考虑补水系统的规划和建设，如蓄水池、喷灌、滴灌系统和田间管道的建设等。同时，应将现代集雨补灌与覆膜技术引用于压砂地西(甜)瓜生产中，科学合理地根据气候年型制订补充灌溉临界时期、数量、方式，提高水分利用效率。压砂前应精细整地，多施基肥；合理安排轮作，完善配套科学的栽培农艺措施，采用耐旱品种、轮作倒茬(或间作)、坐水点播(或催芽播种)、地膜覆盖、节水灌溉、配方施肥、病虫无害化防控为主的一套适宜压砂地稳产、高产的农艺支撑措施。

10.8 川中丘陵种植结构调整

10.8.1 四川盆地的气候变化

四川的气候变化比全国其他地区稍有滞后，根据四川盆地 23 个气象站 1961—2007 年月平均气温、月平均最高和最低气温、月降水资料，采用线性趋势分析、累积距平、滑动平均等方法对四川盆地 40 多年的气温、降水变化特征进行了分析。结果表明：(1)1961—2007 年四川盆地的气温呈上升趋势，最低气温升幅高于平均气温和最高气温。(2)四川盆地的显著升温始于 1995 年前后，比全国的跃变相对滞后，年平均气温升高以冬半年最大。(3)四川盆地的降水量呈下降趋势。20 世纪 60 年代降水偏多，70 年代明显下降，80 年代略有回升，1990 年为转折点，90 年代偏少 4.8%，21 世纪前 8 年偏少 5.7%。其中 7—10 月降水量减少是年降水量减少的主要原因(陈超等，2010)。

10.8.2 川中丘陵的种植结构调整

川中丘陵是四川盆地降水最少的地区，气候暖干化也更为明显。为适应降水量的减少，早在 20 世纪 70 年代末当地就提出“水路不通走旱路”。过去川中丘陵地区传统的主要种植方式是修筑梯田以一季水稻为主，在整个冬季蓄集雨水，春季插秧，秋季收获，当地称为“冬水田”。后因冬季变暖和降水减少，水稻梯田蓄不满水无法插秧，于是改冬水田水稻种植为小麦、玉米、甘薯为主的旱作三熟制，增产效果显著，使得川中丘陵地区长期困扰的缺粮问题得到明显好转。熊凡(1983)系统总结了川中丘陵旱地上、中、下部因地制宜综合利用的种植模式与生态治理模式。丘陵下部的一台地有水源保证的实行水旱轮作，无保证的“望天田”改为旱作，实行多熟栽培。中部的二台地一般占到丘陵耕地的一半以上，要建成梯田，合理规划道路和水渠，实行多种形式的间套复种三熟制，兼顾种地和养地。丘陵上部的三台地和 25°陡坡土层薄，水土流失严重，应退耕还林，以营造经济林木为主。

20 世纪 90 年代以来，四川省和整个西南地区的季节性干旱更加频繁，西南大部分地区以冬春干旱为主，川东、重庆和贵州东部伏旱也相当严重。四川省农业科学院刘定辉等(2011)全面总结了西南地区重大农业气象灾害的防控避灾技术，刘永红等(2010)开发了水稻覆膜节水抗旱栽培技术、玉米膜侧集雨节水栽培技术、旱地新三熟麦/玉米/豆种植模式、山丘区集雨节水灌溉技术、稻田保护性耕作技术、旱育秧配套新技术等，初步构建了西南地区的抗旱减灾实用技术体系，取得显著的减灾增产效果。如水稻覆膜节水70%以上，氮肥投入节省10%～15%，种子节省一半，每亩省工10个以上，增产100～150 kg，干旱年可增产150～200 kg。玉米膜侧集雨节水栽培技术水分利用效率比传统露地栽培提高0.26 kg/m^3，平均每亩节水39 m^3。干旱年比传统露地直播增产33.39%，比直播盖全膜增产25.04%。旱地新三熟麦/玉米/豆种植模式减少水分蒸发15%以上，提高土壤含水量5%左右。在2006年遭遇严重干旱的情况下，示范推广129.4万亩套作大豆平均亩产比2005年增加7 kg，亩节本增效181元。山丘区集雨喷灌比传统灌水方式省水30%～50%，粮食增产10%～20%，经济作物增产20%～30%，产值提高15%～20%。水稻秸秆还田免耕覆盖可使水稻水分利用效率提高0.22 kg/m^3，灌溉水利用效率提高0.47 kg/m^3，稻草覆盖可使小麦、油菜的水分利用效率提高0.35～0.58 kg/m^3。旱育秧配套新技术培育1亩本田用秧仅需水5.77 m^3，比地塘两段育秧节水45.2%，比湿润育秧节水81.2%，分别节约成本48和24元。秧苗抗旱能力强，水稻生长期延长，有利于高产。上述技术的推广，使该地区在气候进一步暖干化的背景下粮食生产保持了继续增长的势头。

10.8.3 存在问题与建议

川中丘陵种植制度调整为旱作间套种以后农事活动增加，丘陵地形不利于大中型农业机械的作业。随着四川农村人口的加速城镇化，农业劳动力紧缺问题日益凸出。需要研发适合丘陵梯田地形的各类农业机械并简化农业栽培技术措施。四川盆地的小麦产量与冬季降水量成明显的正相关(郑大玮等，1993)，未来冬季进一步变暖，对丘陵旱地的小麦生产十分不利，需要研究种植制度、作物品种布局和农业节水技术的进一步调整方案。

10.9 西藏河谷农业开发

10.9.1 西藏气候变化特征

西藏高原号称“世界屋脊”，是气候变化的敏感区。“一江两河”(指雅鲁藏布江中游及其支流拉萨河和年楚河的河谷地区)是西藏最主要的农业区，种植业产值占全区的73%，号称“高原粮仓”(次仁央金等，2007)。1959—2008年一江两河地区年均温波动升高，倾向率为0.22～0.43℃/(10 a)，明显高于全国平均增速，其中以冬季升温最明显，其次是秋季和春季，夏季则不明显。稳定通过0℃和10℃初日提前，终日推迟，持续日数增加。≥0℃积温增大倾向率为44～158℃·d/(10 a)，≥10℃积温增大倾向率43～102℃·d/(10 a)(张戈丽等，2010)。近30年西藏高原的平均降水量以19.9 mm/(10 a)的速率增大，尤以20世纪90年代的增幅最大。从20世纪80年代中后期起已实现气候由暖干型向暖湿型的转变(葛朝霞等，2004；边多等，2006)。由于海拔高，西藏太阳辐射资源极为丰富且受人类排放气溶胶的影响较小。大风和沙尘暴日数明显减少，蒸发量也呈下降趋势(边多等，2006)。

10.9.2 气候变暖为西藏河谷农业发展带来机遇

气候变化总体上对西藏河谷农业的开发有利，随着青藏铁路通车和中央加大援藏力度，20世纪80年代以来西藏利用气候暖湿化的有利条件大力开发河谷农业，到2000年已实现全区粮食自给。为适应秋季气候变暖，林芝等地冬小麦播种期普遍推迟。未来一江两河地区热量和水分条件还将继续改善。应抓住有利时机，加快农业机械化、产业化、现代化步伐。改用生育期更长的优质品种，调整播种期。实行农牧结合，增加有机肥和化肥投入。随着气候变暖，小麦、油菜等喜凉作物可向更高海拔地区扩种。利用降水增多和冰雪消融加快，在河谷主要支流的有利地形修建拦蓄工程，加强农田水利建设，扩大有效灌溉面积，进一步缓解季节性干旱对农业的威胁。

西藏气候的最大优势是光照充足，温差大和温度季节差异较小，最大劣势是冷凉和季节性干旱。发展保护地生产是趋利避害的有效措施。由于高原太阳辐射强和河谷地区冬无严寒，冬季大棚和日光温室可生产喜凉蔬菜，夏季可生产喜温蔬菜，高标准日光温室冬季也能生产喜温果菜类。目前西藏保护地蔬菜生产规模迅速扩大。闵治平等(2006)提出，拉萨等城郊地区要突出中高档日光节能温室建设，重点发展精细菜、特菜和花卉种植，着力培育城郊型精品农业；地区所在地和广大农村凸出普通日光节能温室、大中塑料棚建设，重点发展反季节温室大棚蔬菜；水源、道路运输、通电等条件较好河谷以水定棚，适度建设日光节能温室，重点发展便于运输的蔬菜品种，积极培育立体农业”。要充分利用西藏丰富的牦牛毛资源编制高效保温被，利用林下凋落物资源集约化培育种苗。推广大棚太阳能自动储热袋，白天吸收大量太阳辐射能以相变潜热方式储存，夜间自动释放所储热量。还可利用太阳能热水器蓄能和利用太阳能发电。在地热分布区可建立温室群，发展高档园艺生产如名贵花卉和特色蔬菜。高原紫外辐射有抑制植物生长的效应，但有利于花卉着色鲜艳。对于蔬菜生产，可推广转光薄膜，可将照射到薄膜上的紫外辐射转化为能进行光合作用的可见光，显著提高温室内的光合效率，增产效果显著(张颂培等，2001)。未来随着西藏内外交通条件的进一步改善，由于西藏河谷地区全年都能进行保护地蔬菜生产，春夏更是蔬菜生产旺季，河谷地区又没有任何污染，在交通运输条件进一步好转之后，不但可以极大改善西藏人民的食物营养结构，在南亚和东南亚的旱季和热季外销蔬菜，改善淡季供应也具有得天独厚的优势。

10.9.3 存在问题与建议

目前西藏的农业生态仍较脆弱，土壤肥力较低，耕作粗放，部分地区还存在土地沙化的威胁。气温升高会加快土壤有机质的分解，到达地面的紫外辐射增强也会抑制作物的生长。同时还存在农业大路产品多、低档产品多；原料型产品多、优质产品少；高档产品少、深加工产品少；严重制约农业质量和效益的提高。为此，孙自保等(2006)提出西藏农业结构调整的建议。适度降低耗地强的小麦播种面积，增加养地性强的豆类、粮饲兼用薯类等作物的播种面积。适当缩减玉米、花生等不具有比较优势的作物的生产。在水热资源较好，生产潜力较大的一江两河、林芝等地推广粮草轮作。提高复种指数，解决自然草场超载退化问题。

10.10 黄土高原集雨补灌

10.10.1 气候暖干化加剧黄土高原干旱缺水

黄土高原沟壑纵横，田高水低，生态脆弱，水土流失严重，年降水量只有300～550 mm，以旱作农业为主。自20世纪70年代末到21世纪初，年平均气温升高了1℃之多；1950—2000年，年均降水量减少了100 mm左右(周晓红等，2005)，极端天气、气候事件也频繁发生，严重制约着农业生产和社会经济的可持续发展。

持续干旱给黄土高原农业的影响不限于当年，更严重的后果是形成了土壤干层。付明胜等(2002)发现，在1997—2001年连续5 a的干旱过后，深层土壤出现明显的干层，秋季降水入渗深度仅能达到60～70 cm，深层土壤水分即使是丰水年也难以补充恢复，成为永久性干土层。王力等(2000)将0～2 m出现的干层定义为临时性干层，一般年份雨水能够渗透到；2 m以下形成的为永久性干层。并根据水分亏缺程度将干层划分为三类：轻度干层土壤含水量为9%～12%，对植物生长影响不大；6%～9%为中度干层，影响较严重；6%以下为严重干层，植物经常处于缺水状态，部分开始枯萎死亡。干层一旦形成，不但影响当年，而且会影响以后多年的植被生长和作物产量。气候暖干化已使黄土高原的土壤干层分布变广，干层缺水更加严重(付明胜等，2002)。

10.10.2 集雨补灌措施与效益

针对气候暖干化导致的区域干旱缺水加重，黄土高原以集雨补灌为目标，初步形成了半干旱区集水农业技术体系。

集雨补灌是指经过一定的人工措施，对坡面水土流失的原动力——降雨径流进行科学调控，将其蓄存在水窖和蓄水池中，用以在作物需水关键期补充灌溉，由于主要依靠窑窖集水，当地也把集雨补灌农业称为窑窖农业。国家给予了很大支持，黄土高原地区的各省区都实施了一系列的集雨工程并取得了显著成效。虽然集雨补灌只占作物耗水量的10%～20%，但由于主要用于作物需水关键期，能够以极少量供水获得较高增产效果。黄占斌等(2004)的试验表明，拔节期补充灌溉是黄土高原半干旱区春小麦和春玉米生长的最佳时期，旱地品种灌浆期限量供水也有同样增产效果。根据一些地方的试验示范和调查，集雨补灌作物增产率在40%左右，最高达100%以上。与不补灌旱作农业相比，水分利用效率从4～10 kg/(mm・hm^2)提高到6～20 kg/(mm・hm^2)(刘布春，2006)。王广周等(2008)在陕西米脂进行的坡地5 a生山地红枣集雨补灌研究表明，集雨工程技术与滴灌和涌泉根灌技术有机结合，仅灌水3次，灌溉定额795 m^3/hm^2，红枣产量就从无灌溉的4 650 m^3/hm^2增加到19 800 m^3/hm^2，水分利用效率由1.17 m^3/hm^2提高到4.21 m^3/hm^2，经济效益由18 600元/hm^2增加到77 895元/hm^2。

发展集雨农业还有效解决了黄土高原长期以来的人畜饮水困难，并通过发展庭院经济，增加了农民收入，提高了生活质量。如定边县1996年投入1100万元，打水泥窖15000眼，解决了山区14000人、50006头大家畜的饮水困难和19000多人的吃菜。横山县1996年18000多户农民打水窖20005眼，总蓄水量4065万m^3，闲时蓄水忙时用，涝时蓄水旱时用，高处蓄水低处用，晚上蓄水白天用，常年蓄水天天用，解决了山区50000余人、30000余头大家畜的饮水问题，还浇灌“三园”800 hm^2，新建蔬菜大棚12个。截至2000年底，甘肃省榆中县共建成水窖82639眼，总容量172.77万 m^3，集流面积593.7 m^2，实现节灌面积66687亩。玉米、小麦带状种植亩产397 kg，为对照田的4.5倍。大棚蔬菜亩产高达2500～3500 kg，收入3000多元。

由于集雨补灌大幅度提高了粮食单产，给陡坡退耕还林还草创造了条件，还促进了水土流失严重地区的植被营建和生态恢复。

10.10.3 存在问题与建议

虽然水窖在黄土高原地区已有上百年历史，但与现代农业相结合作为一套系统的农业技术体系的研究还不长，许多方面还有待完善。如集雨面采用路面或屋顶容易污染，应用自然集雨面则成本过高，而且对下垫面生态造成一定影响。对于集雨补灌的节水机理研究也有待深入，还需要探索如何降低雨水存贮设施的建造成本，开发可一次性拼接的新型存贮设施、施工工艺和操作规程(吴普特等，2003)。

迄今气候变化与黄土高原土壤干层形成关系的研究都是在无灌溉旱地上进行。需要系统研究气候变化对黄土高原不同土地利用方式土壤干层形成和演变的影响，以及集雨补灌条件下，既要避免干层的出现，又要提高农业用水效率和单产的集雨补灌节水灌溉技术与制度。

10.11 典型案例总结——渐进适应与转型适应的抉择

气候变化的影响区域差异巨大，因此区域适应问题各异，各地采取的适应措施大不相同。本章选择的九个案例，只是中国农业在适应气候变化方面所采取的的诸多措施、诸多行动中的典型案例。从上面的分析我们可以看出，已经采取的适应措施和行动，大多是自发进行的，缺乏对气候变化的预见和认知，在事后总结时才挖掘出适应气候变化的意义。可以设想，如果当时对气候变化有充分的认识，则会大大减少行动的盲目性，采取的措施更加“有的放矢”，会取得更大的生态、社会、经济效益。本书对已经采取的适应行动的总结，核心目的就在于加强对气候变化农业适应的科学认知，采取积极主动的措施适应气候变化，促进农业的可持续发展。

适应气候变化，可以分为渐进适应(Incremental adaptation)和转型适应(Transformational adaptation)两种方式(Stokes & Howden，2010)。渐进适应就是通过调整系统的结构和部分功能来适应气候变化，当气候变化对一个系统的胁迫没有超出系统的自适应能力、系统的性质没有发生根本性的改变，渐进适应是我们恰当的选择；而当气候变化的胁迫超出了系统的自适应能力和经济上可行的调控能力时，我们不得不采取整体转型的适应方式。整体转型对经济社会的影响巨大，因此，需要做好完备的统筹规划以保障整体转型成功，未有充分的准备贸然采取整体转型的适应措施则可能导致整个系统的崩溃。从表10-1的总结可以看出，适应实践中多采取的是渐进适应的发生，但整体转型获得了巨大的经济、社会、生态效益。未来随着气候变化的加剧，对个别区域个别系统，整体转型式的适应将不可避免，须未雨绸缪，事先做好规划促进农业产业的升级。

表 10-1 区域适应典型案例总结

适应措施	适应类型	适应措施概述	效 果	可借鉴的意义
华北小麦霜冻害防御	渐进适应	1. 选育抗霜冻丰产小麦品种； 2. 加强防御霜冻害栽培管理措施：合理施肥，培育壮苗；调整播期；控制播量；加强耕作与灌溉防霜冻措施； 3. 应急补救措施。	有效减轻华北冬小麦春季霜冻害，实现增产增收。	气候变暖并不意味着农作物冷害的减少，作物品种选择不合适，霜冻可能加剧，要避免过度适应。
热带作物北扩	渐进适应为主	1. 在广西南部、广东东部，福建西部等地区，天然橡胶大面积种植； 2. 海南岛普遍种植荔枝早熟品种替代中晚熟品种。	有效利用热带地区增加的热量资源，提高经济效益。	适当北扩种植北界，利用热量资源，避免寒害。
华北农业节水	渐进适应为主	1. 大面积推广田间灌溉科学用水技术，如低压管道输水、田间小畦灌、喷灌、微灌等； 2. 作物种植结构调整，如压缩水稻、小麦等耗水作物种植面积； 3. 推广秸秆还田等措施。	适应北方气候暖干化背景下华北地区水资源日益短缺的局面，缓解用水矛盾，实现经济—社会—生态综合效益的协调，促进可持续发展。	将节水工程技术、农艺技术和管理技术有机结合，深度挖掘农艺及管理节水措施的节水潜力。
东北作物品种布局改变	渐进适应为主	1. 玉米和水稻晚熟品种的种植范围北移和东扩； 2. 黑龙江省以小麦和玉米为主的粮食作物种植结构调整为以玉米和水稻为主； 3. 玉米品种由特早熟和早熟品种改为增产潜力更大的中晚熟品种； 4. 培育耐旱、耐涝、耐低温冷害品种。	有效利用增加的热量资源，积极应对气候变化导致降水波动加剧以及病虫害的危害，满足社会经济需求。	综合考虑水资源、生态环境以及冷害，适度扩大水稻种植面积；通过种植结构调整、栽培措施改进、抗逆品种选育，合理利用热量资源，预防病虫害。
棉花主产区西移	转型适应为主	棉花种植主产区由华北向新疆实现战略性西移。	有效利用新疆的气候条件，避开华北地区的棉铃虫威胁，取得最佳经济—社会—生态综合效益。	充分体现适应气候变化的“趋利避害”原则，是整体转型战略性适应抉择的一个典型成功案例。
宁夏压砂瓜种植	转型适应	在宁夏利用压砂技术种植西(甜)瓜。	充分利用气候变暖带来的热量资源，提高经济效益。	综合考虑压砂地种植、防洪排水系统、栽培农艺措施、品种调整等方面，实现压砂瓜种植的可持续发展。
川中丘陵种植结构改变	转型适应	由冬水田水稻种植改为小麦—玉米—甘薯为主的旱作三熟制。	适应气候暖干化趋势，增产增收。	结合气候条件与地形地貌，考虑农业劳动力情况，因地制宜，调整种植结构。

续表

适应措施	适应类型	适应措施概述	效　果	可借鉴的意义
西藏河谷农业开发	渐进适应	1. 选育生育期更长的优质品种，调整播种期； 2. 实行农牧结合，增加有机肥和化肥投入； 3. 小麦、油菜等喜凉作物向更高海拔地区扩种； 4. 修建拦蓄工程，加强农田水利建设，扩大有效灌溉面积； 5. 发展冬季大棚和日光温室。	充分利用气候暖湿化的有利条件，增产增收，实现粮食自给。	在充分利用气候条件大力开发河谷农业的同时，注重生态环境的保护。
黄土高原集雨补灌	渐进适应	在黄土高原地区建设水窖和集水池，在作物需水关键期补充灌溉，发展集水补灌农业。	有效解决人畜饮水困难，增产增收，促进水土流失严重地区的植被营建和生态恢复。	综合考虑社会、经济、民生、生态环境，构建多目标半干旱区集水农业技术体系。

（本章撰写任务分工：10.1 节，许吟隆，郑大玮；10.2 节，高丽锋；10.3 节，陶忠良；10.4 节，刘晓英；10.5 节，李阔；10.6 节，许吟隆；10.7 节，张晓煜；10.8，10.9 节，郑大玮；10.10 节，同延安；10.11 节，许吟隆，李阔）

参考文献

边多，杜军. 2006. 近 40 年西藏“一江两河”流域气候变化特征. 应用气象学报. **17**(2)：169-175.

陈超，庞艳梅，潘学标. 2010. 近半个世纪以来四川盆地气温和降水的变化特征. 中国农业气象，**31**(增 1)：27-31.

次仁央金，李军，金涛. 2007. 试论西藏农业资源状况与种植制度发展. 中国农学通报，**23**(5)：371-380.

《第二次气候变化国家评估报告》编写委员会. 2011. 第二次气候变化国家评估报告. 北京：科学出版社.

杜红，杜峰，李红英等. 2012. 新疆农八师垦区气候变化及对农业的影响. 中国农学通报，**28**(20)：290-294.

杜开阳，施生锦，郑大玮. 2009. 气候变化适应性措施的综合效应-以吉林省玉米生产为例. 中国农业气象，**30**(S1)：6-9.

冯玉香，何维勋，孙忠富等. 1999. 我国冬小麦霜冻害的气候分析. 作物学报，**25**(3)：335-340.

付明胜，钱卫东，牛萍等. 2002. 连续干旱对土壤干层深度及植物生存的影响. 干旱区研究. **19**(2)：71-74.

葛朝霞，王会容，曹丽青等. 2004. 西藏降水量，气温变化特征及相关关系. 气象科学，**24**(4)：468-473.

胡新. 1999. 晚霜冻害与小麦品种的关系. 中国农业气象，**20**(3)：28-30.

胡新. 2001. 霜冻灾害与防御技术. 北京：中国农业科技出版社，81-82.

皇甫自起，常守乾等. 1996. 小麦晚霜冻害的特点及预防补救措施. 河南农业科学，(9)：6-9，21.

黄占斌，程积民，赵世伟等. 2004. 半干旱地区集雨利用模式及其评价. 农业工程学报，**20**(2)：301-304.

矫江，许显斌，卞景阳等. 2008. 气候变暖对黑龙江省水稻生产影响及对策研究. 自然灾害学报，**17**(3)：41-48.

科学技术部社会发展科技司，中国 21 世纪议程管理中心. 2011. 适应气候变化国家战略研究. 北京：科学出版社，110-115.

匡昭敏，欧钊荣，梁棉勇. 2004. 广西荔枝龙眼冬季暖害气象指标及其时空分布研究. 中国农业气象，**25**(2)：59-61.

李勇，杨晓光，王文峰等. 2010. 气候变化背景下中国农业气候资源变化 Ⅰ：华南地区农业气候资源时空变化特征. 应用生态学报,**21**(10):2605-2614.
廉毅,高枞亭,沈柏竹等. 2007. 吉林省气候变化及其对粮食生产的影响. 气候变化研究进展,**3**(1):46-49.
刘布春,梅旭荣,李玉中等. 2006. 农业水资源安全的定义及其内涵和外延. 中国农业科学,**39**(5):947-951.
刘定辉,刘永红,熊洪等. 2011. 西南地区农业重大气象灾害危害及监测防控技术研究. 中国农业气象,**32**(增1):208-212.
刘少军,张京红,蔡大鑫等. 2013. 海南岛天然橡胶风害评估系统研究. 热带农业科学,**33**(3):63-66,71.
刘颖秋. 2004. 华北地区经济社会发展的水安全问题. 中国水利,(8):22-23.
刘永红. 2010. 西南地区抗旱减灾实用技术. 四川农业科技,(4):14-15.
罗新兰,张彦,孙忠富等. 2011. 黄淮平原冬小麦霜冻害时空分布特点的研究. 中国农学通报,**27**(18):45-50.
马洁华,刘园,杨晓光等. 2010. 全球气候变化背景下华北平原气候资源变化趋势. 生态学报. **30**(1):1818-1827.
马琼,喻晓玲. 2005. 棉花作为支柱产业的利弊分析. 塔里木大学学报. **17**(2):104-106.
闵治平,孙国章,陈翰秋. 2006. 西藏设施农业的发展前景与对策. 西藏农业科技,**28**(2):42-48.
庞锡富,孙培章,刘洪彬等. 1994. 冬小麦霜冻害的成因、表现与防御. 农业气象,(5):43-45.
彭世琪. 2001. 国外节水农业技术发展特点和趋势. 中国农技推广,(4):18-20.
任崇. 2002. 华南沿海近42年来的气候变化. 气象,**28**(6):52-55.
盛承发. 1992. 棉铃虫灾害的现状,起因,发展趋势及对策. 中国减灾,**2**(3):7-11,2.
石淑芹,陈佑启,姚艳敏等. 2008. 东北地区耕地变化对粮食生产能力的影响评价. 地理学报,**63**(6):574-586.
孙自保,李萍,冯平. 2006. 西藏农业生产结构分析及调整措施初探. 中国农学通报,**22**(7):603-606.
陶忠良. 1997. 海南岛80年代气候变化及其对热带作物的影响. 热带作物研究,(1):49-54.
陶忠良,高爱平,周兆德. 2001. 气象条件对荔枝产量的影响研究综述. 中国南方果树,**30**(4):29-31.
汪芳,陈新春. 2007. 农作物秸秆利用现状及综合利用技术. 农技服务,**24**(8):117.
王广周,高建恩,肖克飚等. 2008. 一种新型橡塑水窖的水质变化监测分析. 干旱地区农业研究,**26**(2):150-153.
王力,邵明安,侯庆春. 2000. 土壤干层量化指标初探. 土壤保持学报,**14**(4):87-90.
王连喜,李菁,李剑萍等. 2011. 气候变化对宁夏农业的影响综述. 中国农业气象,**32**(2):155-160.
文启凯,蒋平安,盛建东等. 2001. 加强土地生态系统调控,促进新疆植棉业持续发展. 新疆农业科学,**38**(1):4-6.
吴普特,汪有科,冯浩. 2003. 21世纪中国水土保持科学的创新和发展. 中国水土保持科学,**1**(2):84-87.
谢宝瑜,李典谟,丁岩钦等. 1996. 中国华北棉区棉铃虫的防治问题. 生物学通报,**31**(4):8-11.
谢立勇,郭明顺,曹敏建. 2009. 东北地区农业应对气候变化的策略与措施分析. 气候变化研究进展,**5**(3):174-178.
新疆维吾尔自治区统计局. 2003. 新疆统计年鉴2002. 乌鲁木齐:新疆统计出版社,359.
熊凡,罗汝衡. 1983. 川中丘陵旱地的综合利用与治理. 自然资源,(2):33-37.
轩新玉. 2001. 新疆农业和新疆农村经济结构战略性调整的思考. 新疆农业科学,(3):163.
闫世忠,王建廷,冉献忠等. 2002. 黄淮麦区晚霜冻发生频率及防御措施. 河南气象,(4):40-41.
杨书运,江昌俊. 2008. 温度上升对中国茶树栽培北界的影响. 中国农学通报,**24**(8):336-339.
姚景珍,张建诚,席吉龙. 2011. 2010年运城市小麦晚霜冻的危害及防补措施. 现代农业科技,(14):172-173.
于沪宁. 1995. 气候变化与中国农业的持续发展. 生态农业研究,**3**(4):38-43.
于静洁,吴凯. 2009. 华北地区农业用水的发展历程与展望. 资源科学,**31**(9):1493-1497.
曾木祥,张玉洁,单秀枝等. 2001. 我国主要农区的秸秆还田模式. 土壤肥料,(4):32-36.

张戈丽,欧阳华,周才平等. 2001. 近 50 年来气候变化对西藏"一江两河"地区农业气候热量资源的影响. 资源科学,**32**(10):1943-1954.

张海,易永华,高小花等. 2001. 北方棉区的区域布局与可持续发展研究. 西北农林科技大学学报(社会科学版),**1**(3):57-60,93.

张士功,刘更另,李建知. 2003. 刍议京津唐地区发展水稻旱作问题. 中国农业科技导报,**5**(1):36-39.

张颂培,康军. 2001. 转光薄膜的农田应用试验研究. 塑料,**30**(2):21-24.

赵春雨,任国玉,张运福等. 2009. 近 50 年东北地区的气候变化事实检测分析. 干旱区资源与环境,**23**(7):25-30.

赵宗慈,罗勇. 2007. 21 世纪中国东北地区气候变化预估. 气象与环境学报,**23**(3):1-4.

周晓红,赵景波. 2005. 黄土高原气候变化与植被恢复. 干旱区研究,**22**(1):116-119.

朱朝阳,王建勋,熊仁慈. 1999. 塔里木河干流荒源生态资源现状. 塔里木农垦大学学报,(4):43.

Stokes C & Howden M. 2010. Adapting Agriculture to Climate Change-Preparing Australian Agriculture, Forestry and Fisheries for the Future. Collingwood: CSIRO Publishing, 286pp

Tondelli A, Francia E, Barabaschi D, *et al*. 2011. Inside the CBF locus in Poaceae. *Plant Science*, **180**:39-45.

第11章 未来农业适应工作展望

本书在第1章综述了气候变化及对中国农业的影响、中国农业对于气候变化的脆弱性和风险，总结已经采取的农业适应气候变化措施，分析中国农业适应气候变化存在的问题；在第2～7章分析了气候变化引起的农业气候资源的改变与农业种植结构的调整，气候变化条件下农业气象灾害、农业病虫害发生的新特征，以及气候变化对农业水资源、草地畜牧业的影响与适应对策，第8章分析了气候变化对大农业相关产业的影响与适应对策，第9章分析了气候变化对农业生态系统的影响与适应对策，第10章通过9个典型区域适应案例的分析初步总结归纳了“渐进适应”与“转型适应”两种适应方式。在第2～10章的分析中，还提出了重点领域适应气候变化工作中存在的问题与关键科学问题。本章将在前面分析的基础上进行系统的总结，通过对适应气候变化的再认识，综合凝练适应气候变化亟需加强的工作与关键科学问题，提出开展农业适应气候变化理论创新研究的思路。

11.1 对中国农业适应气候变化的再认识

11.1.1 适应是一个动态过程

自大气圈形成以来全球气候一直在演变，生物在不断的适应中实现物种进化。人类本身也是地质史上气候变化的产物。第四纪大冰期到来迫使类人猿从树上迁移到地面，在适应新的气候状态与生存环境的过程中学会制造、使用工具并产生语言，形成原始的社会形态。几千年的文明史是人类社会逐渐达到天人合一、和谐共生的过程，在这个过程中人类社会从对新的气候状态的不适应到逐渐适应，随着气候进一步地发生变化再到新的不适应，然后再达到新的适应，达到“气候系统-自然生态系统-人类社会系统”的平衡。如此循环往复，科技不断发展，人类社会不断进步。从一定的意义上来说，适应是生物进化和人类社会进步的一种动力。自工业化以来，科技进步日新月异、经济发展突飞猛进，人类已经成为影响全球地质结构和地球进化的重要驱动力量，现在地球已经进入“人类纪(Anthropocene)”(叶谦吉，2006)时代。人为因素造成的当前气候变化之剧烈程度远远超出了气候自身的波动，成为人类社会生存和发展面临的巨大挑战，原有的“气候系统-自然生态系统-人类经济社会系统”的平衡被不断加剧的人类活动打破。这就要求我们必须直面由于气候变化导致的新情况、产生的新问题，积极地调整我们的经济社会结构，使我们的经济社会系统能够有序地达到新的“气候系统-生态系统-人类经济社会系统”的平衡，重构“天人合一”的和谐家园，促进全人类经济社会的健康可持续发展。农业的生产对象生物体直接暴露在气候变化的冲击之下,农业是一个人类调控下的自然-社会-经济组合而成的复合生态系统(Odum,1984;邹冬生和廖桂平,2002;王东阳,2006;刘文娜,2006),因此,农业适应气候变化必然是全方位、全天候的,必然会给整个农业生产系统带来深刻、全面的变革。

11.1.2 适应概念的演变

适应概念最初来自生物学(于小晶和李建会,2012),是指生物在当环境改变时,机体的细胞、组织或器官通过自身的代谢、功能和结构的相应改变,以避免环境改变所引起损伤的过程。适应是生物在生存竞争中适合环境条件而形成一定性状的现象,是自然选择的结果。随着人类社会的发展,“适应”概念已扩展和应用到各种人类活动与环境条件的关系。

按照系统工程的原理,我们也可以把适应定义为:通过对外界环境的扰动做出反馈和响应,使自组织系统在新的环境条件下能正常运转和发挥其功能(熊文愈和邹经文,1985)。

人类活动导致的气候变化问题的呈现,给适应赋予了新的涵义。IPCC 第一次评估报告就提出从减缓和适应两个方面应对气候变化,从 IPCC 发布五次评估报告(IPCC,1990,1992,1996,2001,2007,2014)的历程,可以看出对气候变化适应的认识是不断地深入完善的(见附录 3)。IPCC 第一次评估报告没有给出适应的定义,第二次评估报告的定义认为适应可以是有计划的,第三次评估报告提出了“趋利避害”的原则,第四次评估报告提出可以通过适应开发气候变化带来的机遇,第五次评估报告则更明确分离出人类系统和自然系统,对适应的途径、机理有更深入的认识。

表 11-1 传统的适应概念与气候变化适应概念的区别

适应类型	适应对象	适应方式	时间尺度	空间尺度	目标	协同效应
生物适应	生存环境	被动	当前	个体	生存	无
自组织系统的适应	外界干扰	被动或主动	当前、近期为主	本系统	系统优化	系统内
气候变化适应	实际发生的和预期的气候变化	主动	当前、近期、中长期	局地、区域、国家、全球	经济、生态、社会的可持续发展	适应与扶贫、减灾、减缓等的协同

以上各种系统的适应又不是孤立的,它们之间有区别,又有联系。我们从系统科学的角度来认识这个问题。首先,将整个的地球系统分为人类社会系统和气候系统两个大的子系统,当前的气候变化是人类社会系统排放大量温室气体造成的,是人类社会系统对气候系统产生作用的结果。这种作用是相互的,气候系统必然要对人类社会系统产生反作用。这就决定了人类社会应对气候变化,首先要减少人类社会系统对气候系统的冲击,因为作用多大,反作用就有多大。因此,减缓是源头上减轻气候变化危害的根本措施。但由于温室气体在大气中的长生命周期所产生的增温惯性,采用减缓措施应对气候变化需要很长时间才能产生效果,而且有些危害已经铸就,不可逆转。气候系统之反作用于人类社会系统,其影响是直接的和现实的。由于社会系统的各种尺度的次子系统对气候变化的敏感性、脆弱性不同,其面临的气候变化风险也就不同。各种尺度的子系统之间也是相互作用的,其

作用又是非线性的，不清楚哪个蝴蝶煽动翅膀会搅得四邻不安，也不知道哪个多米诺骨牌倒掉会引起整个系统的坍塌，由此导致适应问题异常复杂、也异常地重要和紧迫。由此可见，适应气候变化是更广泛意义上的系统适应，作为生物体的适应、各种自然和人工自组织系统的适应等都应当作为子系统的适应包含在适应气候变化的大系统中。因此，适应气候变化，需要我们提高科学认识，扩展空间时间尺度，丰富适应内涵外延，突破旧有思维模式，以方法论创新引领适应理论创新，推动有针对性的适应气候变化工作的全面开展。

11.1.3 农业适应气候变化的内涵

从上节的叙述可以看出，适应气候变化不是简单地只针对单一气候要素量的变化（如温度上升、降水改变等），而应考虑适应更广泛的气候要素与各种自然要素量和社会经济要素量之间的联动变化。从前面各章的分析，我们总结农业适应气候变化应包括四个方面的内涵：对气候变化基本变化趋势（即单要素气候量的变化）的适应；对气候波动，特别是极端天气、气候事件（即多个气候要素时空组合的变化）的适应；对气候变化带来的生态后果（即气候要素和自然要素量组合的变化）的适应和气候变化带来的社会经济结构改变及贸易格局改变（即气候要素量、自然要素量和社会经济要素量之间组合的变化）的适应。

首先是对以变暖为主要特征的气候变化基本趋势的适应。气候变暖叠加降水量减少引起的气候暖干化化或降水量增加引起的暖湿化，对人类的生存环境、生产活动和生活方式的影响是最直接的，必须采取适应措施。除此之外，CO_2浓度的升高、风速与太阳辐射的减弱及近地面臭氧浓度的升高等对农业生产的影响同样不可忽视。

气候在变化的同时，波动也在加剧，其直接表现就是极端天气、气候事件危害的增大。适应气候变化的一项重要内容是增强应对极端天气、气候事件的能力。就目前的技术手段水平，人类还不能有效阻止极端天气、气候事件的发生，尤其是气象巨灾的发生，只能通过不断提高适应气候变化的能力、调整系统的布局与结构、增强承灾体的弹性与抗性、改良生境在局部削弱灾害源等方式来减轻极端天气、气候事件的不利影响。

气候变化带来全球生态与环境的巨大变化，包括海平面和高山高原的雪线上升，生态系统的演替和物候的改变，水土流失、土地退化、土地利用与资源格局的改变、生物地球化学循环的改变、环境污染、水体富营养化、生物多样性降低和有害生物入侵和扩展等。相对于单纯由气候要素变化引起的适应问题，气候变化引起的生态后果的适应要复杂得多。

气候变化引起的资源禀赋、环境容量与消费需求的改变导致国内与全球农业生产和贸易格局的变化，加剧地区间和国际经济发展的不平衡；产业结构的调整又会影响到就业与收入状况的改变，加上极端天气、气候事件危害增大与气候致贫的叠加，使非传统安全问题变得更加题出。气候变化还影响着人们的出行、消费、行为和心理，使社会矛盾变得更加复杂。对于这些气候变化的深远影响，都需要未雨绸缪，主动采取适应措施，适应的任务更加复杂、更加艰巨。

综上所述，适应气候变化主要的问题列于表11-2。

表 11-2 适应气候变化的主要方面

适应问题的方面	适应要素概述
平均状态的变化	CO_2浓度升高、气温升高、降水量时空分布的改变、风速与太阳辐射的减弱等
极端气候事件发生的变化	干旱、暴雨洪涝、高温热害、低温灾害、台风等
气候变化引起的生态后果	土地退化与水土流失加重：北方土地沙化/盐碱化、草地退化、南方土地石漠化、土壤有机质分解加速； 生物多样性(包括病虫害天敌)的下降、湿地减少、森林与草原火灾发生频繁、外来有害生物入侵； 暖干化导致的水资源减少、冰雪融化；变暖加速水体的富营养化； 海平面上升引起的海岸侵蚀和咸潮入侵加剧；海水变暖导致的渔业资源分布的改变；海水酸化、珊瑚礁白化；赤潮等海洋生物灾害的加重；海岸带湿地的退化； 病虫草鼠害加剧、农药化肥过量施用造成的环境污染。
气候变化引起的社会经济结构与布局的改变	减排政策对农业生产成本的影响； 适应气候变化造成的农业生产成本(化肥过量施用、增加灌溉、农业灾害防治、水土保持、土壤改良、灾害造成的农业基础设施的修复等)的增加； 农业温室气体减排对生产活动的影响； 变暖引起社会水资源消耗增加对农用水资源的挤占； 气候变化导致生活方式的改变(饮食习惯、出行、着装、居住、就业等)，从而引起消费需求的改变； 集中连片特殊困难地区因气候灾害导致的贫困加剧； 巨灾发生后农业生产结构布局的调整、农业设施的规划与重建； 因气候变化导致的国内农业资源分布的改变，及由此引起的农产品产销格局的改变； 气候变化引起国际农业气候资源与优势产地分布及农产品贸易格局的改变。

与第 1 章的表 1-3 相比，我们可以看出，以前的适应工作主要是在前三个方面，即针对气候变化影响的生物和物理属性方面，在经济社会方面的工作进行得较少。即使在气候变化影响的生物和物理属性方面，对于平均状态的改变和极端事件引起的气象灾害方面适应的工作做得较多，对于生物灾害(病虫草鼠害)和针对生态后果方面的适应工作相对不足。

11.2 中国农业适应亟需加强的工作综述

农业适应气候变化，应该与农业适应关键的问题方面相对应。针对表 11-2 列出的适应的关键问题方面，对应气候平均状态的变化，适应的主要任务是农业气候资源合理高效开发利用技术的调整；对应极端天气、气候事件发生的变化，适应的主要任务是加强防灾、减灾和风险管理；对应于气候变化引起的生态后果，适应的主要任务是加强生态治理、农业环境保护和病虫害防治等；对应于社会经济结构与布局的改变。适应的主要任务是政策规划制定、体制机制建设和能力建设等。对照第 1 章表 1-4 所总结的已采取的适应措施，改进作物栽培和养殖管理、种植结构调整主要是针对气候平均状态的变化方面，农业气象灾害防御主要是针对极端天气、气候事件发生的变化，农业生物灾害防控、改善农业生态主要是针对气候变化引起的生态后果，而加强农业的物资和资金投入、提高公众意识、加强能力建设等有一些是适应气候变化引起的经济社会结构和贸易格局的改变。但是，通过对表1-4所总结的已经采取的适应措施和表11-2所总结的适应气候变化的主要方面，可以看出，目前我们采取的适应措施还很不完善，有些方面还没有考虑到。如在我们采取措施比较多的针对气候平均状态和极端气候事件变化的两个大的方面，针对CO_2浓度升高高光效品种的选育、针对极端气候事件增加需要加强的风险管理工作等都还没有怎么涉及，而针对气候变化引起的生态后果方面，我们也只是在病虫害防治、水土保持、荒漠化治理等方面做了一些工作，像农业土壤微生物这样重要的方面可以引用的文献很少。即使是已经采取的生态方面的适应措施，当时也很少意识到是针对气候变化的，只是现在回过头来看有一定的生态适应效果，在很大程度上是一种自发的被动适应，针对性不足导致实际适应效果大打折扣。针对气候变化引起的经济社会结构改变的适应工作几乎没有涉及。因此，目前的农业适应工作还很不全面，农业有针对地适应气候变化还有很多工作要做，任重而道远。

鉴于现有农业适应气候变化工作的针对性不强、工作不够全面的问题，本书在前面分析的基础上，尝试提出今后农业适应亟需加强的工作建议（表11-3）。

表11-3　农业适应气候变化亟需加强的工作

亟需加强的工作领域	亟需加强的工作建议
完善农业适应气候变化的政策法规标准修订	对现有政策进行梳理，调整不利于适应气候变化的政策；对于加强适应气候变化工作与现有政策的联系，将适应气候变化与减缓、扶贫、减灾等工作紧密结合，建立和完善农业适应气候变化相关的法律、法规； 创造有利于农业适应工作开展的政策环境； 修订相关技术标准，重点加强农业灾害标准及农业基础设施和工程建设、安全运营、维护标准的修订和完善。
适应规划	将农业适应气候变化纳入区域社会经济发展规划； 编制不同产业和区域的适应行动计划； 规划建立有代表性的适应示范基地。
加强适应气候变化的科学研究	甄别农业适应气候变化的关键科学问题，进行农业适应气候变化的方法学创新，识别适应的优先区域和优先议题，开展农业适应气候变化的科学机理与技术途径研究，构建农业适应气候变化的技术体系，开展重点区域典型适应技术的集成研究，发展适应气候变化效果的监测评估方法等。
体制机制建设	建立健全各级农业部门适应气候变化的体制，落实责任制； 建立健全农业适应气候变化的协调机制、激励机制、资金筹措机制和研发创新机制等； 气候变化影响和适应行动的动态监测与评估机制，保障采取的适应措施不增加温室气体排放，不产生新的环境问题； 建立农业适应气候变化的生态补偿机制。
监测预警与防灾减灾	根据气候变化条件下农业灾害发生的新特征，完善监测网络，调整监测布局，加强气候变化与极端事件及其影响的监测和预警； 调整减灾工作部署，加强防灾、减灾工程建设，全面组织编制和修订各类农业气象和生物灾害的减灾预案。

续表

亟需加强的工作领域	亟需加强的工作建议
基础设施建设、 生态治理与环境保护	弥补农业基础设施建设的“适应赤字”，根据气候变化情况建设一批有针对性的重点工程项目，优先建设农业节水与减灾工程项目； 保护农业生物多样性，加大农业病虫害天敌的保护力度； 研制低毒高效农药，加强农业环境保护； 加强水土保持、防沙治沙、湿地保护等生态治理工作； 海平面上升及海洋灾害防护工程建设。
风险管理	识别关键脆弱区和脆弱人群，识别适应的优先区域和优先议题，甄别关键脆弱因子，绘制未来气候变化农业风险图，加强风险管理与适应决策； 避免过度适应和适应不足； 推进农业灾害保险，逐步推广天气指数保险，探索有中国特色的巨灾保险模式。
适应与扶贫、 减缓的协同	明确气候致贫地区和致贫因素，加强对气候变化条件下的敏感脆弱人群的扶持力度，将农业适应气候变化纳入扶贫工作体系，通过农业适应帮助贫困人口脱贫致富，巩固扶贫成果； 优先采取具有减缓效果的农业适应行动，优先选用和大力推广兼具减缓与适应效果的技术。
能力建设	在主要农区建立若干示范基地，围绕当地主导产业和气候变化影响的凸出问题，优选适应技术，组织推广并向周边辐射； 开展农业适应管理与技术的培训，增强各级管理人员的适应意识，提高适应气候变化的科学决策水平，提高农业适应工作的协调和管理能力； 宣传普及实用适应技术，提高广大农民的适应技能； 通过加强农业基础建设和应急物资储备，增强农业适应的物质能力； 建立农业适应基金，提高农业适应资金的筹措能力； 建立适应气候变化的基础数据库和专家库建设，加强农业适应理论与技术研究人才的培养。
国际合作	广泛开展农业适应气候变化的国际合作，加强南南合作，分享中国和各国适应气候变化的经验，援助发展中国家开展适应行动。

从表 11-3 所列出的农业适应气候变化应该加强的工作，可以看出，我们很多的工作还没有进行或刚刚起步，适应能力建设亟待加强。而适应能力的提高，最终需要加提高科学认识，加强科技支撑。为此，本书专门总结亟需加强的科学研究方面综合性关键问题如表 11-4。

表 11-4 农业适应气候变化关键综合性科学问题

方面	关键科学问题
农业气候资源高效利用	气候变化背景下的种植制度的演变规律与优化调整； 适应气候变化的复杂地形农业精细区划与作物布局配置； 作物生长期内参考作物蒸散量变化规律； 气候变化条件下土壤水分动态变化规律； CO_2浓度升高提高作物水分利用效率效应的应用； 气候变化条件下作物生产潜力研究； 抗逆与高光效优质作物品种育种的技术途径； 气候变暖条件下作物种植北界(或上界)的演变； 气候变暖与波动加剧条件下高效利用农业气候资源的品种调整和合理布局； 风速、降雪、湿度、辐射的变化规律特征。
农业水资源高效利用	气候变化条件下农业水资源的优化配置与高效利用； 气候变化背景下旱涝演变规律与水库优化调度； 气候变化背景下农业耗水的变化趋势与节水技术研发； 非常规水资源的开发利用
农业适应科学机理	不同类型农业生物对气候变化的自适应机理； 农业适应气候变化的方法学研究，系统论方法学的应用； 适应的时空尺度与优先事项选择； 渐进适应与整体转型的战略抉择； 外来生物入侵途径的演变及防控机制； 气候变化背景下农业有害生物演变及防控机制； CO_2浓度升高的施肥效应机理及开发利用； CO_2浓度升高途径下杂草危害演变与防控机制； “蒸发悖论”的区域辨识、归因与抗旱机制； 气候变化条件下土壤微生物群落演替及调控机理； 不同土地利用方式下黄土高原土壤干层形成、演变和调控机制；
农业风险管理	获得可信的高分辨率的降尺度气候情景预估数据的方法； 农业系统对于气候变化的脆弱性和风险分析，尤其关注系统边缘地区； 涉及农业适应的极端气候事件指标的选取、未来变化趋势，气候变化风险区划与适应优先区域、优先事项的选择； 气象灾害发生的新特征和防灾、减灾标准的修订和完善； 农业干旱风险评估及指标鉴定； 天气指数保险的技术开发； 单一种植模式的气候灾害与生物灾害的风险防控；
农业适应技术体系构建	农业适应气候变化的技术途径； 不同区域和不同产业适应技术体系构建和技术清单编制； “草根”适应技术的挖掘和提炼； 月/季尺度的极端气候事件的预测与减灾技术开发； 兼具适应和减缓协同效益技术的研发；
适应能力建设	适应能力建设的机制和途径研究； 适应气候变化资源的优化配置； 纳入可持续发展目标的农业适应框架设计； 风险决策支持系统的开发； 适应气候变化的经济效益和多目标效果分析；

11.3 农业适应理论创新的几点思考

11.3.1 适应研究方法学创新——系统科学方法的应用

从本章第1节的分析可以看出，适应气候变化极大地扩大了适应的内涵和外延，需要我们突破旧有的思维模式，以方法论创新引领适应理论创新。许吟隆等(2013)曾经提出要完善适应气候变化的方法论，但当时更多的是从规范气候变化影响评估的数据标准、适应效果的评估标准等角度来说的，尽管当时同时提出的“边缘适应”的概念已经不自觉地应用了系统科学的方法论，也提出了“边缘适应”是适应气候变化方法论创新的探索，但对适应方法论创新引领适应理论创新的阐述还很不到位，说明当时的认识还有很大的局限性。

系统论研究系统的一般模式、结构和规律。系统论的核心思想是系统的整体观念，系统论的基本思想方法，就是把所研究和处理的对象，当作一个系统，分析系统的结构和功能，研究系统、要素、环境三者的相互关系和变动的规律性。系统是普遍存在的，世界上任何事物都可以看成是一个系统。农业作为一个人类调控的复合生态系统，与其他人类系统有着复杂的关系，其本身又包含各种不同尺度的子系统。在适应的决策选择时，不同时空尺度系统的适应抉择是不同的。按照适应的空间尺度划分，农业系统可以分为基因水平、细胞水平、组织器官水平、作物的植株水平、群体水平、局地水平、区域水平、国家水平，乃至全球尺度水平的子系统。按照时间尺度，可以根据生物生长发育进程划分、也可以按照农业生产活动划分为应急、短期、中期和长期等。

以华北冬小麦的霜冻害发生为例，其自适应机制在基因水平上取决于品种抗寒性，细胞水平上取决于保护性物质积累、细胞液浓度与过冷却效应，组织器官水平上取决于形态特征与发育进程，植株水平上取决于营养生长与生殖生长的协调，群体水平上取决于密度与种植方式，局地水平上取决于微地形、病虫害与土壤状况，区域水平上取决于作物布局与种植制度等。不同水平上的相应人为适应措施，在基因水平上要通过品种选育提高抗寒性，在细胞水平上要通过合理的水肥管理与施用化学制剂降低细胞液的冰点，在组织器官水平上要通过合理的促控栽培技术措施调控协调营养生长与生殖生长的进程，在植株水平上通过要确定合理的密度和种植方式以提高综合抗寒性，在局地水平上要平整土地、培肥土壤和及时防治病虫害以改善生境，在区域水平上要通过调整作物布局与种植制度降低霜冻害发生风险。在不同的时间尺度上，在播种前要选用具有一定抗寒性的品种和掌握适宜的播期与密度，在苗期要通过合理的水肥管理促控栽培形成壮苗，在拔节到孕穗的敏感期可采取灌溉、熏烟等应急措施，在霜冻发生过后要及时评估灾情，区别不同情况，分别采取加强水肥管理、促进恢复或补种、改种等措施。在中长期尺度上，主要是加强抗霜冻育种、农田基本建设、水利建设、生态治理与病虫害防治等。这些不同尺度系统的适应措施是相互联系的，如品种的抗寒性与个体发育和种植密度、人为管理等有着密切的关系，再抗旱的品种如发育不良、水分养分失调、密度过大，仍然会发生霜冻。在适应气候变化时，不同尺度系统的问题一定要统筹协调、综合考虑。如果只在其中一个环节或几个环节采取措施，其技术措施再周到再到位，但与其他环节脱节，适应的效果也不会尽如人意，采取综合措施、协调适应行动非常重要。

11.3.2 适应方式的抉择——渐进适应与转型适应

在第10章区域典型适应案例分析中，对渐进适应和转型适应两种适应方式(Stokes和Howden，2010)进行了简要总结。当气候变化导致的环境胁迫不超过受体系统自适应能力与人为适应能力之和时，主要采取渐进适应对策；当气候变化导致的环境胁迫超过受体系统自适应能力与人为适应能力之和时，必须采取整体转型适应对策，如改变品种、作物类型或种植方式；在气候变化有利地区，原来不能种植的品种与作物或种植制度，在气候变暖后能够采用也是一种转型适应。黄淮海冬小麦种植区由于气候变暖，冬小麦品种的冬性适度降低，热带作物的扩大种植，华北节水、东北作物与品种布局的改变、西藏河谷农业开发、黄土高原集雨补灌等，都是典型的渐进适应；但在冬麦种植的传统北界以外的边缘地区，由原来的玉米种植等改为冬小麦—玉米间套种，在原来的热带北界边缘地区种植热带作物，则是由于气候变暖带来的热量资源增加使原来不适宜种植的品种与作物种植成为可能，是典型的整体转型。在华北，由于棉铃虫的危害严重，中国的棉花主产区整体上转移到新疆，这也是一个典型的当气候变化导致的环境胁迫超过受体系统自适应能力与人为适应能力之和时所采取的整体转型的适应案例。

从系统论方法学考虑两种适应方式的选择，整体转型中有渐进，渐进适应中有整体转型，这取决于以什么样的尺度对系统的划分。如华北节水通过调整作物布局节水，在华北整体大系统中通过作物种植调整节水是渐进适应，但在当地的子系统中由耗水的水稻种植改种其他耐旱的玉米、小麦、棉花等作物品种则是整体转型；从黄淮海整个的大系统来看，虽然小麦品种冬性减弱、冬小麦种植北界有一定程度的北移，这些调整措施并没有改变黄淮海冬麦区整体系统的属性，整体上是属于渐进适应的范畴，但在冬麦扩大种植的北界地区则是整体转型；热带作物种植北扩亦然。整体转型方式的适应，风险巨大、代价巨大、收益也巨大，整体转型成功要有周密的统筹规划、完备的物资储备。棉花主产区由黄淮海西移至新疆、宁夏压砂瓜种植、川中丘陵地区种植结构调整、长江中下游水稻改制等典型整体转型适应案例的成功，为我们今后适应提供了很好的案例。应用系统科学方法从适应理论上升华总结这些案例，揭示其内在机理，可以为我们今后适应工作“有的放矢”地展开提供理论上的指导，避免适应工作的盲目性。

11.3.3 加强适应科学机理研究——增强适应的针对性

许小峰等(2006)在《气候变化应对战略研究》中，提出了要加强“关键地区生态系统对气候变化的适应与响应机制”研究，刘彦随等(2010)提出要“深化开展气候变化对水稻、小麦、玉米等作物的影响机理研究，加快适应调控技术、综合评价技术、精准定量模拟技术平台的研制”。国际上也有学者对适应机制进行了研究(Wikipedia，2013；Henny，2007；John，*et al.*，2013)。影响机理是研究气候变化如何对受体产生冲击的，而响应机制则是受体在承受气候变化的冲击之后受体的反应和结构与功能的改变，国外学者所谈的适应机制主要是涉及适应工作层面的协调机制，许吟隆等(2013)曾经提出过要“加强适应机理研究”，但对适应机理没有进行详细的阐述。根据现有的认识，受体对于气候变化的脆弱性，就是由于气候变化其自身的能力受到损害(Kates，*et al.*，2000)，是和“弹性”对应的(Gallopin，2006)。我们减少脆弱性(增加弹性)，就是要加强适应能力。利用受体系统自适应能力或采取人为调控措施通过优化系统结构和功能减轻对气候变化的脆弱性或改善局部生境降低气候变化影响程度的机制和原理，就是适应的科学机理。农业的生产对象是生物体，作为气候变化影响的受体自身有自适应能力，在不超过阈值时，能够通过信息反馈对系统的结构和功能进行调整，逐渐适应新的气候环境，人类采取的措施是诱导受体系统自适应能力的发挥，所采取的适应方式属于渐进适应；超过受体系统自身阈值时，需要增加人为干预措施，一种途径是通过改善局部生境，减轻气候变化的胁迫，避免阈值的出现，另一种途径是通过人为调控措施输入“负熵流”增加受体的自适应能力减少脆弱性，抬高阈值界限。超过人为干预能力的阈值时，可以通过时空规避、系统的整体转型回避风险，通过保险来转移和分散风险。我们今后要从响应机制上研究农业生物受体系统对实际发生的气候变化因素的脆弱性、对未来气候变化因素的风险，加强对采取人为适应措施的方式、途径和作用原理的研究，使适应行动更加切实有效。

11.3.4 “边缘适应”——适应科学机理探索的尝试

许吟隆等(2013)曾经提出过“边缘适应”的概念，其含义为：由于气候变化加剧系统状态的不稳定性，两个或多个不同性质系统的边缘部分对气候变化的影响异常敏感脆弱；在系统边缘的交互作用处，通过采取积极主动的调控措施促使系统的结构和功能与变化了的气候条件相协调，从而达到稳定有序新状态的过程。“边缘适应”实质上就是将系统学方法应用于适应优先事项的选择。从系统学的角度来看，系统的边缘最脆弱，系统的边缘部分一旦突破，将会给系统造成极大的损害甚至崩溃。但系统边缘适应气候变化是挑战，也是机遇。系统边缘的子系统作为系统之间的桥梁和纽带，要根据气候变化及时调整优化结构，要更多地采取有针对性的人为适应措施、加强适应的协调与合作。本书分析的冬麦北移、热带作物种植北扩，还有农牧交错带的异地育肥模式、为牧而农模式、农牧结合模式，以及棉花主产区西移、宁夏压砂瓜种植、川中丘陵地区种植结构调整、长江中下游水稻改制等，都是在系统的地理边缘、或系统所承受的胁迫的临界值的边缘发生的。“边缘适应”是应用系统学方法进行适应科学机理探索的一个尝试。以“边缘适应”作为适应科学机理研究的切入点，有望取得适应理论创新性的突破。

11.3.5 适应决策——加强风险管理、确定优先事项

我们在展示未来气候的情景预估结果时，通常是给出未来平均温度升多少、降水量平均增加多少或减少多少等。但实际上，模式预估具有很大的不确定性，目前对温度的趋势预估还比较可信。相对于气候平均态的变化，在气候情景预估中极端气候事件的信息我们更应该关注，其影响和危害也更大。微小的气候平均态的变化，可能会引起气候灾害巨大的改变，我们要有准备适应更加多变的气候状态、更加严峻的气候极端事件带来的灾害。不确定的气候变化因素叠加社会经济因素，需要加强适应气候变化的风险管理，适应一系列的不确定的未来变化的范围，而不是集中在气候极端事件引起的灾害何时何地将会发生、适应气候变化的措施是多么精确地表述等，避免陷入精准预报的迷思。

我们在进行适应措施选择时，不可能“眉毛胡子一把抓”，应该选取优先事项，而在各个不同的时空尺度上适应的优先事项是不一样的。表 11-5 是以种植业为例，列出我们总结的应用系统论的方法针对不同空间尺度、时间尺度上农业适应的优先议题。

表 11-5 农业适应的时空尺度与优先适应措施

空间/时间	当前	近期	中长期
基因与个体	抗逆高产品种筛选； 应急救灾短生育期品种选用； 培养壮苗栽培技术措施	抗逆高产品种选育； 应变栽培技术与化学调控技术	应用生物技术培育抗逆、高光效、理想株型的品种；气候智能型栽培技术
群体与区域	品种布局调整； 应急技术与常规技术调整	作物布局调整； 渐进调整为主	种植制度调整； 整体转型为主
国家	适应行动协调，尤其是减灾领域	适应行动计划制定	适应规划与能力建设

11.4 结 语

农业是人类赖以生存的基础产业。自人类产生以来，经历了原始农业、传统农业和工业化集约农业等发展阶段。由于高消耗、高排放与高污染带来的资源枯竭与环境危机，现代农业发展模式已难以为继，不可持续。国际社会先后探索自然农业、生态农业、有机农业等各种可持续发展模式。为应对气候变化，联合国粮农组织先后提出了低碳农业与气候智能型农业的概念（方杰等，2012）。我们理解，低碳农业是从减缓的角度提出的，而气候智能型农业是主要从适应的角度提出的。现有的农业技术体系和管理模式是根据相对固定的气候与生态条件确定的，随着气候变化与波动的加剧，按照一成不变的技术规程来指导农业生产已经不能满足需要，必须构建一整套能够主动、迅速、准确进行不断调整的应变栽培养殖和管理体系，这就是气候智能型农业的要义。但目前国内外对于气候智能型农业及其技术体系的研究相当薄弱，原因就在于对不同系统的农业受体对气候变化的适应机理了解的不够，农业适应的理论基础尚未建立，适应技术与常规技术的界限不清晰。本书基于中国农业的生产实践，对中国农业适应气候变化的关键问题行了初步梳理，运用系统科学理论初步探讨了农业适应气候变化的若干理论问题。由于作者水平有效，目前提出的问题都是初步的，像表 11-4："农业适应气候变化关键综合性科学问题"中关于农业适应机理的问题，有些问题是否说到了点子上都很难说，我们有信心的就是提出了"适应机理"这个问题。从思辨的角度来考虑，适应气候变化问题是随着人类经济社会的迅猛发展而产生的，它必然与以往的自然、社会现象不同，因此，必然有其自身的机理存在。

由于气候与农业类型多样和拥有世界上数量最大的农民群体，加上几千年的农业文明史，中国有着世界上最丰富的农业适应实践。在科学发展观和系统科学理论的指导下，充分运用现代科技手段，我们一定能够取得农业适应理论与技术的更多创新成果，构建起有中国特色的适应气候变化理论与技术体系，在全球气候变化的背景下实现中国农业的可持续发展。

参考文献

方杰,张丽丽. 2012. 环境恶化与“气候智能型”农业特征分析. 粮食科技与经济,**37**(3):18-19.

刘文娜,吴文良,王秀斌等. 2006. 不同土壤类型和农业用地方式对土壤微生物量碳的影响. 植物营养与肥料学报,**12**(3):406-411.

刘彦随,刘玉,郭丽英. 2010. 气候变化对中国农业生产的影响及应对策略. 中国生态农业学报,**18**(4):905-910.

潘志华,郑大玮. 2013. 适应气候变化的内涵、机制与理论研究框架初探. 中国农业资源与区划, **34**(6):12-17.

王东阳. 2006. 我国农业生态系统的现状、功能与可持续发展分析. 中国农业资源与区划,**27**(2):7-12.

熊文愈,邹经文. 1985. 论生态系统工程. 南京林业大学学报(自然科学版),(1):1-11.

许小峰,王守荣,任国玉等. 2006. 气候变化应对战略研究. 北京:气象出版社.

许吟隆,吴绍洪,吴建国等. 2013. 气候变化对中国生态和人体健康的影响与适应. 北京:科学出版社.

叶谦吉. 2006. “人类纪”新地质时期理论研析之二——地球环境生态系统灾变现象与生态灾变论. 西南农业大学学报(自然科学版),**4**(3):1-4.

于小晶,李静会. 2012. 论生命深构造-新适应主义生物学的发展及其新理论综合. 自然辩证法研究,**28**(6):25-30.

张继权,李宁著. 2007. 主要气象灾害风险评价与管理的数量化方法及其应用. 北京:北京师范大学出版社,32-35.

邹冬生,廖桂平. 2002. 农业生态学. 长沙:湖南教育出版社.

Gallopin G, 2006. Linkages between vulnerability, resilience and adaptive capacity. *Global Environmental Change*, **16**: 293-303.

Henny Osbahr. 2007. Building resilience: Adaptation mechanisms and mainstreaming for the poor. UNDP: Human Development Report 2007/2008.

IPCC. 1990. Climate Change 1990: The IPCC Response Strategies, Report prepared for Intergovernmental Panel on Climate Change by Working Group III//Bernthal F (eds). WMO/UNEP, 270.

IPCC. 1992. Climate Change 1992: The Supplementary Report to the IPCC Impacts Assessment, Report prepared for Intergovernmental Panel on Climate Change by Working Group II//Tegant W J McG and G W Sheldon(eds). Canberra, Australian Government Publishing Service, 112

IPCC. 1996. Climate Change 1995: Impacts, Adaptations and Mitigation of Climate Change-Scientific and Technical Analysis. Contribution of Work Group II to the Second Assessment Report of the Intergovernmental Panel on Climate Change. Cambridge: Cambridge University Press, 878.

IPCC. 2001. Climate Change 2001: Impacts, Adaptation, and Vulnerability. Contribution of Working Group II to the Third Assessment Report of the Intergovernmental Panel on Climate Change (IPCC). Cambridge: Cambridge University Press, 1032.

IPCC. 2007. Climate Change 2007: Impacts, Adaptation and Vulnerability. Contribution of Working Group II to the Fourth Assessment Report of the Intergovernmental Panel on Climate Change. Cambridge, Cambridge University Press, 976pp.

IPCC. 2014. Climate Change 2014: Impacts, Adaptation, and Vulnerability. Part A: Global and Sectoral Aspects. Contribution of Working Group II to the Fifth Assessment Report of the Intergovernmental Panel on Climate Change [Field C B, Barros V R, Dokken D J, Mach K J, Mastrandrea M D, Bilir T E, Chatterjee M, Ebi K L, Estrada Y O, Genova R C, Girma B, Kissel E S, Levy A N, MacCracken S, Mastrandrea P R, and White L L (eds.)]. Cambridge University Press, Cambridge, United Kingdom and

New York, NY, USA, 1132 pp.

John McAneney, Ryan Crompton, Delphine McAneney, *et al*. 2013. Market-based mechanisms for climate change adaptation. CSIRO: NCCARF Publication.

Kates R W, Clark W C, Corell R, *et al*. 2000. "Sustainability science" research and assessment systems for sustainability program discussion paper 2000-33. Environmental and Natural Resources Program, Belfer Centre for Science and International Affairs, Harvard University.

Odum E P. Sun R Y, Translated. 1981. Fundamentls of Ecology. Beijing: People's Education Press.

Stokes C, Howden M. 2010. Adapting Agriculture to Climate Change-Preparing Australian Agriculture, Forestry and Fisheries for the Future. Collingwood: CSIRO Publishing, 286pp.

Wikipedia. 2013. Adaptation to global warming. http://en. wikipedia. org/wiki/ Adaptation_to_global_warming.

附录1　有关农业适应气候变化的政策文件、著作汇总

附录表1　有关农业适应气候变化的主要政策文件汇总及农业适应内容概要

年份	政策文件	印发、编制部门	有关农业适应气候变化内容概要
1994	中国21世纪议程——中国21世纪人口、环境与发展白皮书	国家计委，国家科委	首次提出要采取适应气候变化的措施和要研究确定为适应气候变化应该采取的对策。
2007	中国应对气候变化国家方案	国家发展和改革委员会	回顾和展望中国重点领域适应气候变化的措施，从加强农业基础设施建设、推进农业结构和种植制度调整、选育抗逆品种、遏制草地荒漠化加重趋势，加强新技术研发等方面总结中国农业适应气候变化的措施。
2007	中国应对气候变化科技专项行动	科学技术部等14部门	回顾了气候变化影响与对策方面的研究进展；提出适应气候变化技术研发的重点任务；提出农业影响研究取得重要成果，在典型脆弱区开展适应气候变化的试点示范等。
2008	中国应对气候变化的政策与行动（白皮书）（2008）	中华人民共和国国务院新闻办公室	介绍了近年来中国在农业领域所实施的适应气候变化的政策和行动，包括建立和完善农业领域适应气候变化的政策法规，加强农业基础设施建设，实施“种子工程”，加大优良品种推广力度，强化重大动物疫病防控，保护草原与水生态环境等。
2009	中国应对气候变化的政策与行动——2009年度报告	国家发展和改革委员会	介绍了2008年以来中国在农业领域所实施的适应气候变化的政策和行动，包括完善农业领域适应气候变化的政策法规体系，加强农业基础设施建设，推广高效节水灌溉技术和旱作节水技术，加大节水灌溉机具设备的补贴力度，增强农业防灾抗灾减灾和综合生产能力，加大良种补贴力度，优化品种结构，实施优势农产品区域布局规划，发展畜牧水产规模化标准化养殖，加强草原生态保护等。
2010	中国应对气候变化的政策与行动——2010年度报告	国家发展和改革委员会	介绍了2009年以来中国在农业领域所实施的适应气候变化的政策和行动，包括制定了一系列有利于农业领域适应气候变化的政策法规，推动农田水利基本建设，推动大规模旱涝保丰收标准农田建设，开展大型灌区续建配套与大型灌溉排水泵站更新改造，推广农田节水技术，开展测土配方施肥行动，推广保护性耕作、健康养殖和标准化养殖小区建设，培育并推广产量高、品质优良的抗旱、抗涝、抗高温、抗病虫害等抗逆品种，加大农作物良种补贴力度，加快推进良种培育、繁殖、推广一体化进程，进一步扩大退牧还草工程实施范围等。

续表

年份	政策文件	印发、编制部门	有关农业适应气候变化内容概要
2011	中国应对气候变化的政策与行动(2011)白皮书	中华人民共和国国务院新闻办公室	介绍了"十一五"期间中国在农业领域所实施的适应气候变化的政策和行动,包括完善政策法规,加强农田水利等基础设施建设,推动大规模旱涝保丰收标准农田建设,开展大型灌区续建配套与大型灌溉排水泵站更新改造,扩大农业灌溉面积、提高灌溉效率,推广农田节水技术,开展农业水价综合改革暨末级渠系节水改造试点工作,建立和完善农业气象监测与预警系统,研究培育产量高、品质优良的抗旱、抗涝、抗高温、抗病虫害等抗逆品种,扩大良种种植面积,进一步加大农作物良种补贴力度,加快推进良种培育、繁殖、推广一体化进程等。
2012	中国应对气候变化的政策与行动——2012年度报告	国家发展和改革委员会	介绍了2011年以来中国在农业领域所实施的适应气候变化的政策和行动,包括推动农田水利基本建设,推动大规模旱涝保丰收标准农田建设,开展大型灌区续建配套与大型灌溉排水泵站更新改造,扩大农业灌溉面积、提高灌溉效率,培育并推广产量高、品质优良的抗旱、抗涝、抗高温、抗病虫害等抗逆品种,进一步加大农作物良种补贴力度,加快推进良种培育、繁殖、推广一体化进程;提出了区域性骨干技术模式,示范推广了全膜双垄集雨沟播、膜下滴灌、测墒节灌等九大节水技术模式,建设节水农业示范基地等。
2013	中国应对气候变化的政策与行动——2013年度报告	国家发展和改革委员会	介绍了2012年以来中国在农业领域所实施的适应气候变化的政策和行动,包括大力推动农田水利基本建设,完善农田水利设施配套,进一步完善农作物品种测试评价体系,强化抗逆性品种选育,加大农作物良种补贴力度,加快推进良种培育、繁殖、推广一体化进程;建立国家主导的农作物种质资源保护和利用制度,推广节水农业,推广全膜双垄集雨沟播、膜下滴灌、测墒节灌等九大节水农业技术等。
2013	国家适应气候变化战略	国家发展和改革委员会等9部委	提出中国农业适应气候变化的措施,包括加强监测预警和防灾减灾措施,提高种植业适应能力,引导畜禽和水产养殖业合理发展,加强农业发展保障力度等措施,规划吉林省粮食主产区黑土地保护治理、黑龙江省农业利用气候变化有利因素、内蒙古典型草原畜牧业发展等农业适应试点示范工程,并在适应区域格局中专列农业发展适应区,按照不同气候和区位条件划分东北平原区、黄淮海平原区、长江流域区、汾渭平原区、河套地区、甘肃新疆区和华南区,提出区域适应的重点任务。

续表

年份	政策文件	印发、编制部门	有关农业适应气候变化内容概要
2014	中国应对气候变化的政策与行动——2014年度报告	国家发展和改革委员会	介绍了2013年以来中国在农业领域所实施的适应气候变化的政策和行动，包括支持粮食、棉花等农产品生产基地建设，加强以小型农田水利为基础的田间工程建设，安排专项资金支持"三北"发展旱作节水农业，进一步推广旱作农业技术，推动在品种选育、栽培模式、田间工程、设施设备、化学制剂等方面的系统研究，进一步推广垄沟种植、集雨地窖、地膜（秸秆）覆盖、深耕深松、膜下滴灌、免耕栽培、生物篱、坐水种和抗旱剂等旱作节水农业技术应用，增加墒情与旱情监测点，增强节水农业技术服务设施设备和人员配备，初步建立节水农业技术服务体系，并与全球环境基金（GEF）开展为期5年的气候智慧型农业项目的试验与示范，增强作物生产对气候变化的适应能力。
2014	国家应对气候变化规划（2014—2020年）	国家发展和改革委员会	提出中国2014—2020年农业适应气候变化的措施，包括加快大型灌区节水改造，完善农田水利设施配套，大力推广节水灌溉、集雨补灌和农艺节水，积极改造坡耕地控制水土流失，推广旱作农业和保护性耕作技术，提高农业抗御自然灾害的能力；修订粮库、农业温室等设施的隔热保温和防风荷载设计标准；根据气候变化趋势调整作物品种布局和种植制度，适度提高复种指数；培育高光效、耐高温和耐旱作物品种等，并提出草原退化综合治理试点工程。

附录表2　有关农业适应气候变化的著作汇总及农业适应内容概要

年份	书名	著者、出版社	农业适应气候变化相关内容概要
2004	中华人民共和国气候变化初始国家信息通报	中国计划出版社	总结了气候变化对农业生产条件、种植制度、主要作物单产和总产、粮食品质、农药化肥用量及农业投入的影响，回顾了已经采取的调整农业结构和种植制度、提高复种指数、选育抗逆品种、改善管理措施、改善农业基础设施等适应措施和需要继续加强和将要采取的农业生产结构性调整、新品种选育、综合管理技术、改善基础设施等适应措施。
2005	中国气候与环境演变·下卷：气候与环境变化的影响与适应、减缓对策	总主编：秦大河、陈宜瑜、李学勇；副总主编：丁一汇、丁永建 卷主编：陈宜瑜；副主编：丁永建、佘之祥、林而达 科学出版社	总结了中国农业对气候变化的脆弱性、极端气候与环境灾害对农业的影响等，提出调整农业结构和种植制度、发展生物技术、调整管理措施、改善农业基础设施条件等方面农业适应气候变化的对策。
2006	气候变化应对战略研究	许小峰，王守荣，任国玉 气象出版社	概要总结了气候变化对农业影响的主要结论，提出农业领域气候变化影响评估未来工作重点；提出适应机制问题、影响阈值问题、科学上的不确定性问题；提出开展气候变化背景下的农业气候区划，充分合理利用气候资源，在气候变化背景下走人口、土地、水资源和农业综合协调的可持续发展之路等农业适应建议。

续表

年份	书名	著者、出版社	农业适应气候变化相关内容概要
2007	气候变化国家评估报告	《气候变化国家评估报告》编委会 科学出版社	系统总结评估了气候变化对农业影响的研究成果，从调整农业结构和种植制度、研发生物技术、加强管理、加强农业基础设施建设等方面提出适应对策。
2008	全球变化与人类适应	王汉杰，刘健文 中国林业出版社	概要介绍了气候变化对农业的影响，以西部开发与生态环境建设、三北防护林工程、退耕还林(草)及沙漠化土地绿化工程、南水北调工程、干旱半干旱区退化生态系统恢复重建等为例，阐述适应气候变化的对策措施。
2010	气候变化对中国农业生产的影响——分析与评估	潘根兴 中国农业出版社	系统综述了气候变化对中国农业的影响，提出农业病虫草害、外来物种入侵、主要农作物生产等方面的适应对策。
2011	适应气候变化国家战略研究	科学技术部社会发展科技司，中国21世纪议程管理中心 科学出版社	提出农业适应气候变化的重大问题为影响粮食安全、加剧农业气象灾害和病虫草害、草地退化、生态恶化、畜禽疫病增加和使贫困农村生计更加困难；重点任务为加强农业基础设施建设、加速农业的产业化和现代化、加强农业水利建设、发展节水农业、调整种植制度与作物品种布局、发展畜牧养殖业适应对策与技术、建立健全农业灾害预警和防控体系、积极推进农业灾害保险、构建具有中国特色的农业适应技术体系；提出农业基本建设工程、农田水利工程、农业基础设施建设、基因库与种子库、调整种植与品种结构及布局、农业灾害监测预警与防控、区域农业适应技术体系与技术清单、农业适应气候变化与低碳循环农业综合示范区建设、草原生态保护欲可持续发展、饲料资源调查与保障等方面的适应行动方案。
2011	第二次气候变化国家评估报告	《第二次气候变化国家评估报告》编委会 科学出版社	系统总结气候变化对中国农业影响的最新研究成果，提出国家层面和区域层面农业适应气候变化技术措施，并从调整作物布局、发展现代生物与高新技术、调整农业管理措施、改善农业基础设施条件方面提出农业适应气候变化的重点对策。
2012	中国气候与环境演变:2012 第二卷 影响与脆弱性	秦大河，丁永建，穆穆，林而达 气象出版社	总结了气候变化对农业的影响，从结构调整、品种更新、保护性耕作、农田管理、病虫害防治等方面介绍了适应效果和措施；提出未来农业适应能力建设建议，包括加强理论探索、应用科学研究、技术推广，健全灾害预警系统，加强农业基础设施建设，建立健全组织机构，加强政策与法律建设，推进经济与农业经济发展；提出农业适应气候变化的优先事项，包括加强 CO_2、温度等多因子相互作用的长期实验研究，加强作物生长模型的多样性研究，加强综合管理技术研究，加强对作物新品种研制开发，调整农业生产结构
2013	中国农业应对气候变化研究进展与对策	贾敬敦 中国农业科学技术出版社	系统总结了农业适应气候变化研究进展；从气候变化对农业用水的影响及应对策略、黄土区农林复合优化模式及可持续经营技术、退化天然林保育恢复与定向经营技术、农作物低温冷害动态监测技术体系、林业有害生物灾害监测与预警系统、农业干旱监测预警技术体系、华南寒害监测预警技术体系等方面总结了农林生态系统适应气候变化的研究成果；提出气候变化影响机理与评估方法、适应理论与技术研发、典型脆弱领域和区域适应技术研发、适应气候变化与可持续发展的科技重点任务及科技政策建议。

续表

年份	书名	著者、出版社	农业适应气候变化相关内容概要
2013	应对气候变化国家研究进展报告	科学技术部社会发展科技司，中国21世纪议程管理中心 科学出版社	总结了中国农业适应气候变化技术与案例，包括冬小麦种植北界北移、华北地区小麦—玉米双晚栽培技术、东北国家商品粮基地农业适应技术、西北绿洲农业综合技术示范等，从适应目标、适应措施、适应效果三个方面进行案例分析。
2013	农业灾害与减灾对策	郑大玮，李茂松，霍治国 中国农业大学出版社	总结气候变化背景下中国农业灾害的特征，提出适应气候变化的农业减灾对策。
2014	气候变化对中国种植制度影响研究	杨晓光，陈阜 气象出版社	分析了气候变化对中国农业气候资源、种植制度界限以及主要作物种植界限的影响；以湖南省防旱避灾种植制度为例进行适应案例分析；提出中国种植制度应对气候变化策略，包括种植区划与作物布局调整、防灾减灾农作制度构建、作物节能减排与固碳栽培耕作技术、作物种质资源利用新品种选育、农田水利设施与生态环境建设等。
2014	中国南方季节性干旱特征及种植制度适应	杨晓光，李茂松 气象出版社	分析了气候变化背景下中国南方地区农业气候资源时空特征、季节性气象干旱与农业干旱特征，提出基于综合效益的防旱避灾种植模式优化布局适应建议。

附录 2 术语与名词解释

C_3 植物：指光合作用中同化二氧化碳的最初产物是三碳化合物 3-磷酸甘油酸的植物，其光呼吸高，二氧化碳补偿点高，而光合效率低，包括小麦、水稻、大豆、棉花等作物。

C_4 植物：指光合作用中同化二氧化碳的最初产物是四碳化合物苹果酸或天门冬氨酸的植物，包括玉米、甘蔗、高粱、苋菜等作物。

CO_2 肥效作用：由于大气中二氧化碳浓度升高，导致植物光合速率提高的现象。

FACE 试验：指在自由空气中增加 CO_2 浓度（Free-Air CO_2 Enrichment），创造一个模拟未来 CO_2 浓度升高的微域生态环境以进行 CO_2 浓度升高的模拟试验。

IPCC：政府间气候变化专门委员会（Intergovernmental Panel on Climate Change）。

RCPs 情景：Representative Concentration Pathways，典型浓度路径。世界气候研究计划（WCRP）中耦合模式比较计划第五阶段（CMIP5）框架下的一套新情景，被用来进行新的气候模式模拟。包含 4 种情景，分别为 RCP8.5、RCP6、RCP4.5 及 RCP2.6。

UNFCCC：联合国气候变化框架公约（United Nations Framework Convention on Climate Change）。

白灾：草原被较厚积雪长期覆盖，使放牧无法进行或放牧牲畜因冻饿掉膘、伤病甚至死亡的一种灾害。

暴露度：指研究对象接触某种特定气候条件（如风暴、干旱、热浪等）的程度。在气候变化研究中是指某类特定群体、区域接触某种气候灾害的特征与程度。

边缘适应：由于气候变化加剧系统状态的不稳定性，两个或多个不同性质系统的边缘部分对气候变化的影响异常敏感脆弱；在系统边缘的交互作用处，通过采取积极主动的调控措施促使系统的结构与功能与变化了的气候条件相协调，从而达到稳定有序新状态的过程。

参考作物蒸散量：指具有同一高度、水分适中、生长活跃和完全覆盖地表的绿草冠层的蒸散量。

草地畜牧业：指利用草地直接放牧牲畜，或将草地作为饲草刈割地以饲养牲畜的畜牧业。

赤潮：指在特定的环境条件下，海水中某些浮游植物、原生动物或细菌爆发性增殖或高度聚集而引起水体变色的一种有害生态现象。

脆弱性：指某个系统容易受到气候变化（包括气候变率和极端气候事件）的不利影响，但却没有能力应对不利影响的程度。脆弱性随一个系统所面临的气候变化和变异的特征、幅度和速率、敏感性及其适应能力而变化。

大农业系统：指横跨一二三产业，兼具经济、社会与生态服务功能，高度发达的新型综合性产业，包括所有以生物为对象的第一产业部门和为农业服务或与农业配套的第二、第三产业部门。

倒春寒：指初春（一般指 3 月份）气温回升较快，而在春季后期（一般指 4 月份或 5 月份）气温正常年份偏低的天气现象。常给农业生产造成危害。

冻害：是发生在0℃以下的低温灾害，当越冬期作物（也可以包括动物）遭遇强烈变温或持续低温时，造成的生理危害甚至死亡现象。

非常规水资源：指区别于传统意义上的地表水、地下水的（常规）水资源，主要包括雨水、再生水（经过再生处理的污水和废水）、海水、空中水、矿井水、苦咸水等，其特点是经过处理后可以再生利用。

风险：指某种有害的结果或预期损失（死亡、受伤、贫困、生计、经济活动被中断，经济或环境损失等）的发生概率，这种结果或损失是由于自然和人类系统交互影响所引发的危险及脆弱性造成的。气候变化的风险指的是气候变化可能对自然生态系统和社会经济系统造成的各种具体（负面）影响。

复种指数：指一定时期内（一般为1年）在同一地块耕地面积上种植农作物的平均次数，即年内耕地上农作物总播种面积与耕地面积之比。

干热风：指由于高温、大气低湿同时发生引起的一种灾害，通常伴有一定的大风天气。

高温热害：指环境温度持续超过植物（生物）生长发育上限，对植物（生物）生长发育和产量产生不利影响甚至死亡的现象。

观光农业：是一种以农业和农村为载体的新型生态旅游业，为人们提供观光、休闲、度假的生活性功能。

寒害：指针对热带、亚热带作物在冬季生育期间温度不低于0℃时，因气温降低引起作物生理机能障碍，导致减产甚至死亡的一种农业气象灾害。

寒露风：指南方晚稻孕穗、抽穗和扬花时期，发生较强降温并伴有偏北风，导致水稻空壳、秕粒和减产的一种灾害，在江南南部和华南通常发生在寒露节气。

黑灾：指我国北方草原冬季少雪或无雪，使牲畜缺水、疫病流行、膘情下降、母畜流产，甚至造成大批牲畜死亡的现象。

荒漠化：由于干旱少雨、植被破坏、大风吹蚀、流水侵蚀、土壤盐渍化等因素造成的大片土壤生产力下降或丧失的自然（非自然）现象。

积温：指一段时期内日平均气温对时间的积分，用以表示经过温度有效性订正的生物生长发育进程所需要的时间，又称热时（thermal time），是研究温度与生物有机体发育速度之间关系的一种指标，从强度和作用时间两个方面表示温度对生物有机体生长发育的影响。单位为℃·d。

减缓：指为了减少对气候系统的人为强迫而进行的人为干预，它包括减少温室气体CO_2等的排放源或增加碳汇的策略。

间作套种：指在同一土地上按照一定的行、株距和占地的宽窄比例种植不同种类的农作物，一般把几种作物同时期播种的叫间作，不同时期播种的叫套种。

抗逆作物品种：指在植物长期的进化和适应过程中，依托不同环境条件生长的植物，形成对某些环境因子的适应能力，即能采取不同的方式去抵抗各种胁迫因子，这种具有抵抗不利环境的某些性状的作物品种即为抗逆作物品种。

冷害：指在作物正常生长时期内因热量不足或温度下降到作物当时所需适宜温度下限后（但通常高于0℃以上），对作物产生的各种生理胁迫和障碍等，引起如生育期延迟、光合速率下降、生殖器官分化受阻等。

连阴雨:是湿害的一种,气象上特指连续 3～5 天以上的阴雨天气现象。

林业:指为保护生态环境,保持生态平衡,培育和保护森林以取得木材和其他林产品、利用林木的自然特性以发挥其防护作用的生产部门。

轮作:指在同一块田地上,有顺序地在季节间或年间轮换种植不同的作物或复种组合的一种种植方式。

敏感性:指某个系统受气候变率或气候变化影响的程度,包括不利和有利的影响。

农耕期:指日平均气温稳定通过 0℃的持续日数,即日平均气温≥0℃出现的初日和终日之间的天数,它反映了一个地方农事活动期的长短。

农区畜牧业:指利用农区中大量的农作物秸秆、陆生(或水生)饲料植物及丰富的农副产品等,采用舍饲、半舍饲经营方式,以饲养生猪、家禽、奶牛和耕役畜为主的畜牧业。

农业服务业:为农业生产提供支撑与服务的行业,主要包括八个方面,一是良种服务,二是农资服务,三是农技服务,四是培训服务,五是信息服务,六是流通服务,七是休闲服务,八是保险服务。

农业环境:指影响农业生物生存和发展的各种天然的和经过人工改造的自然因素的总体,包括气候、土壤、水、地形、生物要素及人为因子等。

农业气候资源:指能为农业生产提供物质和能量的气候条件,即光照、温度、降水、空气等气象因子的数量或强度及其组合。

农业气象灾害:指使农业生物受到损伤,造成农业减产与损失的气象灾害。在温度方面有冷害、霜冻害、冻害和热害等;在水分方面有干旱、涝灾、湿害、雪害、冰雹等;在风的方面有风折、风倒、台风等;综合因子导致的有干热风、冷雨、冻涝害等。

农业生态系统:指在一定时间和地区内,在人工调节和控制下,利用农业生物、非生物环境以及生物种群之间的关系,建立起各种形式、不同发展水平的农业生产体系。

农业生物灾害:指有害生物对农业生物造成的危害,一般指由农业病原微生物、有害昆虫、有害植物和害兽引起的威胁或危害农业生产、农业生态环境和人类生命财产的各类事件。

品种布局:不同品种的作物在时间和空间上的分布。

平作:指在同一块田地上种植一种作物的种植方式,也称为单作、纯种、净种、清种。

气候变化:指气候平均状态随时间的变化,即气候平均状态和离差(距平)两者中的一个或两个一起出现了统计意义上的显著变化。

气候情景:情景是基于对一系列重要内在关系和驱动因子所作的协调、一致和合理的假设,对世界或地区提供未来发展可能状态的描述。气候情景就是在预设的温室气体排放情景下,对未来气候可能变化状态的合理描述。

潜在蒸发量:指充分供水下垫面(即充分湿润表面或开阔水体)蒸发/蒸腾到空气中的水量,又称可能蒸发量或蒸发能力。

潜在蒸散:指大片而均匀的自然表面在足够湿润条件下水体保持充分供应时的蒸散量。

沙化:指地表出现风沙活动,土地生产力下降,土地退化的过程。

生物多样性:指在一定时间和一定地区所有生物(动物、植物、微生物)物种及其遗传变异和生态系统的复杂性总称。它包括遗传(基因)多样性、物种多样性和生态系统多样性三个层次。

生态需水:在水文学中是指为了维持流域生态系统的良性循环,人们在开发流域水资源时必须为生态系统的发展与平衡保证其所需的水量。在农业生产上是指并非作物生理活动所必需，而是为改善局部生境所需要的水分量。

湿害：狭义的湿害特指因土壤含水量过高导致的一种灾害，广义的湿害似还应包括阴害、连阴雨和梅雨（霉雨）等，本质上皆因水分过多或湿度过高对农业造成的不良影响直至产生灾害。

石漠化：指在热带、亚热带湿润、半湿润气候条件和岩溶极其发育的自然背景下，受人为活动干扰，使地表植被遭受破坏，导致土壤严重流失，基岩大面积裸露或砾石堆积的土地退化现象，也是岩溶地区土地退化的极端形式。

适应：按照 IPCC 第 5 次评估报告定义，适应是对于实际发生的或预期的气候（变化）及影响的调整过程；对于人类系统，适应寻求减轻或避免损害、或者开发有利的机遇；对于一些自然系统，适应则是通过人类干预（措施）诱导（自然系统）朝向预期发生的气候（变化）及影响进行调整。我们区分适应包含两种方式：渐进适应与转型适应；当气候变化对一个系统的胁迫没有超出系统的自适应能力、系统的性质没有发生根本性改变，通过调整系统的结构和部分功能来适应气候变化的渐进适应是恰当的选择；当气候变化的胁迫超出了系统的自适应能力和经济上可行的调控能力时，将不得不采取整体转型的方式适应气候变化。

适应科学机理：这是本书提出的一个新概念。利用受体系统自适应能力或采取人为调控措施通过优化系统结构和功能减轻对气候变化的脆弱性或改善局部生境降低气候变化影响程度的机制和原理。

霜冻：是发生在 0℃ 以下的低温灾害，其多发生在春秋冷暖转换交替的季节，由于冷空气入侵，或因强烈辐射降温，或二者兼而有之，导致作物体温骤然下降，使植物细胞原生质受到破坏，造成作物受害甚至死亡的现象。

水产业：利用各种可利用的水域或开发潜在水域（包括低洼地、废坑、古河道、坑塘、沼泽地、滩涂等），以采集、栽培、捕捞、增殖、养殖具有经济价值的鱼类或其他水生动植物产品的行业。

水体富营养化：指在人类活动的影响下，生物所需的氮、磷等营养物质大量进入湖泊、河口、海湾等缓流水体，引起藻类及其他浮游生物迅速繁殖，水体溶解氧量下降，水质恶化，鱼类及其他生物大量死亡的现象。

水土流失：指由于人类对水土资源不合理的开发经营，导致土壤的覆盖物遭受破坏，裸露的土壤受水力冲蚀，其流失量大于母质层育化成土壤的量，并由表土流失、心土流失而至母质流失，终使岩石暴露的过程。

水灾：泛指洪水泛滥、暴雨积水和土壤水分过多对人类社会造成的灾害。

土地退化：指土地受到人为因素、自然因素或两者综合因素的干扰破坏，导致其原有的内部结构或理化性状被改变，土地环境日趋恶劣，其原来所具有的综合生产潜力逐步减少或丧失的演替过程。

外来生物入侵：指对于一个特定的生态系统与栖息环境来说，非本地的生物（包括植物、动物和微生物）通过各种方式进入此生态系统，并对生态系统、栖境、物种、人类健康带来威胁的现象。

温室气体：指任何会吸收和释放红外线辐射并存在大气中的气体。京都议定书中确定的 6 种主要温室气体为：二氧化碳（CO_2）、甲烷（CH_4）、氧化亚氮（N_2O）、氢氟碳化合物（HFCs）、全氟碳化合物(PFCs)、六氟化硫(SF_6)。

物候期:指动植物的生长、发育、活动等规律与生物的变化对节候产生反应的时段。

无霜冻期:指春季最后一次霜冻至秋季第一次霜冻之间的天数。

无霜期:指从当地的平均终霜日到平均初霜日之间的天数。

小麦品种冬性:指小麦通过春化阶段所需温度高低和时间长短的性状。小麦种子萌发后,进入春化阶段的发育,在其所需要的综合条件中必须有一定时间和一定程度的低温,否则就不能通过春化阶段,永远停留在分蘖状态。包含(强)冬性、弱(半)冬性和春性三种基本类型。

喜凉作物:指要求积温较少,无霜期较短,可以忍耐冬春低温的作物,主要分为喜凉耐寒型和喜凉耐霜型两种。

系统科学:系统科学(系统理论)是以系统为研究和应用对象的一门科学,着重考察各类系统的关系和属性,揭示其活动规律,探讨有关系统的各种理论和方法。

喜温作物:指要求积温较多,无霜期较长的作物,可分为温凉型和温暖型两种。

盐碱化:指土壤底层或地下水的盐分随毛管水上升到地表,水分蒸发后,使盐分积累在表层土壤中的过程,即易溶性盐分在土壤表层积累的现象或过程。

阴害:指由于阴天或遮阴等导致的寡照或弱光造成作物减产的现象,由于通常伴随着低温,所以也往往是寡照、低温和高湿三者同时出现。

园艺业:指与园地栽培有关的集约种植的农作物及其栽培、繁育、加工利用技术,包括蔬菜、瓜果、花卉、中药材植物等。

种植结构:指一个地区或生产单位作物种植的品种、布局、配置、熟制的总体,包含作物种植的时空分布、种类、比例、一个地区或田间内的安排、一年中种植的次数和先后顺序。

种植制度:指一年中作物种植的次数、先后顺序以及组合模式,包括种植熟制、间套轮作及休闲等。

作物布局:指不同作物种植的比例(如粮一经一饲比例)与空间分布。它包括各类农作物在不同地区的分布和地区内各类农作物的相互关系。

作物水分利用效率:指植物每消耗单位含水量生产干物质的量(或同化二氧化碳的量)。

附录 3　IPCC 评估报告关于适应的定义

IPCC 第 2 次评估报告

适应性是指在【适应】实践、过程中，或系统结构对于预计的或实际【发生】的气候的变化【所作出的】可能的调整的程度。**适应**可以是自发的或者有计划的，可以通过对【实际的】或预期的【气候】条件的改变【作出】响应来实现。

Adaptability refers to the degree to which adjustments are possible in practices, processes, or structures of systems to projected or actual changes of climate. **Adaptation** can be spontaneous or planned, and can be carried out in response to or in anticipation of changes in conditions.

IPCC 第 3 次评估报告

适应能力是一个系统减轻气候变化(包括气候波动性和极值)【所产生的】潜在危害、利用【气候变化所带来的】机遇，或应对【气候变化所产生的】后果的能力。

Adaptive capacity is the ability of a system to adjust to climate change (including climate variability and extremes) to moderate potential damages, to take advantage of opportunities, or to cope with the consequences.

IPCC 第 4 次评估报告

适应是自然和人类系统响应实际的或预期发生的气候激励或影响【所作出】的调整，这种调整减轻【气候变化所产生的】危害、或开发【气候变化所带来的】有利机遇。

Adaptation is the adjustment in natural or human systems in response to actual or expected climatic stimuli or their effects, which moderates harm or exploits beneficial opportunities.

IPCC 第 5 次评估报告

适应是【自然和人类系统】对于实际的或预期的气候和影响【所作出】的调整的过程。对于人类系统，适应寻求减轻或避免【气候变化所产生的】危害、或开发【气候变化所带来的】有利机遇。对于一些自然系统，【适应则是】通过人类干预【措施】诱导【自然系统】朝向预期发生的气候和影响进行调整。

Adaptation: The process of adjustment to actual or expected climate and its effects. In human systems, adaptation seeks to moderate or avoid harm or exploit beneficial opportunities. In some natural systems, human intervention may facilitate adjustment to expected climate and its effects.

后　　记

经过4年多的时间、在约30位专家的共同努力下，本书终于脱稿。现有科学认知水平所限，本书的讨论是不全面的，兹就相关事项和未尽事宜做一个补充说明。

本书是按照农业气候资源利用、农业水资源、农业气象灾害、农业病虫草害、农业种植结构调整、草地畜牧业、大农业相关产业、农业生态系统、区域典型适应问题这样的结构安排，主要以跨领域问题为主线来分章撰写的，而 *Mark Howden* 博士送我的 *Adapting Agriculture to Climate Change*－*Preparing Australian Agriculture*，*Forestry and Fisheries for the Future* 这本书，则主要是按照生产对象分类，以谷物、棉花、水稻、甘蔗、葡萄、园艺业、林业、草地畜牧业、畜牧养殖业、水资源、海洋渔业、水产养殖业等分章撰写的，像减灾、病虫害防治等跨领域问题没有单独成章，而是分散在每一章中，同时农业减缓、水资源和适应能力也单独成章。因为中国的农业适应问题非常复杂，按照生产对象分类可以写出很多的章节，每一种作物或动物都可以单独成章甚至单独成书。限于篇幅和现有文献资料，本书分析主要集中在种植业上，除草地畜牧业单独成章外，其他内容都放到大农业相关产业这一章。还有一个重要的方面就是农业适应和减缓的协同问题，本书中没有展开讨论，只是在今后需要加强的工作中涉及。因此，本书只是系统梳理凝练中国农业适应气候变化研究成果的一个尝试，衷心地希望今后能有更多的著述来深入剖析中国农业适应气候变化的问题。

其他相关事项重点说明如下：

关于第3章农业水资源。本书作者对该章进行了多次讨论，可以这样说，本章是讨论的最多、撰写所花精力最大的一章，但感觉适应气候变化的针对性还不是很强。这或许是与农业水资源问题的复杂性及目前的科学认识不足有关，还需要大力加强研究；

关于第4章农业气象灾害。这是在农业适应气候变化中认识上最容易混淆的问题，常常将适应气候变化与日常减灾工作的界限模糊。本章尝试对气候变化条件下的农业气象减灾适应问题进行梳理，一个基本的认识就是针对气候变化条件下农业气象灾害发生的新特点，对原有的农业减灾对策和技术进行调整。但是怎么调整，工作该做什么、关键科学问题是什么？这一部分是写的最为概括的，说明我们对这个习以为常的问题反而认识上存在的差距更大，需要下大力气研究。

关于第5章农业病虫草害与第4章的问题相似，无论是工作上还是科学认识上都还有不小的差距。

关于第7章草地畜牧业。目前的研究结果主要集中在内蒙古牧区，对其他牧区的研究文献相对较少，缺乏气候变化对中国草地畜牧业整体影响的评估；对于工作上的问题和科学问题，我们感觉总结的很不够。中国可利用的草地面积比农田多出近一倍，而且兼具生态和生产两个功能，适应气候变化应该有很多的问题，在以往的生产实践中也应该有很好的成功案例可以总结，这是今后研究要加强的工作。

关于第 8 章大农业相关产业。其他章都是按照跨领域问题撰写的，只有这一章和第 7 章是按照分领域撰写的。本章所涉及的领域参考文献非常有限，主要是根据作者自己的认识和积累的实践经验概要总结的，研究支撑严重不足，今后需要大力加强研究。

关于第 9 章农业生态系统。本书竭力想表述的一个观念就是农业生态保护之于适应气候变化的重要性。保持良好的农业生态、保护农业生物多样性在农业减灾、涵养水资源、农业病虫害综合治理等等方面具有极其重要的意义，是农业适应气候变化的一个重要方面。对农业生态资源的过度开发，使中国农业适应气候变化面临的问题更严重，但以前针对农业生态保护与治理方面适应气候变化工作做得很不够，今后要大力加强适应气候变化与农业生态治理、保护的协同行动。

关于第 10 章区域典型适应问题。本书通过 9 个典型案例总结"渐进适应"与"转型适应"两种适应方式。应该说，中国有着世界上最丰富的农业适应气候变化的生产实践，大力挖掘"草根"适应经验，可以促进适应的理论创新。这是中国适应气候变化研究独有的优势，我们要充分发挥这种优势，推动适应工作更广泛深入地开展。

本书的一个特色是提出了农业适应科学机理问题。适应机理是一个全新的前沿科学领域，本书的阐述是非常初步的，但我们希望藉由适应机理的突破支撑适应气候变化工作跃上新台阶。

国际上适应气候变化研究日新月异，不断有新的科学发现和研究成果的发表，不断有新的科学观点的提出，我们总感觉跟不上国际适应研究的前沿进展。但时间所限，就此将初步的研究成果刊出，恳请社会各界同仁批评指正！

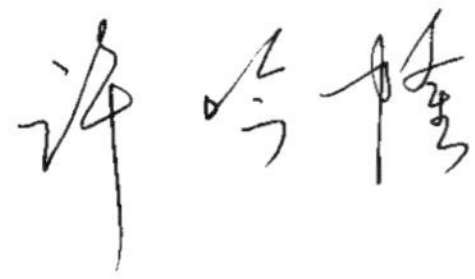

2014 年 12 月 11 日